JN457990

선녀여왕 1

레드크로스 또는 성스러움의 기사에 관한 전설

나남
nanam

한국학술진흥재단 학술명저번역총서
서양편 207

선녀여왕 1

레드크로스 또는 성스러움의 기사에 관한 전설

2007년 11월 5일 발행
2007년 11월 5일 1쇄

지은이_ 에드먼드 스펜서
옮긴이_ 임성균
발행자_ 趙相浩
발행처_ (주) 나남
주소_ 413-756 경기도 파주시 교하읍
출판도시 518-4
전화_ (031) 955-4600 (代)
FAX_ (031) 955-4555
등록_ 제 1-71호(79.5.12)
홈페이지_ http://www.nanam.net
전자우편_ post@nanam.net
인쇄인_ 유성근(삼화인쇄주식회사)

ISBN 978-89-300-8250-1
ISBN 978-89-300-8215-0 (세트)
책값은 뒤표지에 있습니다.

'한국학술진흥재단 학술명저번역총서'는 우리 시대 기초학문의 부흥을 위해
한국학술진흥재단과 (주)나남이 공동으로 펼치는 서양명저 번역간행사업입니다.

선녀여왕 1

레드크로스 또는 성스러움의 기사에 관한 전설

에드먼드 스펜서 지음 | 임성균 옮김

나남
nanam

옮긴이 머리말

“레드크로스 또는 성스러움의 기사에 관한 전설”이라는 부제를 가지고 있는 《선녀여왕》 1권은 1997년에 한신문화사에서 출간했던 것을 수정하고 보완하여 이번에 다시 출판하게 된 것이다. 기왕에 출간했던 것을 다시 만들게 된 가장 큰 이유는 첫판이 절판되었기 때문이기도 하려니와, 2004년 학술진흥재단의 동서양 명저 번역지원에 힘입어 2권을 번역하면서 1권의 내용을 보완하고 잘못된 번역을 수정할 수 있게 되었기 때문이다.

스펜서의 대표작 《선녀여왕》은 우선 16세기 영어라는 언어의 어려움과 가장 길이가 긴 영시라는 이유 때문에 영미권에서조차 통독하는 경우가 드문 작품이다. 그러나 재미가 넘치는 줄거리와 이야기 구성의 웅대함, 그리고 당대의 정치, 사회, 종교를 망라하는 풍부한 알레고리와 무궁무진한 표현의 기교가 오늘날 영문학도들에게 필수적인 독서과제가 되었다. 특히 제 1권에 해당하는 “레드크로스 또는 성스러움의 기사에 관한 전설”은 《선녀여왕》의 여섯 이야기 중에서 가장 구성이 뛰어나다는 평을 듣는 부분으로서, 그 자체로 하나의 완결된 줄거리를 가진다.

우리말로 옮기는 과정에서 스펜서가 자랑하는 시작법(*versification*)의 맛을 아주 버려놓고 말았다. 어쩔 수 없는 일이다. 각 행의 구성을 스무 자를 기준으로 해서 열여덟 자에서 스물두 자를 넘지 않으려고 노력했다. 원작이 갖는 약강 오보격의 시행을 우리말의 대표적 시행인 4.4 조로 옮긴다는 생각으로 스무 자를 생각했는데(열여섯 자가 우리말 4.4 조의 대표적인 길이겠으나, 4박자로 매끄럽게 떨어지는 운율은 영시에서 논박이나 강한 주장의 경우에서처럼 별도의 쓰임새를 가지고 있기 때문에 원작의 운율에 충실하기 위해서 그보다 한 박자 늘어진 스무 자를 택했다), 그렇다고 감히 운문으로 번역했노라고 터무니없는 강변을 할 수는 없을 것이다. 다만 가능한 대로 각 행의 구성을 원작대로 살려 보려고 노력했으며, 스펜서적인 연의 특징을 보이기 위하여 각 연의 마지막 행은 여섯 보, 즉 스물네 자에 맞추었다.

각 행의 길이를 맞추는 것도 지난한 작업이었다. 그러나 번역하면서 가장 어려웠던 부분은 고유명사의 표기였다. *Fairy Queen*이라는 원제를 선녀여왕이라고 옮겼는데, 이는 역자에게 가장 친숙한 이름이기 때문이었다. 국내 학자들 사이에서는 요정여왕, 선녀왕, 페어리 여왕, 또는 그냥 페어리 퀸 등 다양한 표현이 회자되고 있는 것을 모르는 바 아니나, 그 어느 제목도 선뜻 마음에 와 닿지 않았기에 선녀여왕을 선택하였다. 작품이 요정의 나라 이야기이므로 여왕의 이름도 요정 여왕이어야 하겠지만 요정 여왕은 이미 셰익스피어의 희극을 통해서도 우리에게 친숙한 티타니아(Titania)라는 이름이 있다. 스펜서가 엘리자베스 1세를 염두에 두고 묘사한 여왕의 존재와 티타니아를 같은 선상에서 생각하기 어려웠다. 선녀여왕이라는 이름에는 여성을 지칭하는 표현이 중복되기 때문에 선녀왕이라고 부르자는 제안도 선뜻 동의하기 어렵다. 선녀여왕이 이미 우리에게 친숙한 표현이라면 굳이 여 왕을 왕으로 바꾸어야 올바른 표현이 된다고는 생각하지 않는다. 물론 동양의 선녀와 서양의 fairy는 서로 상이한 개념이므로 서로 같은 대상을 의미하는 것은 아닐 것이지만, 스펜서가 생각한 fairy queen은 아마도 선녀여왕이라고 표기할 때 가장 근사한 의미를 가지지 않을까 싶다. Redcross라는 주인공 기사의 이름은 기왕에는 붉은 십자 기사로 번역했던 것을 레드크로스로 바꾸었다. 이에 따라서 작품에 등장하는 알레고리적 인물들의 이름도 모두 원래의 발음을 따라서 표기하였다. 예컨대 Despair를 절망으로 번역하지 않고 디스페어로 표기하였다는 말이다. 과연 이런 방식의 번역이 타당한 것인지는 논란의 여지가 있을 것이나, 최소한 번역의 일관성을 유지할 수 있는 방법임에는 틀림없을 것이다.

텍스트는 로버트 켈로그(Robert Kellogg)와 올리버 스틸(Oliver Steele)이 편집한 1965년 판을 사용했지만 Norton Anthology of English Literature, 6판과 해밀턴(A. C. Hamilton)이 편집한 1977년 판을 수시로 참고하였다. 텍스트 사이에 상이점이 있는 경우에는 대부분의 미국과 우리나라 대학에서 텍스트로 쓰이고 있는 점을 감안하여 Norton 판을 따랐으나, 주석의 경우는 대부분 해밀턴의 해설을 따랐다. 본문에서 특별히 출처를 명시하지 않은 주석은 모두 해밀턴의 주석임을 밝힌다.

서툰 재주로 번역을 해놓고 보니 두려움과 부끄러움이 가득하다. 동학들의 지적과 충고가 기다려진다. 이 작업에 관심을 갖고 격려와 도움을 주신 분들이 많다. 이 자리를 빌려 마음 가득 고마움을 전한다. 특히 《선녀여왕》의 처음 두 권을 번역할 수 있도록 지원해준 학술진흥재단에 사의를 표한다. 이처럼 훌륭한 고전작품의 번역에 대한 지원을 계속하여 작품의 전체인 6권이 모두 우리말로 번역되는 날이 어서 오면 좋겠다.

2007년 가을 청파언덕에서
임 성 균

월터 랄레이 경에게 보낸 스펜서의 편지

여왕 폐하를 보좌하여 콘웰 지방을 다스리며 스태내리의 영주이신,
지체 높고 용맹스런 기사 월터 랄레이 경께,

각하, 제가 《선녀여왕》이라고 명명한 이 책이 알레고리, 또는 부정적 비유로 가득 차 있기 때문에, 모든 알레고리들이 얼마나 부정확하게 해석되고 있는지 알고 있는 저로서는 저에 대한 모함과 오해를 피하기 위해서, 그리고 또한 각하께서 읽으시는 데 도움을 드리기 위해서 각하께서 명령하신 대로, 어떤 구체적 목표나 그로 인해 생긴 우연한 사항들은 빼고, 제가 쓴 이야기 전체에 들어 있는 의미와 전반적 의도를 밝히는 것이 좋겠다고 생각했습니다. 책이란 무릇 도덕적이고 예의 바른 훈련을 통해서 신사, 또는 고귀한 인물을 키워가기 위해서 있는 것입니다. 그러한 목적에 가장 적합하면서도 역사적인 이야기(그런 이야기란 꼭 배울 것이 많다기보다는 다른 여러 가지 이유 때문에 대부분의 사람들이 재미있어 하지요)로 채색되어 있는 재미있는 적합한 소재로서 저는 아서왕의 전기를 선택했습니다. 그분의 뛰어남은 이미 많은 사람들의 작품으로 인해서 유명해져 있으며, 현재에도 모함이나 의심을 받을 위험이 가장 적기 때문입니다. 이 책을 쓰는 데 있어서 저는 모든 역사적 옛 시인들을 답습하였습니다. 우선 호머인데, 그는 훌

륭한 통치가와 덕망 있는 사람의 표본을 각각 《일리아드》와 《오디세이》에 등장하는 아가멤논과 율리시즈라는 인물을 통해서 그려냈습니다. 그리고 버질도 역시 같은 의도를 아이에너스라는 인물 안에서 표현하였습니다. 그 다음으로 아리오스토는 올랜도라는 인물 속에 두 가지 성품을 모두 포함시켰지요. 그리고 마지막으로 타소는 두 성품을 다시 나누어서 두 인물 속에 구성했는데, 즉 철학에서 윤리 또는 개인적 도덕심이라고 부르는 부분은 리날도를 통해 그려냈고, 정치라고 부르는 다른 덕목은 곧후레도에게 입혔습니다. 이러한 탁월한 시인들의 선례를 따라서 저는 왕이 되기 전의 아서를 통해서 아리스토텔레스가 제정한 열두 가지 개인적 덕목을 완전히 갖춘 용감한 기사의 모습을 그려내려고 애썼으며, 그것이 바로 이 처음 열두 권의 책이 의도하는 바입니다.

어떤 이들에게는 이러한 방법이 불만스러울 것이라는 점은 저도 알고 있습니다. 그들에게는 이렇게 아리송하게 알레고리라는 방법으로 치장하지 않고, 그들이 보통 하는 대로 단도직입적 훈시나 전체적 설교를 통해서 훈련하는 방법이 더 좋았을 것입니다. 그러나 제가 보기에는 그러한 이들도 모든 것을 겉모습으로만 판단하며 자신의 평범한 감각에 즐겁거나 달콤하지 않은 것은 무엇이든지 무가치한 것으로 보아 넘기는 요즈음의 세태를 받아들여야만 할 것 같습니다. 사람들이 제노폰을 플라톤보다 더 선호하는 것도 바로 이 때문인데, 후자는 심오하고 절묘한 자신의 판단력을 통해서 당위적 국가를 제시하였지만, 전자는 사이러스라는 인물과 페르시아 사람들을 통해서 최선이랄 수 있는 정부를 그려낸 것입니다. 그러므로 실례를 들어 가르치는 것이 규율을 통하는 것보다 훨씬 더 효과적이고 고상한 방법입니다.

저는 아서라는 인물을 통해서 그렇게 해보려고 노력했습니다. 저의 해석은 그가 이그레인 부인에게서 태어나자마자 멀린이 데려다가 위탁 양육을 부탁한 타이몬에게서 오랫동안 교육을 받은 후, 꿈에서 혹은 환영으로 선녀여왕을 보게 되자 그녀의 엄청난 아름다움에 매료되어, 깨어나 그녀를 찾아 나서게 되는데, 멀린의 마법으로 무장을 하고 타이몬으로부터 철저하게 교육받은 그가 그녀를 찾아서 요정의 나라로 간다는 것입니다. 선녀여왕에 대한 포괄적인 제 의도는 영예로움을 나타내는 것이지만, 보다 구체적으로 저는 가장 영명하시고 영광스런 우리 영토의 통치자이신 여왕 폐하를, 그리고 요정의 나라는 그분의 왕국을 염두에 두었습니다. 그렇지만 또 다른 곳에서는 그분을 달리 표현하기도 했습니다. 그분께서 두 인물, 즉 한편으로 가장 지체 높으신 여왕 또는 황제이시며 다른 한편으로는 가장 덕망 있고 아름다우신 분을 대변하신다는 것을 고려하여, 저는 다른 곳에서 후자의 모습을 벨피비를 통해서 표현하였는데, 그 이름은 각하 자신이 쓰신 신시아에 대한 탁월한 비유에 따라서(피비와 신시아는 둘 다 다이애나의 이름이므로) 지은 것입니다. 그리하여 저는 특히 관용의 덕을 아서 왕의 성품에 넣었는데, 아리스토텔레스와 다른 이들에 의하면 관용이란 그 속에 다른 모든 덕목을 포함하고 있으며 다른 모든 덕목의 완성이기 때문입니다. 따라서 저는 책 전체를 통해서 아서의 행동이 바로 그 덕목에 부응하도록 하였습니다.

하지만 다른 열두 덕목에 대해서는 이야기의 다양성을 위해서 다른 기사들이 수호자가 되도록 했으며, 그 중에서 세 명의 기사가 이 세 권의 책에 등장합니다. 첫 번째로 레드크로스 기사를 통해서 저는 성스러움을 표현했고, 두 번째로 가이언 경에게서는 절제를 나타냈고,

세 번째인 여기사 브리토마트의 경우에는 정절을 그렸습니다. 그렇지만 책 전체의 시작부분이 너무 갑작스럽고 그보다 앞선 사건들에 의존하고 있는 것 같으므로 각하께서 이 세 기사가 겪는 여러 가지 모험에 대한 정황을 아셔야 할 필요가 있겠습니다. 왜냐하면 역사가라면 사건들을 일어난 순서에 따라 언제 어떤 일이 있었는지 이야기할 것이지만, 시인은 중간에서부터, 그것도 자신이 가장 관심 있는 부분에서부터 막무가내로 시작하여 거기서부터 그 전에 일어난 일을 거슬러 이야기하고 앞으로 있을 일을 예측하면서 이야기 전체에 대한 흥미로운 분석을 해내기 때문입니다.

그러므로 만일에 역사가가 서술했더라면 제 이야기의 시작부분을 열두 번째 책, 즉 맨 마지막에 두었을 것입니다. 이 부분에서 저는 선녀여왕이 십이 일에 걸쳐 연례적 축제를 거행하고, 그 십이 일 동안 열두 가지의 모험을 치르게 되는 상황이 벌어지며, 이 모험을 열두 명의 기사들이 각자 수행한다는 이야기를 이 열두 권의 책이 각각 취급하고 전개해 가도록 꾸몄습니다. 첫 번째 이야기는 이렇습니다. 축제가 시작되자 한 키 크고 촌스런 젊은이가 등장하여 요정들의 여왕 앞에 엎드리며(그 당시에 하던 관습에 따라) 축제기간 동안에는 여왕이 거절할 수 없는 청원을 하였는데, 그것은 바로 그 축제기간 동안에 발생할지도 모를 어떠한 사건에서든지 자신이 그 모험을 수행할 수 있도록 해 달라는 것이었습니다. 그러한 허락을 받고 그는 바닥에 앉아서 쉬었습니다. 그 자신의 투박한 행색 때문에 그보다 나은 자리에 앉을 수 없었기 때문입니다. 조금 후에 한 아름다운 여인이 상복을 입고서 하얀 노새를 타고 들어왔는데, 바로 뒤에는 난쟁이 하나가 기사의 창을 든 채 기사의 무장을 모두 싣고 있는 전투용 말 한 필을 끌고 그녀를 따라왔습니다. 요정들의 여왕 앞에 부복하며 그녀는 고대의 왕과 왕비였던 자신의 부모가 어떤 거대한 용에게 사로잡혀 황동의 성 안에 갇혀 있는데, 용이 그들을 거기에 두고 괴롭히며 놓아주지 않는다고 호소하면서, 여왕의 기사 중에서 한 명을 지정하여 이 일을 해결하는 공훈을 세우게 해달라고 간청하였습니다. 그 말이 떨어지기가 무섭게 그 촌스런 젊은이가 떨쳐 일어나며 그 모험을 자원했습니다. 여왕은 대단히 미심쩍어 했고 그 여인은 크게 반대했지만, 그는 충심으로 자신의 소망을 구했습니다. 결국에는 그 여인이 그에게 말하기를 자신이 가져온 갑옷과 무장이 그에게 맞지 않는다면(그 갑옷은 바로 성 바울이 에베소서 6장 11절에서 22절에 명시되어 있는 기독교인의 갑옷과 무장입니다) 그는 이 과업을 성공할 수 없을 것이라고 했습니다. 하지만 막상 갑옷과 그에 따른 모든 장신구를 가져와 그에게 입혀 보니, 그는 거기 있는 다른 어떤 사람보다도 훌륭해 보였으며, 그 여인도 또한 그를 좋아하게 되었습니다. 기사의 작위를 받은 그는 곧 그 신기한 준마를 타고 그녀와 함께 모험의 길을 떠나게 되었습니다. 바로 여기서부터 첫 번째 책이 시작됩니다:

"한 숭고한 기사가 들판으로 말을 달려가고 있었다. … "

둘째 날에는 한 순례자가 두 손이 피로 물든 아기를 안고 들어왔는데, 순례자는 그 아기의 부모가 아크레시아라고 부르는 마녀에게 살해당했다고 하소연하면서, 이 과업을 담당해줄 기사 한 사람을 자신에게 지정해 달라고 선녀여왕에게 간청했습니다. 그 일은 가이언 경에게 부과되었고, 그는 곧바로 그 순례자와 함께 길을 떠났습니다. 이것이 두 번째 책의 시작이며 그 책 전체의 소재가 됩니다.

셋째 날에는 하인이 한 명 들어와서 비지렌이라고 부르는 어떤 악한 마법사가 아모레타라는 대단히 아름다운 여인을 손아귀에 넣고서 그녀가 육체적 즐거움을 자신에게 허락하지 않는다는 이유로 온갖 지독한 괴롭힘을 자행하고 있다면서 선녀여왕 앞에 하소연하였습니다. 그러자 그 여인을 사랑하고 있었던 스쿠다모 경이 즉시 그 모험을 감당하고 나섰습니다. 그러나 적의 막강한 사술 때문에 과업을 성취하지 못하고 있던 스쿠다모 경은 오랫동안 슬픔을 맛보아야 했고, 마침내 브리토마티스를 만나게 되었는데, 그녀는 그를 구해주고 그의 사랑을 되찾아주었습니다. 이러한 상황이 전개되면서 많은 다른 모험들이 삽입되기는 합니다만, 그것들은 이야기의 목적이라기보다는 부수적인 것들로서, 브리토마트의 사랑이라든지, 마리넬의 멸망, 후로리멜의 비극, 벨피비의 순결함, 헬레노라의 음탕함, 그 외에 많은 비슷한 사건들이 있습니다.

각하, 이제까지 저는 제 이야기의 처음 부분에 대한 각하의 이해를 돕기 위해서 간단히 말씀드렸는데, 이로 인해서 각하께서는 비유에 대한 저의 전체적 의도를 짐작하실 수 있을 것이며, 이런 설명이 없었더라면 혹시 지루하고 혼란스러운 것이 되었을지도 모를 제 이야기의 모든 서술내용을 한눈에 파악하실 수 있으실 것입니다. 저에 대한 각하의 명예로운 보살핌이 계속되기를 겸손히 부탁드리며, 각하께 행복이 영원히 머물기를 바라오며, 이만 글을 마칩니다.

1589년 1월 23일

충직하게 각하를 경애하는, 에드 스펜서

선녀여왕 1

레드크로스 또는 성스러움의 기사에 관한 전설

차 례

1

보라, 얼마 전 적절한 시기가 되어 뮤즈가
천한 목동의 옷을 입혀주었던 바로 그 사람인 내가
이젠 더더욱 분에 넘치는 일을 맡게 되었으니,
나의 풀피리들은 준열한 트럼펫으로 변하여
기사들과 여인들의 고매한 업적을 노래하노라.
그들에 대한 칭송이 오랜 침묵 속에 잠들었기에
신성한 뮤즈는 너무도 보잘것없는 내게 명하여
학식 있는 사람들 사이에 널리 알리라고 하도다.
격렬한 전투들과 진솔한 사랑들이 내 노래를 드높이리니.

7 (이하 앞의 숫자는 행을 뜻한다) 뮤즈(*Muse*) : 시와 노래, 그리고 예술을 관장하는 아홉 명의 여신을 가리키는데, 그들은 제우스와 기억의 여신인 메모시네(Mnemosyne) 사이에서 태어났다고 전해진다. 이들 중에서 서사시와 영웅시를 맡고 있는 칼리오페(Caliope)와 역사를 맡은 클리오(Clio)가 우두머리이다. 2연의 첫 행에 나오는 성스런 처녀(*Holy Virgin*)는 이 두 여신 중의 한 사람을 가리키는데, 작품의 성격상 칼리오페에 더 가깝지 않을까 싶다.

이 처음 4연은 기원(*invocation*)으로서 제 1권에 해당된다기보다는 《선녀여왕》 전체에 대한 서문이라고 할 수 있다. 기원은 시인이 쓰는 작품의 서두에서 신에게, 특히 시인의 수호신인 뮤즈에게 영감을 달라고 도움을 청하는 전통적 형식이다. 고전적 서정시(*lyric*)나 서술시(*narrative poetry*), 그리고 《일리아드》(*Illiad*), 《오디세이》(*Odyssey*), 《아에네이드》(*Aeneid*) 같은 그리스, 로마의 서사시(*epic*)에 관례적으로 나타나며, 르네상스시대를 거쳐 18세기에 이르기까지 다양한 모습을 취하고 있다. 특히 존 밀턴(John Milton)의 《실낙원》(*Paradise Lost*)이나 알렉산더 포프(Alexander Pope)의 《머리타래의 강간》(*Rape of the Lock*) 같은 시에서 볼 수 있듯이 기원은 작품의 주제를 밝히면서 전체적인 분위기까지 결정하는 중요한 역할을 하는 경우가 많다. 19세기 이후로 고전주의의 영향력이 쇠퇴하면서 기원이 시에서 차지하는 중요성이 상당부분 상실되었지만, 하트 크레인(Hart Crane)의 《다리》(*The Bridge*) 같은 현대작품에도 등장할 만큼 아직도 중요한 구실을 하고 있다.

2

그러니 도와주오, 오 아홉 중에 으뜸이신 성 처녀여,
그대의 부족하기만 한 이 견습생이 당신의 뜻대로 행하여
당신의 영원무궁한 책 보따리를 펼쳐 내보일 수 있도록.
거기에 아직도 숨겨져 있는 오래된 두루마리들이란
선녀의 기사들과 아름다운 타나퀼에 대한 것들로,
가장 고귀한 영국의 왕자가 그녀를 찾아 아주 오랫동안
온 세상을 헤매며 그토록 많은 괴로움을 감내했기에
나는 그가 겪은 가당찮은 일들을 애도해야 하게 되었소.
오 그대 부족한 내 기지를 북돋우고 무딘 내 혀를 날카롭게 해주오.

5 타나퀼(Tanaquill): BC 616~578년까지 재위했던 로마의 왕 타퀴니우스(Tarquinius) 1세의 아내로서 정절과 고난을 상징하는 여인이다. 이 작품에서 그녀는 엘리자베스 여왕을 시사하는 글로리아나(Gloriana)로 불리고 있다. 다음 행에 나타나는 그녀를 사모하는 영국의 왕자는 아서(Arthur)를 가리킨다.

3

그리고 그대 지고한 조브의 가장 무서운 아이,
아름다운 비너스의 아들, 그대의 잔혹한 화살로
저 선한 기사를 너무도 교묘하게 쏘아 맞추어
그의 가슴속에 영예의 불길을 지펴 놓았던 이여,
이제 그대의 치명적인 검은 활을 옆에 치워놓고
그대의 온화한 어머니와 함께 와서 날 도와주오.
둘 다 오시오, 또한 그대들 외에 승전의 마트도
그 살인적 난동과 피맺힌 격분을 가라앉힌 후에,
사랑과 고매한 즐거움들로 잔뜩 둘러싸인 채로 데리고 와주오.

1 조브(Jove) : 그리스 신들의 왕이며 하늘을 다스리는 제우스를 가리키는 영어식 이름이다.

7 승전의 마트(Mart) : 전쟁의 신 Mars를 지칭하는 것인데, 마트와 비너스는 이 시가 다루고 있는 전쟁과 사랑이라는 두 개의 주제를 상징하며, 이 둘의 결합으로 인하여 하모니(Harmony), 즉 조화라는 이름의 여신이 탄생한다.

4

또한 그들과 함께, 오 천상의 빛이신 여신이여,
자애로움과 성스러운 위엄을 비추는 거울이시며
가장 위대한 섬나라의 위대한 여인이시여, 그 빛이
피버스의 등불처럼 온 세상에 빛나시는 분이여,
당신의 어여쁜 광채를 내 연약한 눈에 쪼이시고,
나의 너무도 천박하고 사악한 생각을 순화해 주시어
당신의 진실로 영광스런 모습만을 생각하게 하소서,
제 비천한 문장의 주제가 되시는 모습이시옵니다.
청컨대 잠시 제 이야기를 들어주소서, 오 다정하며 두려운 분이시여.

4 피버스(Phoebus) : "The Bright One"이라는 뜻으로, 태양신 아폴로(Apollo)의 그리스식 이름인데, 종종 태양 그 자체를 가리킨다.

이 연에서 서술하고 있는 대상은 스펜서가 이 작품을 헌정한 엘리자베스 여왕이다. 스펜서는 "랄레이 경에게 보내는 편지"(Letter to Sir Walter Raleigh)에서도 밝히고 있듯이 엘리자베스 여왕을 가장 이상적인 군주로 묘사하고 있으며, 작품에서 그녀는 글로리아나(Gloriana), 또는 선녀여왕으로 등장한다. 여왕은 가이언을 포함하여 이 작품에 등장하는 모든 기사들의 주인으로서 또한 스펜서 자신이 흠모하는 절대군주로서 작품의 역사적, 종교적, 정치적 알레고리의 기준이 되고 있다.

제 1 칸토

진정한 거룩함의 수호자는
흉측한 에러를 무찌른다.
위선은 그를 덫에 빠뜨리려고
자신의 집으로 영접한다.

1
한 숭고한 기사가 들판에서 말을 달려가고 있었다,
막강한 무장으로 몸을 감싸고 은빛 방패를 들고서.
방패에는 오래 전에 깊이 패인 자국들이 있었는데,
수많은 핏빛 전쟁터에서 생긴 처참한 표식들이다.
그러나 그 자신은 전에 무기를 쥐어본 적이 없었다.
그의 성난 필마는 거품 어린 말재갈을 내치며 갔다,
고삐에 이끌려 가는 것을 매우 모멸스러워하는 듯.
그는 몹시 날렵해 보였으며 멋진 자세로 앉아 있었다,
마치 기사들의 마상결투와 격렬한 접전을 맞이하는 사람처럼.

2
또한 그는 가슴에 붉은 십자가를 지니고 있었는데,
구주께서 죽으심에 대한 사무친 기억의 정표였다.
그분의 선함 때문에 그는 저 영광의 표식을 지니고
죽었으나 살아 계신 그분을 내내 흠모하는 것이다.
똑같은 십자가가 그의 방패 위에도 새겨져 있었다,

그를 도와주시는 높으신 이에 대한 소망의 표시로.
언행에서도 그는 올바르고 돈독하며 진실하였다,
그러나 그의 표정은 너무도 진중하고 엄숙했다.
하지만 그는 아무 두려움이 없었고, 항상 두려움의 대상이었다.

3
그는 원대한 모험을 한 가지 수행해야만 했는데,
가장 위대한 글로리아나가 그에게 맡긴 일로서
정령나라의 가장 위대하고 영광스런 여왕인 그녀가
그에게 그녀의 은총과 영예를 얻도록 하게 한 것이며,
그것은 온 세상일 중에 그가 가장 바라는 것이었다.
그는 말을 달리면서 줄곧 가슴 가득 열망하였다,
용맹스런 전투에서 자신의 위력을 과시할 수 있기를,
자신의 적을 맞아서, 그리하여 새로운 힘을 익히기를—
자신의 적을 맞아서, 바로 끔찍하고 잔혹한 용을 상대로 맞아서.

2 글로리아나(Gloriana) : 선녀여왕(*Faerie Queene*)의 다른 이름이며, 작품 전체를 통해서 엘리자베스 여왕을 암시하고 있다.

4
그의 곁에는 한 아리따운 처녀가 어여쁜 자태로
눈보다 더 흰 어린 나귀 위에 앉아 있었는데,
그녀가 나귀보다 훨씬 더 희었으나, 그 모습을
겹겹이 길게 늘어뜨린 베일 속에 감추고 있었으며,
또한 그녀는 온몸에 검은 장옷을 덮어쓰고 있었다,
속으로 애통하는 사람처럼: 그녀는 그토록 슬퍼하며,

느릿한 자신의 나귀 위에 침통하게 앉아 있었다:
그녀는 마음속에 어떤 근심을 감추고 있는 듯했고
곁에는 우유처럼 하얀 양 한 마리, 줄에 묶어 끌고 가고 있었다.

5

그녀는 그 양처럼 너무나 순결하고 순진하였다,
실생활에서나 모든 도덕적 지혜에 있어서나.
또한 왕가의 혈통을 계승하고 있는 후손으로서.
그녀의 조상인 고대의 왕들과 여왕들은 옛날에
동서의 해변에 이르도록 자신들의 권세를 뻗쳤으며
온 세상을 또한 자신들의 수하에 거느렸었다,
저 지옥의 악마가 더러운 소동을 일으킴으로써
모든 땅을 황폐화시키고 그들을 추방하기 전까지는.
그에게 복수하려고 그녀는 이 기사를 멀리서 불러온 것이다.

3 왕가의 혈통(*Royall lynage*): 우나의 선조가 아담과 이브라는 강한 암시이다. 해밀튼(A. C. Hamilton)이 인용한 업톤(Upton)의 주장에 따르면 "아담은 에덴의 왕이면서, 또한 가부장적 권위를 행사한 만물의 왕이었으나, 저 지옥의 악마에 의해서 자신의 권리를 박탈당했다. 잃어버린 에덴을 복구하는 일은 두 번째 아담인 메시아의 과업으로 남겨졌는데, 이 기독교 기사는 그러한 그리스도의 이미지를 가지고 있다"(31)는 것이다.

6

멀리 그녀 뒤로 한 난쟁이가 꾸물거리며 왔는데,
게으르기 때문에 언제나 맨 나중으로 뒤처졌거나
아니면 그녀가 사용할 짐을 등에 지고 있었기에
지친 것 같았다. 이렇게 그들이 길을 가고 있는데,

휜하던 낮이 갑작스레 구름으로 가득히 뒤덮이더니,
화가 난 조브가 무시무시한 폭풍우를 몰고 와
자기 연인의 무릎자락에 너무도 엄청나게 퍼부어
모든 생물은 할 수 없이 비를 피할 곳을 찾아야 했고,
이 아리따운 남녀도 역시 비를 피할 곳을 찾기에 급급하였다.

1 난쟁이(*Dwarf*) : 레드크로스 기사의 시종인데, 비평가들은 대체로 그가 육체적인 것(*flesh*), 경계심(*prudence*), 인간적 이성(*human reason*), 또는 상식(*common sense*) 등을 대변한다고 설명한다.

6 조브(Jove)가 비를 뿌린다는 것은 하늘과 땅의 결합, 즉 천지창조의 시작을 암시한다.

7

주변 가까이에 비를 피할 숲이 혹시 있는지 찾다가,
그들은 멀지 않은 곳에 으슥한 관목숲을 보았는데,
거기라면 능히 폭풍을 견딜 수 있을 것처럼 보였다.
그곳엔 거목들이 여름의 오만함을 몸에 두르고
드넓게 퍼져 있어, 하늘의 빛을 가릴 정도였으며,
어떠한 별빛도 그곳을 꿰뚫고 들어올 수 없었다.
그리고 그 안에는 넓은 숲길들과 샛길들이 있어
사람들의 발자국에 닳은 채 안쪽을 향하고 있었다.
그곳이 훌륭한 피신처로 여겨져, 그들은 그 안으로 들어섰다.

8

그렇게 그들은 앞으로 나아갔다, 즐거움에 이끌려,
새들의 달콤한 화음을 듣게 된 것을 기뻐하면서.
그 새들은 거기서 무서운 폭풍우를 피하면서

노래를 부르며 잔혹한 하늘을 조롱하는 것 같았다.
그들은 그토록 곧고 높은 나무들을 한껏 칭송했다,
항해하는 소나무, 자신만만하고 키 큰 백양목,
포도넝쿨에 둘린 상수리나무, 메마르지 않는 포플러,
건축재목 참나무는 숲의 온갖 나무들의 유일한 왕,
지팡이로 쓰기에 훌륭한 아스펜, 장례식에 쓰이는 사이프러스.

9
월계수는 막강한 정복자들과 현묘한 시인들에게
주어지는 보상품, 여태까지 울고 있는 전나무,
버림받은 연인들이 지니고 다니는 버드나무,
구부리는 사람의 뜻에 잘 복종하는 이유나무,
마차 축에는 벚나무, 방앗간에는 사로우나무,
쓰라린 상처에서 피 흘리는 향긋한 고무나무,
전투적인 비치나무, 악의가 전혀 없는 애쉬나무,
과실이 많은 올리브나무와, 둥그런 프라탄나무,
조각재료 박달나무, 속이 탄탄한 때가 거의 없는 단풍나무.

10
즐거움에 이끌려, 그들은 그렇게 길을 따라갔다,
으르렁거리며 날뛰는 폭풍이 다 지나갈 때까지.
길을 잘못 들어, 왔던 곳으로 되돌아가려 했을 때
그들은 처음에 보았던 그 길을 찾을 수가 없었으며,
알지도 못하는 길을 왔다갔다 방황할 뿐이어서,
다 왔다고 생각했을 때 오히려 출구에서 가장 멀어져

자신들의 분별력을 의심하게 되고 정신이 없어졌다.
너무도 많은 길들과 너무도 많은 교차로들이 보여,
그 중 어느 길을 택할 것인지, 그들은 혼란스런 의심에 빠졌다.

11
마침내 어느 한 방향으로만 계속해서 나아가서
입구든 출구든 어느 한쪽 끝까지 가기로 하였는데,
그들이 택한 길은 왕래가 많아서 훤히 드러나 있고
또한 그 미로를 벗어나게 해줄 것 같은 길이었다.
그들이 그렇게 그 길을 줄기차게 따라가다 보니
급기야 텅 빈 동굴 하나가 그들 앞에 나타났는데,
그것은 깊은 숲 속에 있었다. 기개 있는 전사는
지체 없이 자신의 훌륭한 준마에서 내려서서
당장에는 필요치 않은 긴 창을 잠시 난쟁이에게 맡겨두었다.

12
"제발 조심하세요", 그렇게 그 선한 처녀가 말했다,
"너무 성급하시어 돌발적 화를 부추길까 두려워요.
이곳은 낯설고 거칠어 위험을 숨기고 있을 것 같은
끔찍한 의심이 들어요. 때론 연기 없이도 불이 타고,
보이지 않는 재난도 있답니다: 그러니 하시는 행동을
자제하세요, 기사님, 더 큰 시험을 맞게 되시기 전에."
"아, 아가씨", 그가 말했다, "숨겨진 그림자 때문에
나아가는 발걸음을 되돌리는 것은 부끄러운 일이오:
덕은 어둠 속을 헤매고 다닐지라도 그 자체로서 빛을 냅니다."

13
"그래요, 하지만", 그녀가 말했다 "이곳의 위험함은
제가 기사님보다 더 잘 알죠, 비록 이젠 기사님께서
치욕을 무릅쓰며 돌아서기를 바라긴 너무 늦었지만.
옛말에 이르기를, 어쩔 수 없이 후퇴하게 되기 전에
입구에서 발걸음을 멈추는 것이 더 낫다고 했습니다.
이곳은 방황의 숲이고, 여기는 에러의 동굴인데,
하나님과 사람이 모두 미워하는 악독한 괴물이지요:
그러니 제발 조심하세요." "달아나요, 달아나", 하고
겁에 질린 난쟁이가 말했다, "여긴 산 사람이 있을 곳이 못 돼요."

6 에러의 동굴(*Errours den*) : 에러(Error)는 인간의 원죄, 또는 무분별한 종교적 오류를 상징하는 존재로서 한쪽은 이브를 암시하는 여성의 형상을 하고 다른 한쪽은 이브를 유혹했던 뱀의 형상을 하고 있는 괴물로 묘사된다.

14
그러나 정열과 의욕적 혈기로 가득 차 있는
젊은 기사는 결코 그냥 머물러 있을 수가 없었고,
도리어 그는 그 어두운 구덩이 속으로 들어가서,
안쪽을 들여다보았다: 번쩍이는 그의 갑옷이
흡사 그림자가 어리듯 어슴푸레한 빛을 비추어
그로 인해 그는 그 흉측한 괴물을 똑똑히 보았다.
반쪽은 뱀처럼 생긴 끔찍한 모습을 하고 있었고
다른 반쪽은 여자의 형체를 지니고 있었는데,
가장 끔찍하고, 더럽고, 흉측하고, 악독한 징그러움이 가득했다.

15

또한 그녀는 그곳 더러운 땅 위에 누워 있었는데,
길고 거대한 꼬리가 동굴 전체에 널브러져 있었다.
그 꼬리는 곳곳에 마디지고, 여러 겹으로 말려 올라가
끝은 치명적인 침으로 뾰족했다. 그녀 주위에는
수천의 새끼들이 있어, 그녀가 매일같이 먹이는데,
그들은 그녀의 독기 어린 젖무덤을 빨고 있었으며,
각기 다양한 모습들을 하고 있지만, 하나같이 흉측했다.
생소한 빛이 그들에게로 비치게 되자 그것들은
순식간에 제 어미의 입 속으로 기어 들어가, 갑자기 모두 사라졌다.

16

깜짝 놀란 그 어미는 자기 처소에서 뛰쳐나와,
앞으로 내달으며, 그 가공할 꼬리를 제 저주스런
머리 주위에 휘둘렀는데, 거기 접혀있던 부분들이
이제는 펼쳐져서, 꼬인 데 없이 앞으로 길게 뻗쳤다.
그녀는 주변을 살펴보았고, 그물갑옷으로 완전히
무장한 사나이를 보고는 다시 되돌아가려 했다.
그녀는 빛을 치명적 상처로 여길 만큼 혐오하여,
아무도 그녀를 잘 보지 못하고, 아무것도 그녀가
잘 볼 수 없는 황량한 어둠 속에 항시 머물러 있기를 원했다.

17

용감한 선녀의 기사가 그것을 보고, 몸을 솟구쳐
흉포한 사자처럼 달아나는 사냥감에게로 덮치며

자신의 날카로운 검으로 그녀를 과감히 막아서서,
그녀가 돌아가지 못하도록 거기에 붙잡아 두었다.
그리되자 분개한 그녀는 큰 소리로 짖기 시작하고
거칠게 몸을 돌려 얼룩덜룩한 자기 꼬리를 내질러
약 오른 자신의 침으로 그를 제압하려고 위협하였다.
조금도 겁먹지 않은 그는 막강한 팔을 높이 쳐들어,
그녀의 머리로부터 어깨에 이르는 부위를 강하게 비껴 내리쳤다.

18
그 타격에 매우 놀라, 그녀는 얼이 쏙 빠졌으나
분노심을 일으켜 자신의 몸을 둘둘 감아 모으고,
갑자기 곱절의 힘을 써서 자신의 야수 같은 몸을
한꺼번에 땅에서부터 높이 치켜올리는 것이었다.
그리고는 똬리를 튼 꼬리로 자신의 몸을 감싸며,
그의 방패를 향해 무섭게 달려들어, 그 거대한 꼬리로
순식간에 그의 몸 전체를 칭칭 휘감아 버렸기에,
그가 손과 발을 움직여보려고 애써도 허사였다.
신이여 그렇게 에러의 끝없는 술책에 감긴 자를 도우소서.

19
처녀는 그가 모진 곤경에 처한 것을 보고 슬퍼서
외쳤다, "지금, 바로 지금, 기사님, 자신을 보이세요.
그대의 힘에 믿음을 더하시고, 약해지지 마세요!
그녀의 목을 조르지 않으면 그대가 목 졸릴 거예요."
그가 그 말을 듣게 되자, 대단히 당황한 가운데

분노와 함께 심한 경멸감에 쓸개즙이 솟아나왔고,
자신의 모든 힘을 다 기울여 한 쪽 손을 빼내어
너무도 엄청난 완력으로 그녀의 목을 움켜쥐자,
곧이어 그녀는 어쩔 수 없이 악독하게 조이던 힘을 풀었다.

20
그렇게 되자 그녀는 자신의 더러운 뱃속으로부터
검고 징그러운 독즙의 홍수를 잔뜩 내뿜었는데,
커다란 고깃덩이들과 날음식 조각들로 가득했다.
그 악취가 어찌나 코를 찌르는지 그는 잡은 손의
힘을 풀고 그녀에게서 뒤돌아설 수밖에 없었다.
토해낸 것들은 온통 책들과 논문들로 가득했으며,
눈이 없는 더러운 개구리와 두꺼비들도 거기 있어,
무성한 잡초 사이를 헤매며 나갈 길을 찾아다녔다.
그녀의 구역질나게 하는 구토물은 그곳을 온통 더럽혀 버렸다.

6~7 책들과 논문들은 1588년에 개신교 국가였던 영국의 엘리자베스 여왕을 공격한 가톨릭의 책과 팸플릿들을 암시하고 있거나, 폭넓게 참종교를 벗어난 종교적 오류에 빠진 모든 서적을 의미한다고 보는 것이 일반적이다. 에러가 토해내는 더러운 것들은 전체적으로 《요한계시록》 16장 13절의 내용을 가리키고 있다: "나는 또 용의 입과 짐승의 입과 거짓예언자의 입에서 개구리 같은 더러운 악령 셋이 나오는 것을 보았습니다."

21
마치 늙은 아비 나일러스가 오만한 시절이 되어
이집트의 계곡 위로 철철 넘쳐흐르기 시작하면,
기름진 물결들이 자양 많은 진흙더미를 쏟아내며

모든 들판과 낮은 골짜기를 덮치며 흐르는 것처럼.
그러나 그 최후의 홍수가 수그러들기 시작하면서
그는 거대한 진흙더미를 남기게 되고, 그 안에서
그의 풍요로운 씨앗으로부터, 일부분은 남성이고
일부분은 여성인 수만 종류의 생물들이 자라난다.
다른 곳에선 아무도 그처럼 흉측하고 괴기한 모습을 볼 수 없다.

1 나일러스(Nilus) : 나일(Nile) 강을 의인화한 것이며, 나일 강이 범람하면 많은 토사가 쌓이고, 그 자양분 많은 토양에서 많은 생물들과 함께 이상한 괴물들도 태어난다는 것이 16세기의 통상적 생각이었다. 여기서 에러의 구토물을 나일 강의 배출물에 비유한 것은 구약시절에 이스라엘 사람들을 속박했던 육체와 환락의 땅 이집트에 대한 암시가 포함되어 있다.

22

바로 그것이 얼마나 심하게 기사를 놀라게 했는지,
치명적 악취로 인해 그는 거의 질식할 지경이 되어,
힘이 쭉 빠지고, 더 이상 싸움을 할 수가 없었다.
악마는 그의 용기가 수그러드는 것을 눈치 채고는
자신의 지옥 같은 시궁창에서 마구 내뿜어대었다,
저주받은 무수한 제 자식새끼들인 작은 독사들과,
잉크처럼 새까맣고 징그러운 기형적 괴물들을.
그것들은 기어서 그의 두 다리 주위로 몰려들었고
그를 심히 성가시게 하였으나, 결코 상처를 입히지는 못했다.

23

마치 어느 포근한 저녁 무렵에 한 선량한 목동이
불그레한 피버스가 서편으로 지기 시작할 무렵,

자신의 양떼를 둘러보려고 한 높은 언덕에 서서
어느 놈이 빨리 저녁을 가장 잘 먹는가 살필 때,
한 떼의 성가신 각다귀가 달려들어 그를 괴롭히며
모두가 자기들의 힘없는 침들을 꽂으려 애쓰므로,
그들에게 시달린 그는 아무 데서도 쉴 수가 없어서
자신의 투박한 두 손으로 그들의 미약한 날개들을
간간이 문질러서, 곧잘 그들의 윙윙거림을 멎게 하는 것처럼.

2 불그레한 피버스(*ruddy Phoebus*) : 태양. 서시(*Proem*) 4연의 주석을 참조할 것.

24
이처럼 나쁜 상황에 처해, 창피에 대한 두려움이
자신이 처한 그 어느 위험에 대한 인식보다 컸기에
그는 분노로 반쯤 정신을 잃은 채 적에게 나아갔다,
마음에 작정하기를 단번에 완전히 이겨버리든지
그곳을 떠나야 할 바에는 차라리 얼른 져버리겠다며.
그리고 초인적 위력을 다해서 그녀를 내리쳐
더러운 죄악으로 온통 가득 찬 그녀의 몸에서부터
가증스런 그녀의 머리를 지체 없이 떼어내 버렸다.
칠흑 같은 검은 피의 냇물이 그녀의 몸뚱이에서 뿜어 나왔다.

25
흩어져 있던 새끼들은 자기들의 정다운 어미가
그토록 처참하게 땅에 쓰러지는 것을 보게 되자,
죽을 듯이 낑낑대면서, 모두 불안과 두려움에 싸여,

다같이 그녀의 몸뚱이 주변으로 모여들었다,
자기들에게 익숙한 입구를 그녀의 넓은 입에서
찾으리라고 믿고서. 그러나 거기서 제지당하자,
그녀의 피 흐르는 상처 주변으로 모두 모여들어
죽어가는 제 어미의 피를 빨아먹음으로써
어미의 죽음으로 제 목숨을 늘리고, 그 고통으로 이득을 얻었다.

26
그처럼 역겨운 광경을 보고 그는 대단히 놀랐다,
하늘의 저주를 받은 기괴한 새끼들이 저희들의
어미를 삼키는 광경을 보고. 그가 주시하는 동안,
자신들의 피어린 갈증을 그녀를 통해 해소하고 나자,
그는 보았다, 그들의 배가 가득 부풀어올라 터져
창자가 쏟아져 나오는 것을. 마땅한 종말이었다,
자신들을 키워준 어미의 생명을 마신 것들에겐.
이제 그는 더 이상 수고를 기울일 필요가 없었다.
그가 상대로 싸워야 할 적들이 스스로를 죽여버린 것이다.

27
그 처녀는, 일어난 일을 멀리서 다 보고 있다가
그의 승리를 축하하기 위하여 재빨리 다가와서
말했다. "행운의 별 아래서 나신 멋진 기사님,
패한 적들이 기사님 앞에 널브러진 것을 보시니
과연 기사님은 그 갑옷을 입기에 합당하신 분입니다,
그것을 입고 오늘 위대한 영예를 획득하셨으며

강력한 적을 상대하여 첫 번째 모험에서부터
그대의 힘을 증명하셨어요. 그런 일이 많기를 기도하며
앞으로도 언제나 그러한 일만이 뒤따르게 되기를 바랍니다."

5 갑옷(*Armorie*) : 대문자로 시작되는 Armorie는 레드크로스 기사의 갑옷과 방패를 가리키는 것으로서, 기독교적 믿음과 용기의 상징이다. 이 첫 번째 모험에서 레드크로스 기사는 자신의 이름이 갖는 의미에 걸맞게 행동했다는 뜻이다.

28
그런 후에 그는 다시 자신의 말에 올라타고
자신의 여인과 함께 갈 길을 찾아 나아갔다.
사람들에게 밟혀 가장 훤히 드러난 길을 따라가
한 번도 그 어떤 다른 샛길로 들어서지 않고
한 길을 끝까지 계속해서 꾸준히 따라갔더니,
마침내 그 길이 그들을 숲 밖으로 인도해 주었다.
그래서 자신의 길을 따라, 하나님을 친구로 삼고
앞으로 나가며 그는 새로운 모험을 찾았지만,
아무런 소식도 듣지 못한 채, 머나먼 길을 여행하였다.

29
드디어 그들이 길에서 우연히 만나게 된 사람은
검고 긴 법복을 입고 있는 나이 많은 현자였는데,
발은 맨발인 채, 수염은 모두 잿빛으로 세었고,
자신의 허리춤에 책을 한 권 매달아놓고 있었다.
그는 정신이 맑고 매우 현명하며 의젓해 보였고
두 눈을 겸손하게 땅 쪽으로 내리깔고 있어서

모습이 소박했으며 사악한 구석이 없어보였다.
또한 그는 길을 가면서 내내 기도하고 있었으며,
때때로 참회하는 사람처럼 자신의 가슴을 두드리곤 하였다.

30
그는 몸을 구부리며 점잖게 기사에게 인사하였고
기사도 역시 그에게 한껏 예의바르게 답례하였다.
그런 후에 노인에게 물었다, 혹시 그가 바깥세상
도처에 있는 기이한 모험들에 관하여 알고 있는지.
"아, 친애하는 젊은이여", 그 노인이 말했다,
"은신처에 숨어 지내는 아무것도 모르는 늙은이가
종일 묵주를 세며 자기 죄악을 참회하며 지내는데
어떻게 전쟁이나 세속적 근심거리를 이야기하겠소?
성스런 은둔자가 그런 일 따위에 관여하는 것은 적절치 않다오.

31
"그러나 만일에 이 근방에 도사리고 있는 위험과
여기서 생겨난 악에 대해서 그대가 듣고 싶다면,
멀리 또는 가까이 있는 이 나라 전체를 황폐케 한
어떤 이방인의 근황에 대해서 말해 줄 수는 있소."
"그게 바로", 그가 말했다, "제가 찾는 것입니다.
또한 그 사악한 자가 하루하루를 지내는 장소를
가르쳐 주신다면 노인께 후하게 사례할 것입니다.
모든 기사들에게 있어서 가증스런 치욕이 됩니다,
그토록 저주스런 존재가 그렇게 오랫동안 살아 있다는 것은."

32
"여기서 먼 곳", 노인이 말했다, "황량한 광야에
그의 거처가 있는데, 산 자가 그 곁을 지나려면
하나같이 엄청난 재난을 겪지 않으면 안 된다오."
"지금은", 그 처녀가 말했다, "날이 저물고 있어요,
또한 제가 알기로는, 좀 전에 있었던 전투 때문에
기사님은 아주 지쳐있어요. 휴식을 취하지 않고도
힘의 부족을 느끼지 않을 만큼 강한 이가 있나요?
하루 온종일 하늘을 여행하고 다니는 태양조차도
밤에는 자신의 말들을 대양의 파도 사이에서 쉬게 해줍니다.

9 자신의 말들(*his steedes*) : 태양의 신인 아폴로(Apollo)는 천마 네 마리가 끄는 불마차를 타고 매일 동쪽에서 서쪽으로 여행을 하는데, 이것이 즉 하루라는 그리스신화에 근거한 것이다.

33
"하오니 기사님도 태양처럼 적절하게 휴식하시고
새날이 되면 바로 새로운 일을 시작하도록 해요.
편안한 밤이 가장 좋은 충고를 해준다고들 합니다."
"기사님께서는 아주 적절한 좋은 충고를 들으셨소",
그 노인이 말을 이었다. "싸움에서 이기는 방법은
현명하게 생각하는 것이라오. 이제 날이 저물었소.
그러니 오늘밤에 여러분은 내 처소로 함께 가서
여장을 풀도록 하시오." 기사는 매우 만족해 했다.
그리하여 그들은 그 신실한 노인과 함께 그의 집으로 향했다.

34
그곳은 어느 조그맣고 허름한 외딴 암자였는데,
골짜기 아래에 있었으며, 바로 숲 곁에 위치하여,
여행을 하느라 왕래하며 그곳을 지나는 사람들의
발걸음에서 멀리 떨어져 있었다. 약간 구석진 곳에
거룩하게 보이는 교회 하나가 지어져 있었는데,
그 안에서 그 은둔자는 매일같이 아침저녁으로
자신의 거룩한 기도문을 정성스레 외우곤 하였다.
그 곁으로 수정 같은 시냇물이 조용히 흘렀는데,
어떤 거룩한 샘에서부터 한없이 솟아 나오고 있는 것이었다.

35
거기에 당도하여 그들은 조그만 집에 들어섰는데,
여흥거리가 있지도 않았고 그런 걸 찾지도 않았다.
휴식이 그들에겐 잔치였고, 바라던 것 모두였다.
가장 고상한 마음이 가장 큰 흡족함을 얻는 법.
좋은 대화를 하면서 그들은 저녁을 보내게 되었다.
노인은 즐거운 이야기들을 많이 알고 있었으며
유리처럼 매끄럽게 말하는 재주를 가지고 있었다.
그는 성인들과 교황들에 대하여 이야기했고, 항시
말을 시작하거나 끝낼 때마다 아베-마리아를 마구 흘렸다.

9 아베-마리아(*Ave-Mary*)를 말끝마다 덧붙인다는 것은 이 노인이 가톨릭교도라는 뜻으로, 개신교도였던 스펜서가 가톨릭을 비꼬고 있다는 것을 알게 해준다.

36

저무는 밤은 그토록 빠르게 그들에게 덮쳐왔으며
둔중한 무게가 그들의 눈까풀에 무겁게 실리었다,
마치 모피우스의 전령이 달콤한 졸음의 이슬을
그들에게 뿌려서 그들을 잠들도록 하는 것처럼.
노인은 손님들을 안내하여 그들의 침소로 데려갔다.
거기서 그는 모두가 죽음 같은 잠에 빠진 것을 보고,
자신의 서재로 가는 것이었다, 그리고 그곳에 있는
자기 마술책들과 여러 가지 종류의 술수들 중에서
잠든 이들의 마음을 괴롭힐 위력 있는 주문들을 찾아나섰다.

3 모피우스(Morpheus) : 잠의 신인 솜너스(Somnus), 또는 힙노스(Hypnos)의 아들인데, 소리 없는 날개를 타고 여러 가지 모습으로 변하여 인간의 꿈에 나타난다고 하는 꿈의 신이다. 다른 곳에서는 그 자신이 잠의 신으로 등장하기도 한다.

37

그리고는 가장 끔찍한 단어들을 몇 개 고른 다음에 —
아무도 그것을 못 읽게 하라 — 그걸로 시구를 만들고,
그와 비슷하게 지독한 다른 주문들을 함께 써서
시커먼 플루토의 무서운 부인을 깨워 일으켰고,
하늘을 저주했으며, 생명과 빛의 주인이시며 가장
높으신 하나님을 향해서 수치스러운 욕을 해댔다.
대담한 악인이로다, 감히 위대한 고곤의 이름을
불러내다니, 어두움과 죽음의 밤을 다스리는 왕자,
그 이름에 코키투스도 벌벌 떨고 스타익스도 도망치는데

4 플루토의 무서운 부인(*Pluto's griesly Dame*) : 암흑과 죽음의 지하세계를 다스리는 신, 플루토의 부인인 프로세피나(Proserpina)를 가리킨다. 해밀튼에 의하면 여기서 그녀는 마녀들과 마술의 수호신으로 등장한다.

7 고곤(Gorgon) : 고곤은 인간이 두려워하는 모든 영을 다스리는 악마의 제왕으로서, 그리스신화에서는 뱀의 머리를 한 흉맹한 괴물로 나타나기도 하고, 크리스토퍼 말로(Christopher Marlowe)의 《파우스투스 박사》(*Doctor Faustus*)에서는 지옥의 삼대 통치자 중의 하나로 등장한다.

9 코키투스(Cocytus), 스타익스(Styx) : 코키투스는 지옥에 있는 통곡의 강이며, 스타익스는 죽음의 강인데 여기서는 모두 의인화되어 있다.

38

다음에 그가 깊고 무서운 어두움에서 불러낸 것은
정령들의 군대였으며, 그것들은 작은 파리들처럼
영원토록 저주받을 그의 머리 주변으로 날아들어
그가 저희들을 어디에 써먹을는지 기다리고 있었다—
그의 친구들을 도우려는지, 혹은 적들을 겁주려는지.
거기서 그는 가장 거짓된 놈으로 둘을 골랐는데,
그럴듯한 거짓을 꾸미는 데 가장 적당한 놈들이었다.
그 중 한 놈은 그에게서 전달사항 하나를 건네받았고,
다른 한 놈은 다른 일을 하기 위해 그의 곁에 남아 있었다.

2 정령들의 군대(*Legions of Sprights*) : 신약성서에 나타난 군대, 즉 무한히 많은 수의 악마들이라는 의미와 같은 뜻으로 쓰였다. 작은 파리들과 같다는 직유에서 이 노인이 바로 악마의 우두머리인 벨지법(Beelzebub) —히브리어로 "Lord of the Flies", 즉 파리들의 대왕이라는 뜻—이라는 것을 암시하고 있다. 후에 소개되는 이 노인의 이름은 아키마고(Archimago)이다.

39

첫 번째 놈은 빠른 속도로 공허한 대기를 뚫고
넓으면서도 깊은 물의 세계를 통과하여 나아가

모피우스의 집을 향하여 부지런을 떨며 갔다.
가파르게 경사지고 낮은 땅의 깊숙한 곳 한복판에
밝아오는 낮의 빛은 절대로 엿볼 수 없는 그곳,
거기가 그의 거처였다. 거기서는 테티스가 그의
젖은 침대를 항시 씻고 있으며, 신시아는 언제나
기울어져 있는 그의 머리를 은빛 이슬로 적신다,
슬픈 밤이 자신의 검은 망토를 그 위로 무한히 펼치는 동안.

6 테티스(Tethys) : 바다를 다스리는 신 넵튠(Neptune)의 아내인데, 여기서는 바다 그 자체를 가리킨다.

7 신시아(Cynthia) : 달의 여신, 즉 다이애나(Diana)이지만, 여기서는 달을 지칭하고 있다. 밤이 자신의 망토를 펼치는 대상은 달이나 바다가 아니라 모피우스, 혹은 모피우스의 집이다.

40

그는 거기서 굳게 잠겨있는 이중문을 발견했는데,
하나는 광택 나는 상아로 아름답게 만들어졌으며
또 다른 하나는 온통 은으로 입혀진 것이었다.
또한 그 앞에는 멀리 떨어져 눈을 홉뜬 개들이 앉아
그들의 적인 근심을 쫓아내려고 지키고 있었다,
그는 곧잘 유순한 수면을 못살게 굴곤 하였기에.
정령은 가만가만히 그들 곁을 스쳐 지나갔으며,
모피우스에게로 가보니, 그는 깊은 잠의 수렁에
한없이 푹 빠져 있는 것이었다, 아무것도 개의치 않는 채.

5~6 수면(*Sleep*)과 근심(*Care*) : 서로 상충되는 개념인 잠과 근심을 의인화하여 표현한 것.

41
게다가 그를 부드러운 잠으로 끌어들이기 위하여
시냇물은 높은 바위에서 졸졸 굽이쳐 흘러내렸고,
대기를 가득 채우며 언제나 부슬부슬 내리는 비는
흡사 윙윙대는 벌떼 같은 소리로 중얼거리는 바람과
뒤섞여서 그를 깊은 잠의 나락으로 떨어뜨렸다.
사방이 막힌 도시에서는 되레 정적이 거슬리는 법.
다른 그 어떤 소리나 사람들의 성가신 외침들도
그곳에서는 들리지 않았다. 무심한 고요함만이
적들과 멀리 떨어져, 영원한 침묵을 몸에 두른 채 누워 있었다.

8 무심한 고요함(*carelesse Quiet*) : 침묵을 의인화한 표현이다.

42
전령은 그에게로 가까이 다가가서 말을 건넸으나
그 무의미한 말들은 헛되이 자신에게 되돌아왔다.
너무 깊이 잠들어서 아무것도 그를 깨울 수 없었다.
결국 전령이 거칠게 달려들어 힘을 다해 밀어대자
그는 겨우 기지개를 펴기 시작했다. 그러나 다시
아주 세게 흔들어대자 그는 말을 하지 않을 수 없었다.
마치 꿈꾸는 사람의 너무도 메말라버린 머리 속이
거슬리는 장면이나 허황된 환영들로 어지러워지듯
그는 가만히 중얼거렸으나, 결코 침묵을 깨뜨리려 하지 않았다.

7 너무도 메말라버린 머리 속(*drier brain*) : 르네상스 심리학이 설명하는 바에 의하면 머리가 마르는 것은 악몽의 원인이 되는 네 가지 상태 중의 하나이며, 꿈에 환영이 나타나는 것은 멜랑콜리(*Melancholy*)의 증상이다.

43

정령은 그러자 다시 더욱 대담하게 그를 깨우며
위협했다, 헤커트라는 무서운 이름을 그에게
들이대며. 그러자 그는 몸을 움찔거리기 시작했고,
어벙벙한 자신의 머리를 쳐들면서, 반쯤 화난 채,
그가 무엇 때문에 왔는지 짜증스럽게 물었다.
"여기로", 그가 말했다, "아키마고가 날 보냈죠,
완강한 영들을 교묘히 길들일 수 있는 바로 그가.
그가 당신에게 이르기를 그의 용도에 꼭 맞는,
잠자는 이의 감각을 속일 수 있는 거짓 꿈을 보내라 했어요."

2 헤커트(Hecate) : 데모고곤(Demogorgon)과 짝을 이루는 여신인데, 프로세피나와 마찬가지로 죽음과 지하세계를 다스리며, 마녀와 마술의 수호신이기 때문에 대체로 마술, 꿈, 환상 등과 관련지어져 나타난다.

6 아키마고(Archimago) : 레드크로스 기사 일행이 우연히 만나게 된 이 노인의 본명이 여기서 처음 밝혀진다. 그는 두엣사(Duessa)와 더불어 이 작품 전체에 등장하며, 선녀여왕의 기사들이 맞닥뜨리는 최대의 적이다. 그의 이름은 라틴어로 arch(the first 또는 chief라는 뜻)와 Magus(magician 또는 enchanter)의 합성어로서 마법사의 우두머리라는 의미를 가지고 있으며, 그는 위선(*Hypocrisie*)이 의인화된 존재이다. 종교적으로는 독실한 프로테스탄트였던 스펜서가 미워했던 가톨릭을 대표하고 있다.

44

그 신은 거기에 복종하여, 그 즉시로 불러내었다,
어두운 자신의 감옥에서 여러 가지 종류의 꿈들을.
그 앞에 가져다놓고, 염려되는 일이 전혀 없는 듯
자신의 무거운 머리를 다시 떨구며 누워 버렸는데,
즉시로 모든 감각이 없어지고 느낌이 마비되었다.
정령은 다시 상아로 된 문을 지나 되돌아오면서

한 마리의 즐거운 종달새처럼 가볍게 날아올랐고,
그는 자신의 작은 날개 위에 그 꿈을 간직한 채,
급히 제 주인 앞으로, 전에 자신이 떠났던 그곳으로 향했다.

45
한편 노인은 주술들과 비밀스런 기술들을 사용해서
또 다른 정령을 가지고 한 처녀를 만들어 놓았고,
맑은 공기로 그녀의 부드러운 부위를 형성했는데,
모든 이들이 보기에 너무도 생생하게 진짜 같아서
연약한 감각을 아주 앗아가 버릴 수 있을 것 같았다.
그를 만든 자마저도, 제 놀라운 지략에도 불구하고,
그토록 아름다운 모습에 거의 속아넘어갈 정도였다.
그는 그녀를 온통 새하얀 옷으로 입히고, 그 위에
검은 망토를 둘러서, 우나와 매우 흡사하게 보이도록 했다.

46
이제 저 허황된 꿈이 운반되어 그에게로 전달되자
그 꿈들이 요정의 기사에게로 날아가도록 지시했다,
악한 생각이 없이 곤히 잠들어 있는 기사에게로.
그리고 자신이 비밀리에 그 정령에게 가르친 대로,
거짓 모습들로 그의 상상력을 자극하라는 것이었다.
또한 자연스럽지 못하게 태어난 저 새로운 피조물,
그 창조자의 속임수로 가득한 여인을 그는 가르쳤다,
음흉한 행동으로 저 진실한 처녀를 흉내 내는 법을.
가짜는 자신의 거짓된 육체에 그녀의 모습을 지니고 있었다.

47

이처럼 잘 지시받은 그들은 서둘러 일에 착수했다.
그리고 기사가 잠에 빠져 누워 있는 곳으로 가서,
하나가 기사의 굳센 머리 위에 자리를 잡고서
사랑과 육욕적 놀이에 대한 꿈을 꾸도록 했는데,
그것은 그의 남성다운 심장을 거의 녹여버릴 정도로
허황된 환락과 사악한 쾌락에 푹 젖어들게 하였다.
그때 그에게는 자신의 처녀가 곁에 누워서 그에게
한탄하는 듯 보였다, 저 날개 달린 못된 애가 어떻게
자신의 순결한 마음을 눌러 쾌락의 여인의 희롱을 배우게 했는지.

8~9 날개 달린 못된 애(*false winged boy*)와 쾌락의 여인(*Dame pleasure*) : 사랑의 전령인 큐피드(Cupid)와 그의 어머니인 비너스(Venus)를 가리킨다.

48

또한 그에게 미의 여왕인 아름다운 비너스가 직접
우나를 그의 침대로 데리고 오는 것이 보였는데,
깨어있을 때 그는 언제나 그녀에 대해 생각하기를
이제까지 땅이라는 가지에서 피어난 모든 것 중에서
가장 순결한 꽃이며 어느 왕의 외동딸로 여겼으나,
지금은 사악한 음행에 사로잡힌 난잡한 애인이었다.
또한 그레이스들이 다함께 노래하는 것이 보였다,
하이멘 이오 하이멘이라며, 빙 둘러 춤을 추면서,
그러는 동안 싱싱한 플로라는 그녀에게 아이비 화환을 씌웠다.

7 그레이스(Graces) : 그리스신화에 의하면 그레이스들은 비너스의 시중을 드는 몸종들이다.

8 하이멘 이오 하이멘(*Hymen io Hymen*) : 하이멘은 결혼의 신으로서, 그를 찬양하는 노래인데, 보통 결혼식 축가로 쓰인다. 스펜서의 《에피탈라미온》(*Epithalamion*)의 두 번째 연을 참조할 것.

9 플로라(Flora) : 전통적으로 꽃의 여신이며 식물의 총칭으로도 쓰이나, 여기서는 바람기 있는 매춘부로 등장한다.

9 아이비 화환(*ivy garland*) : 술과 방탕과 축제의 신인 디오니소스(Dionysus), 또는 바커스(Bacchus)를 상징하는 꽃으로서, 여기서는 특히 방탕을 상징한다.

49

이처럼 일찍이 겪어보지 못한 극심한 정욕에 사로잡혀—
혹은 무언가 나쁜 짓을 하는 것 같은 습관적 두려움에서—
그는 재우쳐 일어났다, 마치 어떤 비밀스런 흉계나
자신의 원수가 숨어 있지 않을까 미심쩍어 하는 듯이.
보라, 저기 바로 그의 면전에 자기의 처녀가 있었다.
검은 겉옷 속에 미끼가 달린 낚시 바늘을 감추고
얼굴을 반쯤 붉힌 채로 그에게 입맞춤을 하려는데,
나긋나긋한 교태를 머금고 사랑스런 눈빛을 띈 그녀는
자신의 수호기사로 그를 택했던 저 진실한 처녀와 똑같았다.

50

그처럼 가당찮은 광경을 보고 소스라치게 놀라고
그녀의 파렴치한 행동거지에 극도로 분개한 그는
차오르는 경멸감에 그녀를 베어버릴까 생각했으나,
자제하는 인내심을 가지고 성급한 열정을 달래며
자신의 손을 멈추고서, 스스로의 지각을 확인하고
그녀의 헛된 진실을 시험해보기로 마음을 정했다.
여자들이 하는 애처로운 모양으로 두 손을 꼬면서

온화한 동정심을 자극하기 위해서 그녀는 울었다,
자신의 고귀한 가문과 피어오르는 젊음에 대하여 한탄하면서.

51
그리고 말했다, "아 그대, 나의 영주, 나의 사랑,
알지 못할 잔인한 제 운명과 하늘 저 높은 곳에
기록된 막강한 숙명, 또는 저를 이토록 당황케
만든 눈먼 하나님 때문에 제가 갈구한 사랑 대신
확실한 미움을 얻었다고 그들을 원망해야 하나요?
아직도 그는 내게 당신과 하든지, 죽든지 하랍니다.
죽음이 제 몫이지요. 허나 제 곤경을 동정해 주세요,
기사님, 복수에 불타는 기구한 제 운명이 무심히
그대를 제 삶과 죽음을 결정하는 재판관으로 삼았사오니.

52
"다정스런 그대 때문에 처음에 저는 떠나야 했어요,
아버지의 왕궁을…." 그녀는 눈물로 말을 멈추었다.
벅찬 가슴이 그녀에게서 할 말을 앗아가 버린 듯했다.
그리고서 다시 시작하기를, "나약한 제 청춘의 시절은
운명과 덧없는 지상의 두려움의 포로가 되어 있다가
위로와 확신을 얻기 위해 그대의 믿음으로 날아가요.
슬픔과 기나긴 눈물로 제가 죽도록 버려 두지 마세요."
"아니", 그가 말했다, "무엇이 그대를 이처럼 협박했소?
내 위로를 받을 수 있을지 두려워했을 만큼 그대를 겁준 게 무엇이오?"

53
"그대의 사랑과", 그녀가 말했다, "심한 강박감이
나를 잠 못 들게 하고, 긴긴 밤을 헛되이 보내게 해요,
남모르는 번민과 동정받지도 못하는 한탄 속에서,
기사님은 무심히 단잠에 깊이 빠져있는 동안에요."
그녀의 미심쩍은 말들로 인해 굳건한 기사는 그녀의
진실을 의심했다. 허나 그때까지 거짓을 몰랐기에,
그녀의 교태 어린 사랑을 거칠고 모멸스런 경멸로
꾸짖으려 하지 않았다. 다만 말하기를, "나도 슬프오,
나로 인하여 나도 모르게 그대 안에 그러한 불행이 자랐다니.

54
"믿으시오, 그게 모두 땅에 버려지지는 않을 것을.
마음속으로 내게 그대의 사랑은 생명만큼 소중한
전부이며, 나 자신도 그대에게 묶인 몸으로 여기오.
헛된 두려움으로 공연히 자신을 괴롭히지도 마시오.
그럴 이유가 없소. 이제 그만 숙소로 가서 쉬시오."
아주 흡족해 하지는 않았지만, 그녀는 슬픈 탄식을
조금 진정한 듯 보였다. 자신의 계략도 다 써버리고,
기쁘게 받아들이지 않을 수 없는 말들만 잔뜩 듣고서,
그렇게 미끄러지듯 살며시, 그녀는 자신이 쉴 곳으로 돌아섰다.

55
한동안 그는 그녀의 행동을 숙고하며 누워 있었다,
숙녀가 그토록 경망스럽다는 생각에 매우 슬퍼하며.

그녀를 보호하려고 자신은 피를 흘리기도 할 텐데.
마침내 이전의 싸움에서 시작된 둔중한 피곤함이
지치고 역겨워진 그의 정신을 달래서 잠재웠는데
심란한 꿈이 다시 그의 머리를 뒤흔들기 시작했다,
침실들과, 침대들과, 또한 여인의 정겨운 환희로.
하나 자신의 모든 노력이 허사인 것을 깨닫게 되자,
저 잘못 만들어진 정령에게로 그는 또다시 빠져드는 것이었다.

제 2 칸토

음흉한 대 마법사는 떼어놓는다,
레드크로스 기사를 진리로부터.
그 대신에 예쁜 거짓됨이 들어와,
그를 처참한 불행에 빠뜨린다.

1

이러는 동안에 북쪽의 마부는 자신이 이끄는
일곱 마리 말을 붙박이별 뒤쪽으로 몰고 갔는데,
그 별은 대양의 물결에 잠겼어도 결코 젖지 않고
굳건히 제자리를 지키며, 넓고도 깊은 방황에
빠져있는 모든 사람들에게 멀리서 빛을 보내준다.
또한 유쾌한 찬타클레어는 째지는 듯한 목소리로
즉시 경고를 해주었다, 피버스의 불타는 마차가
재빠르게 동쪽 언덕에서 올라오고 있는 중이라고,
너무 오랫동안 밤이 자기영역을 점령하고 있다며 잔뜩 화가 나서.

1 북쪽의 마부(*Northern Wagoner*)와 일곱 마리 말(*sevenfold team*): 목동좌를 가리키는데, 대각성(Arcturus)과 나머지 일곱 별들이 각각 마부와 말들로 비유된다. 이 별자리가 밤에 보이다가 해뜨기 직전에 바다 밑으로 지는 장면에 대한 묘사이다. 붙박이별(*stedfast star*)은 북극성을 가리킨다.

6 찬타클레어(Chaunticlere): 의인화된 수탉의 이름으로서 중세문학에 자주 등장하는 희극적 존재이다. 새벽이 되어 해가 뜨기 직전에 수탉이 우는 장면.

2

그때에 지옥으로부터 나온 저 저주받은 전령들
즉, 꿈을 꾸며낸 놈과 아름답게 위조된 정령이
저희들의 사악한 주인에게로 와서 다 고해바쳤다,
자신들이 한 헛된 고생과 실패해버린 밤에 대해서.
교묘한 자기술책이 그처럼 어긋나버린 것을 알고
그는 무척 화가 나서, 그들을 위협하기 시작하였다,
지옥의 아픔과 슬픈 프로세피나의 분노를 가지고.
하나 자신의 협박이 아무 소용없다는 것을 깨닫자,
그는 다시 계획을 세우고 사악한 책들을 찾아보기 시작했다.

7 프로세피나(Proserpine) : 지옥을 다스리는 플루토(Pluto)에게 강제로 납치되어, 그의 부인이 되었기 때문에 늘 슬픈 표정을 짓고 있다.

3

조금 후에 그는 인위적으로 만들어진 미녀를 두고,
또 다른 못된 정령을 취하여, 그 위에 덮어씌웠다,
가냘프고 섬세한 공기로 이루어진 그럴듯한 몸체를.
즉 사랑놀음과 쾌락에 빠진 젊은 지주의 모습으로서
언제나 자신의 나날들을 방탕스레 헛되이 보내며
무기나 끔찍한 전투 따위는 아랑곳하지 않는 자였다.
그는 이 둘을 데려갔다, 어떤 은밀스런 침대 위로.
거기엔 현혹하는 밤의 어두움이 가득 덮여 있었다.
그리곤 둘을 함께 눕혔다, 그들이 헛된 쾌락에 젖어 즐기도록.

4
꾸며낸 충성심을 가지고 그는 자신의 손님에게로
황급히 달려나갔다. 그 손님은 심란한 광경들과
꿈들을 겪은 후에 이제 겨우 조금 쉬고 있었는데
그가 갑자기 깨우는 것이었다, 끔찍한 경악 속에서
흡사 악마나 저주받은 영혼들에 기겁한 사람처럼.
그는 말하기를, "일어나오, 일어나, 불운한 자여,
예서 잠에 빠져 늙어가다니, 저 사악한 인간들은
비너스의 창피한 사슬로 자신들을 묶어 버렸는데.
와서 보시오, 그대의 악한 여인이 자신의 명예를 더럽히는 광경을."

8 비너스의 창피한 사슬(*Venus's shameful chain*)로 자신들을 묶었다는 표현은 성적 암시가 가득한 묘사이다.

5
놀라움에 가득 차 손님은 황급히 떨쳐 일어났다,
칼을 손에 쥔 채, 그리고는 그 노인과 함께 갔다.
노인은 곧 그를 한 비밀스런 장소로 데려갔는데,
거기에선 그 거짓된 한 쌍이 꼭 붙어 엉켜 있으면서
허황된 색정에 빠진 채, 난잡하게 껴안고 있었다.
그 광경을 보게 되자, 그는 질투의 화염에 불탔고—
격정으로 인하여 이성의 눈이 아주 멀어버렸으며—
격렬한 분노에 휩쓸려 그들을 죽여버리려 하였다.
그렇지만 그 나이 많은 현자가 가까스로 그를 억제하였다.

6

자신이 본 죄악의 장면에 대한 크나큰 괴로움과
씁쓸한 번민을 안고 자신의 침소로 되돌아와서,
그는 쉬기는커녕 자신의 굳건한 심장을 씹어댔고
깊은 경멸감에 싸여 자기 내부의 쓸개즙을 소모했다,
너무나 오랫동안 머물러 있는 밤과 인생에 지쳐서.
마침내 아름다운 헤스페러스가 드높은 하늘에서
자신의 등불을 다 써 버리고 새벽의 여명을 불러왔다.
그러자 기사는 불현듯 일어나 성급히 갑옷을 입었다.
난쟁이는 그에게 말을 데려왔고, 그렇게 둘은 멀리 달려갔다.

4 자신의 심장을 먹는 것과 쓸개즙을 내는 것은 전형적인 질투의 행동으로서, 여기서는 레드크로스 기사의 분노가 불의에 대한 정의의 분노가 아니고 개인적 질투심에 근거한 분노라는 것을 보여준다. 첫째 줄의 죄악의 장면(*his guilty sight*)은 그러므로 이중의 의미, 즉 그러한 음탕한 광경 자체에 담겨있는 불륜성과 더불어, 보는 사람 자신의 죄를 동시에 나타낸다.

6 헤스페러스(Hesperus) : 새벽에 나타나는 금성을 가리키며, 이 별은 보통 비너스를 나타내기 때문에, 현재 성적 문제로 분노하고 있는 레드크로스의 심정을 반영하고 있다고 볼 수 있다.

7

이제, 장밋빛 손가락을 가진 아름다운 아침이
늙은 타이손의 사프론 색 침대에 싫증을 느끼고
자기의 보랏빛 겉옷을 이슬 젖은 대기에 펼쳐 널고,
또한 타이탄이 높은 언덕들을 드러내 보일 때,
그 왕족의 처녀는 졸음에 겨운 머리를 떨쳐내고서
자신의 보잘것없는 침실에서 일어나 밖으로 나와,
이미 멀리 가 버리고 없는 자기의 기사를 찾았으며
언제나 대기하고 있던 자신의 난쟁이를 찾았다.

그리곤 비참한 곤경에 처한 것을 깨닫고 흐느껴 울기 시작했다.

1~2 아침(Morning) : 오로라(Aurora), 즉 새벽의 여신을 가리킨다. 그녀는 제우스에게 부탁하여 자신의 연인인 타이손(Tithon)이 영원히 살 수 있도록 허락받았다. 그러나 그녀는 그가 영원히 살면서 동시에 영원한 젊음을 유지하게 해달라고 청하는 것을 미처 생각하지 못했다. 결국 그녀는 늙은 애인 타이손을 떠나게 된다.

4 타이탄(Titan) : 여기서는 헬리우스(Helius), 즉 태양을 가리키며, 여명이 밝아오면서 높은 언덕들의 어렴풋이 모습을 드러내는 장면을 묘사하고 있다.

8

그리고 그를 좇아 자신의 느린 짐승이 갈 수 있는
최대의 속도로 그녀는 달렸지만, 모두 허사였다.
타오르는 경멸심과 분노에 더욱 박차를 가하면서
발 빠른 말을 달려 그는 너무나 멀리 갔기 때문에
그를 따라간다는 것은 소득 없는 수고일 뿐이었다.
그러나 그녀는 몸이 지쳤어도 결코 쉬려 하지 않고
온갖 언덕빼기와 골짜기, 또한 모든 숲과 들판을
찾아다녔다, 온화한 가슴을 너무나 아파하면서,
그녀가 가장 사랑했던 그가 그토록 매정하게 자신을 떠났기에.

9

그렇지만 간교한 아키마고는 자신의 손님들이
서로 헤어져서 둘로 나뉘게 된 것을 알게 되고—
또한 우나가 산림과 숲을 헤매는 것을 보고는—
제 뜻대로 된—악마 같은 자기 기술을 칭송하였다,
선한 뜻을 가진 마음들을 이기는 힘이 있다면서.

하지만 게서 머물지 않고 다른 방법들을 사용하여
어떻게 해서든지 그녀를 좀더 괴롭히려 들었다.
쉿쉿 소리 내는 뱀처럼 그는 그녀를 미워하였으며,
그녀의 괴로움이 클수록 더욱 더 큰 기쁨을 느끼기 때문이었다.

10

그리고 그는 자기가 무엇으로 변장할지 궁리했다.
자신의 강력한 마술의 힘을 가지고 그는 얼마든지
여러 가지 형체와 모습으로 똑같이 변할 수 있었다,
프로테우스가 변화했던 것만큼이나 다양하게—
때로는 날짐승으로, 때로는 호수 속의 물고기로,
금방 여우가 되었다가, 금세 무서운 용이 되었다—
종종 자기 자신이 제 모습에 두려워 떨기도 하고
때때로 도망치기도 했다. 오 누가 말할 수 있는가?
약초들 속에 은밀히 숨겨진 힘과 마술 주문의 위력에 대해서.

4 프로테우스(Proteus) : 《오디세이》(*Odyssey*)에 등장하는 신화적 인물로서 자신의 형체를 마음대로 바꿀 수 있는 것으로 알려져 있다. 전통적으로 악마는 자신의 형체를 바꿀 수 있는 능력을 가진 존재(*Shape-shifter*)로 알려져 있는데, 여기서 아키마고의 변신은 그러한 그의 악마적 모습을 나타내준다.

11

그러나 현재로서 변장하기에 가장 알맞은 모습은
저 선한 기사, 즉 좀 전에 속아넘어간 손님이었다.
그는 즉시 번쩍이는 갑옷과 병기로 몸을 두르고
은빛 방패를 들었다. 그의 소심한 가슴 위에는

핏빛 십자가가 그려져 있고, 그의 비겁한 투구엔
여러 색깔로 물들인 깃털이 한 묶음 꽂혀 있었다.
그는 잘 무장한 자신만만한 기사 같아 보였는데,
자신의 호탕한 준마를 타고 앉아 있는 것을 보면
여러분들도 그를 성 조지 바로 그 분이라고 여겼을 것이다.

9 성 조지(Saint George): 레드크로스 기사를 가리킨다. 후에 레드크로스 기사는 자신에게 주어진 과업을 모두 수행한 후 영국의 수호기사인 성 조지라고 불리게 된다.

12

하지만 그 자가 모습을 취하고 있는 바로 그 기사,
진정한 성 조지는 멀리 떠나 방황하고 있었다,
잡다한 생각과 질투 섞인 두려움에서 도망치면서.
의지가 그를 인도했으며 슬픔이 그를 방황케 했다.
마침내 길에서 우연히 어떤 자를 만나게 되었는데
발끝까지 무장을 한 믿음 없는 사라센인으로서,
그의 거대한 방패에는 화려한 글씨가 쓰여 있었다,
산스포이라고. 팔 다리와 뼈마디들이 매우 컸던
그 자는 하나님이건 사람이건 간에 조금도 염두에 두지 않았다.

4 중세 및 르네상스시대의 전통적인 기독교적 우주관에 의하면 인간은 이성과 의지와 감성을 가지고 있다. 이상적 인간의 행동은 이성(*reason*)에 의해서 인도되는 것인데, 이성이 무감각한 상태가 되거나, 제 기능을 다하지 못할 때 의지(*will*)가 독자적으로 인간의 행동을 인도하게 되고, 이성이 없는 의지는 제멋대로 감성(*passion*)에 휩쓸리게 된다는 것이다. 여기서 의지가 레드크로스를 인도했다는 말은, 즉 그가 이성에 의해 행동하지 않고 있다는 뜻을 포함한다.
6 사라센(Sarazin): 사라센인, 즉 십자군시대의 아라비아인으로서 회교도를 지칭하는데, 여기서는 막연히 이교도를 가리키는 말이다.
8 산스포이(Sansfoy): 불어로 "Without faith", 즉 믿음이 없는 사람이라는 뜻.

기쁨이 없는 사람이라는 뜻의 산스조이(Sansjoy)와 무법자, 또는 법이 없는 사람이라는 뜻의 산스로이(Sansloy)와 더불어 악당 삼형제로 등장한다.

13
그 자와 길을 함께 가는 예쁜 동반자가 있었는데,
미모의 여인으로서 새빨간 주홍빛 옷을 입었으며
값비싸게 보이는 황금과 진주로 장식하고 있었다.
머리에는 마치 페르샤의 머릿수건처럼 생긴 것을
썼는데, 왕관들과 장식 핀들로 꾸며져 있었으며
그것들은 그녀의 호색적인 애인들이 준 것이었다.
방탕스런 그녀의 말을 온통 뒤덮고 있었던 것은
물결모양으로 엮어진 금과 은의 장식물들이었고,
말 재갈엔 황금 종들과 그럴싸한 징들이 주렁주렁 걸려 있었다.

14
귀여움이 가득한 장난과 교태 가득한 칭얼거림으로
그녀는 가면서 줄곧 자기 애인을 즐겁게 해주었다.
하지만 기사가 창을 내지르며 달려오는 것을 보자
즉시 그녀는 방탕스런 희롱과 발랄함에서 벗어나
자기 기사에게 그와 결투할 채비를 갖추라고 했다,
적이 바로 가까이에 와 있다고. 그 자는 자만심으로
또 그날 자기 여인의 마음을 얻을 희망으로 부풀어
박차를 가하며 달려 나왔다. 그 자의 말 옆구리 밑으로
뚝뚝 떨어지는 붉은 피가 그가 달려가고 있는 길을 더럽혔다.

15
레드크로스 기사는 그 자가 흉포한 분노로 가득 차
그처럼 격렬하게 말을 박차며 달려오는 것을 보고
날렵하게 자신의 창을 겨누고 나아가기 시작했다.
흉맹하고 격노했던 그들 두 사람은 곧 마주쳤는데
서로 상대의 엄청난 위력에 어안이 벙벙해졌으며
그들의 말들은 비틀거리다가 놀란 채로 서 있었다.
또한 너무도 거칠고 매서웠던 그들 자신들 역시도
상대방이 가격하는 손의 위력에 정신이 아득하여
주춤거리며 뒤로 물러나 딛고 선 땅을 상대방에게 넘겨주었다.

16
마치 패기만만한 자존심에 가득 찬 두 마리 숫양이
풍만한 털을 가진 양떼의 지배권을 위해 싸울 때,
양쪽 다 그들의 뿔 달린 앞머리로 너무도 격렬하게
서로 부딪치면, 그 충격으로부터 오는 두려움에
놀라서 둘 다 마치 나무토막처럼 무감각하게 서서
승리의 향방에 대해서는 잊어버리고 있는 것처럼 —
두 사람은 그렇게 서 있었다, 바위처럼 꼼짝 않고,
둘 다 서로를 무섭게 노려보면서, 그리고 막연히
좀 전에 자신들이 내지른 창의 부서져 버린 파편들을 손에 쥔 채로.

17
사라센인은 그 충격 때문에 크게 위압 당했으나
자신의 칼을 빼어들고 무서운 기세로 달려들었다.

기사는 그 공격을 잘 막아내고 매번 되받아쳤다.
서로 상대방과 동등한 힘을 발휘하려고 애를 썼고
잔혹한 눈매로 각기 상대방의 갑옷 틈새 어느 곳을
꿰뚫을 것인지 노려보았다—매우 분격하여 적에게
한 치도 양보함이 없이. 번쩍이는 불꽃이 튀었다,
타오르는 그들의 방패에서, 마치 대장간에서처럼.
또한 자주색 피가 냇물이 되어 신록의 들판을 또다시 물들였다.

18
“저 십자가에 저주 있으라”, 사라센인이 말했다,
“그대의 육체를 쓰라린 죽음에서 지켜주고 있으니.
나는 아노라 이미 오래 전에 그대가 죽었을 것임을,
저 부적이 그대에게서 죽음을 막아주지 않았더라면.
하지만 나 이제 그대에게 경고하노니, 필연코 앉아
머리를 숨기도록 하여라.” 그러면서 기사의 투구를
너무나도 광폭하고 격렬한 위세로 내리쳤기 때문에
그 힘이 투구의 한쪽을 커다랗게 뭉텅 잘라내면서
방패로 스쳐 내려왔으나, 방패가 기사를 온전히 보호해 주었다.

19
이에 그 기사는 엄청나게 분노하여, 잠들어 있던
선천적 용맹성이 그 즉시 불꽃처럼 다시 살아나
상대방의 의기양양한 투구를 겨누고 아주 엄청난
힘으로 내리치자, 그 타격으로 쇠 투구가 쪼개지고
그의 머리가 갈라져 버렸다. 그는 산 채로 고꾸라져

피 묻은 입으로 자기 어머니인 대지에 입 맞추었다,
자기 무덤에 인사를 하면서. 투덜대는 그의 영혼은
약한 육신과 실랑이하다가 마침내 쫓겨가고 말았다,
악한 삶을 살아가는 인간들의 영혼이 가게 되는 바로 그곳으로.

20
그 여인은 자신의 수호기사가 쓰러지는 것을 보았다,
흡사 허물어진 성채의 낡은 폐허와 같은 모습으로.
하지만 구슬픈 그의 장례식에 남아 통곡하기는커녕
자신의 모든 힘을 다해서 그 기사로부터 달아났다.
기사는 황급히 그녀를 뒤따라 달려가기 시작했다,
전투의 승리자라는 표시로 그 사라센인의 방패를
집어서 가지고 오라고 난쟁이에게 명령을 내리고서.
곧 그는 그녀를 따라잡았고 도망가지 말라고 일렀다,
현재 상황에선 그녀가 황망히 달아날 아무런 위협도 없다고 말하며.

21
그녀는 처량한 표정을 짓고서는 몸을 돌이키며
부르짖었다, "자비를, 자비를 베푸소서, 기사님,
힘겨운 불행을 만나 기사님의 크신 뜻에만 의지하는
애처로운 여인에게." 그녀의 자신을 낮추는 겸손은
매우 값진 의상과 영화롭게 보이는 모습과 더불어
그의 굳건하고 영웅적인 마음을 크게 감동시켰기에,
그는 말했다, "여인이여, 그대의 갑작스런 불행에
나는 매우 가슴 아프오. 하나 이제 두려움을 버리고

내게 말해주시오, 그대는 누구이며 그대의 동행은 누구였는지."

22

눈물에 젖어 그녀는 이렇게 한탄하기 시작했다,
"이 불쌍한 여자는 불행스런 때를 만나게 되어
지금은 그대의 명령에 따르도록 사로잡혀 있지만,
저 성난 하늘들이 얼굴을 찌푸리기로 마음먹고
악한 운명이 저를 그대의 권세에 넘겨주기 전에는—
오, 제 과거가 이제 무슨 소용이 있겠습니까! —
어느 황제의 하나밖에 없는 딸로 태어났는데,
그 분은 드넓은 서부를 자신의 권세 아래 두었고
타이베리스가 지나는 곳에 왕권을 드높이 세우신 분입니다.

7~9 황제(*emperor*), 드넓은 서부(*wide west*), 타이베리스(*Tiberis*): 모두 가톨릭의 본거지인 로마를 암시하는 대목으로서 그녀가 프로테스탄트적 진리의 상징인 우나와 상반되는 인물이라는 것을 보여준다. 우나의 부모가 동서에 걸쳐서 왕권을 행사했다는 것을 상기하면, 여기서 그녀가 말하는 서부의 왕국은 로마의 교회(*the Church of Rome*)를 의미하며 우주적 교회(*the Universal Church*)와 대비를 나타낸다는 것을 알 수 있다. 타이베리스는 로마에 있는 강 이름이다.

23

"그 분은 저의 청순함이 처음으로 꽃피던 시절에
저를 약혼시켰답니다, 최고로 부유하고 현명하며
세상에서 가장 막강한 왕의 유일무이한 상속자와.
그처럼 진실하고 잘생긴 왕자님은 결코 없었으며
그처럼 상냥하고 예의바른 왕자님은 또 없었어요.

하나 제가 기다리던 배필을 맞는 날이 밝기 전에
다정한 제 낭군은 드높은 영예의 계단에서 떨어져
저주를 받아 마땅한 원수들의 손아귀에 잡혀 들어가
잔인하게 살해당했고, 저는 그것을 영원히 애도하게 되었지요.

24
"생명의 호흡을 강탈당한 그 분의 복된 육신은
그 후, 어찌 그리됐는지 저도 모르게, 분실되어
제게서 사라졌어요. 그분의 죄 없는 죽음에 관한
소식이 불운한 처녀인 제게 이르게 되었을 때에,
오, 제 슬픈 영혼이 얼마나 큰 고통을 겪었는지요.
그러자 저는 그분의 애처로운 육신을 찾아 나섰고
저는 온 세상을 돌며 수많은 세월을 방황했지요.
님을 잃은 처녀는 사랑 때문에 깊은 상처를 입고
오랫동안 고달픔에 지쳐 갔습니다, 마치 화살 맞은 암사슴처럼.

25
"마침내 우연한 기회에 이 교만한 사라센인이
방황하는 저를 만나게 되었는데, 저를 강제로
자신과 동행케 했지만, 결코 무너뜨리지 못했어요,
여인들이 지극한 경외심으로 간직하는 그 성채를.
저기 그 자가 더러운 불명예를 안고 죽어 있어요.
살아 있을 때 그는 교만한 산스포이라고 불렸는데,
삼 형제 중의 맏이예요. 그 삼 형제는 어떤 사악한
은둔자의 자식들로 가장 어린 자는 산스조이,

그리고 둘 사이엔 잔악하고 과격한 산스로이가 태어났지요.

26

"이러한 슬픈 지경에서, 친구도 없이, 불행해져
이제는 비참함 속에 머물게 된 저, 피뎃사는
기사님께 애원하오니 제 처지를 불쌍히 여기시어
만일 도와주기가 싫으시거든 해치지나 마소서."
그러는 동안 그는 줄곧 극심한 열정에 사로잡혀
두 눈으로 그녀의 얼굴을 바라보느라 더욱 바빴다,
둔감한 귀로 그녀가 하는 이야기를 듣기보다도.
그리고 말했다, "어여쁜 여인이여, 돌심장이라도
그대가 전해준 부당한 슬픔과 괴로움들을 애처로워할 것이오."

2 피뎃사(Fidessa): 아이러니컬하게도 "faithful", 즉 믿음이 있다는 뜻이다. 그녀의 실제 이름인 두엣사(Duessa: 이중인격, 또는 의심스러움)에 비추어 생각해 보면 그녀가 내세우는 모습의 허구성을 분명히 볼 수 있다. 베일에 감추어진 우나의 얼굴과 대조적으로 그녀는 얼굴을 드러내 보이고 있으나 실제의 모습은 감추어져 있으며, 레드크로스 기사는 지금 그녀의 드러나 보이는 미모에 빠져들고 있는 것이다.

27

"이제부터는 안전하다고 확신하며 쉬기를 바라오,
그대를 도와줄 새로운 친구를 발견하고 동시에
그대를 괴롭혔던 옛 원수를 떨쳐 버렸으니 말이오—
'옛 원수보다는 새 친구가 낫다'는 말이 있다오."
그 순박한 듯이 보이는 처녀는 기분이 바뀌어서
마치 부끄럽다는 듯이 땅으로 눈을 내리깔았고

부드럽게 순응하며 아무것도 거스르지 않았다.
그렇게 그들은 갔다. 그는 명랑한 표정을 지었고
그녀는 수줍어했다. 그래서 '수줍음이 욕망을 부른다'고들 한다.

28

오랜 시간을 그들은 그렇게 함께 여행하였는데
여행길에 지칠 무렵 그들은 마침내 당도하였다,
폭넓은 가지들이 아름답게 펼쳐지고 회색 이끼로
온통 뒤덮인 멋진 나무 두 그루가 서 있는 곳에.
또한 녹색의 잎사귀들은 바람이 불 때마다 떨며
잔잔한 그림자를 둥글게 널리 드리우고 있었다.
때때로 그곳에서 놀란 적이 있는 겁에 질린 목동은
결코 그 밑에 앉지도 않고, 거기서는 자신의 흥겨운
풀피리를 불지도 않았으며, 그 불길한 땅을 피하려 하였다.

29

그렇지만 이 선한 기사는 그 나무들을 보자마자
시원한 그늘로 들어가려고 성급히 그쪽으로 갔다.
이제는 황금빛 피버스가 중천에 높이 떠올라
자신의 아름다운 마차에 있는 불타는 바퀴들에서
너무 지독히 잔인할 만큼의 뜨거운 빛을 퍼부었다.
살아있는 생물은 도저히 그것을 견딜 수 없었으며
또한 그의 새로운 여인도 그것을 견디지 못했다.
거기서 그들은 말을 내렸다, 격렬한 더위를 피해,
잠시 자신들의 지친 몸이 쉴 수 있으리라는 희망을 가지고.

30
서로 상대에게 상냥하게 그럴듯한 기쁨을 주면서
정다운 대화를 나누며 그들은 거기에 앉게 되었다.
그는 또한 속임수에 넘어가 착각에 빠져서 그녀를
이제껏 살았던 사람 중에 가장 예쁘다고 생각했다.
그는 그것을 표현하려고 신사다운 기지를 발휘하여
생각했다, 거기 있는 녹색의 나뭇가지들을 가지고
그녀의 청초한 이마에 꼭 맞는 화환을 만들겠다고.
그가 가지 하나를 꺾었을 때 그 꺾인 자리로부터
끔찍한 피가 방울방울 저며 나와 줄기를 타고 흘러내렸다.

31
그와 함께 한 처량한 울부짖음 소리가 들려왔는데,
부르짖기를, "오 찢어내지 마시오, 죄스런 손으로,
이 거친 껍질에 갇혀 있는 나의 연약한 옆구리를.
차라리 도망치시오, 아, 멀리 도망치시오, 어쩌면
여기서 내게 생긴 일이 그대에게 닥칠지도 모르니.
또 정다운 내 사랑, 이 가엾은 여인에게도 닥쳤다오—
오 너무도 귀한 사랑, 죽음과 바꾼 너무 귀한 사랑."
그는 기겁하여 일어섰는데 머리카락이 온통 곤두섰고
너무나 갑작스런 무서움에 사로잡혀 꼼짝도 할 수 없었다.

32
마침내 그 무시무시한 두려움이 지나가고 난 후,
그의 남자다움이 당당히 고개를 들고일어나자

여전히 이 기이한 사건에 대해서 놀라워하면서
또 자기 귀를 의심하면서, 기사는 이렇게 말했다.
"림보의 호수에서 온 어느 저주받은 귀신이거나
혹은 허공을 떠도는 어떤 간악한 혼령의 목소리가—
그 둘에게 모든 연약한 인간들은 종종 속곤 하는데—
내 의심스런 두 귀를 향해 이처럼 괴이한 이야기와
애처로운 호소를 하면서 죄 없는 피를 흘리지 말라고 하는가?"

6 림보의 호수(Limbo lake): 지옥의 한가운데를 가리키며, 전통적으로 세례받지 않은 자들이나 버림받은 자들의 영혼이 벌을 받는 장소이다.

33

깊이 신음하며 그 자가 말했다, "그대에게 이런 말을
하는 자는 저주받은 귀신이나 악한 혼령이 아니고
한때 프라두비오라는 사람이었는데, 이젠 나무요—
불쌍한 사람, 불쌍한 나무라오—내 허약한 본성에
어떤 잔인한 마녀가 자기의 저주스런 의지를 가해
이렇게 변화시켜 놓고, 드넓은 벌판에 심어 놓았는데,
보레아스는 살을 에이듯 매섭게 몰아쳐 불어오고
이글대는 태양은 나의 은밀한 핏줄을 말려 버린다오.
내 비록 나무로 보이지만, 추위와 더위는 아직도 날 괴롭힌다오."

3 프라두비오(Fradubio): 전치사 fra(in, among의 뜻)와 doubio(doubt, 즉 의심)의 합성어로 "의심에 빠진 자"라는 뜻을 가지고 있다. 그는 믿음을 잃어 식물로 변했는데, 연약함 때문에 믿음을 잃는다는 것은, 다시 말하면 비인간화된다는 것과 마찬가지라는 의미를 내포하고 있다. 또한 전치사 fra가 라틴어로 brother의 의미를 갖는다는 것을 고려하면, 그와 현재의 레드크로스 기사 사이의 유사성을 찾아볼 수도 있을 것이다.
7 보레아스(Boreas): the north wind, 즉 북풍을 가리킨다.

34
“그럼 계속하시오 프라두비오, 사람이든 나무든”,
기사가 말했다, “어떤 자의 사악한 계교로 인하여
지금 내가 보고 있는 모습으로 그대가 변해 버렸소?
자신의 슬픔을 알리는 자는 때때로 약을 찾게 되오.
하지만 감추는 가슴에는 두 배의 슬픔이 찾아든다오,
마치 격렬한 불꽃이 억누르려는 자를 더 괴롭히듯이.”
“그렇다면, 내 모든 고통을 만든 이는” 그가 말했다,
“두엣사라고 불리는데, 그녀는 사악한 마녀로서
모험을 찾아 나선 수많은 기사들을 파탄에 빠뜨린 장본인이오.

35
“젊음이 절정에 이르렀던 시절, 뜨거운 용기가
사랑으로 인한 불길과 기사도 정신의 환희를
처음 내 가슴에 타오르게 하자, 나는 운명처럼
이 고귀한 여인을 사랑하였다오. 그대가 보듯이
지금은 여인이 아니라 나무의 모습이 되어 있지만.
하루는 내가 그녀를 동반하고 말을 타고 가는데
우연히도 어떤 기사 한 명과 마주치게 되었으며,
그도 역시 한 아름다운 여인을 곁에 두고 있었소—
그러나 그 아름다움의 내부에는 악한 두엣사가 숨어 있었소.

36
“그는 빼기면서 그녀의 날조된 아름다움을 들어
다른 모든 여인들보다 훨씬 더 우월하다고 말했소.

나도 역시 내 여인을 방어하느라고 떨쳐 일어났소—
나의 여인, 그때 그녀는 샛별처럼 빛났었다오!
그래서 우리 둘은 격렬한 전투에 돌입하게 되었소.
그런데 그 자의 아주 험난한 운세는 내 창 아래
거꾸러지는 것이었소. 전투에서 죽음은 그러하오.
전투를 치른 후 노획물로 남게 된 그 자의 여인은
아리따운 자기자신을 나의 처분대로 하겠다고 맡겨 왔소.

37
"하여 서로 다르게 예쁜 두 여인의 사랑을 받은—
하나는 그리 보일 뿐; 다른 이는 실제로 예뻤다오—
나는 어느 날 호기심에 한 번 비교해 보고 싶어졌소,
둘 중에서 어느 쪽이 아름다움의 영예가 더한지.
승자의 축배로는 장미의 화환이 준비되어 있었소.
둘 다 이길 것도 같았고, 둘 다 질 것도 같아서
경합에 대해 결론을 내리기란 너무도 어려웠다오.
프랠리사는 그보다 더할 수 없을 만큼 예뻤고
언제나 악한 두엣사도 또한 그녀만큼이나 예뻐 보였소.

8 프랠리사(Fraelissa) : 이탈리아어로 Fralezza, 영어로는 Frailty, 즉 연약함 또는 지조 없음을 의미한다.

38
"이제 그 사악한 마녀는 여태까지도 불분명한
저울이 양쪽으로 똑같이 흔들리는 것을 보고서,
정당하게 안 되니까 속임수로 이겨 보려고 했소;

그녀는 지옥 같은 자신의 간계를 써서 곧바로
대낮을 가득 덮는 자욱한 안개를 불러일으키고
음산한 광풍을 내 여인의 얼굴에 불어치게 하여
원래의 아름다움이 비치던 광채를 흐리게 하고
그녀를 더럽고도 흉측한 모습으로 변하게 했다오.
그 마녀만이 아름다웠소, 아름다운 이가 아무도 없었으니까.

39
"그러자 마녀가 외쳤소, '에잇, 에잇, 흉측한 사람,
꾸며낸 아름다움이 이제야 명백하게 나타나는군,
이제까지 그걸로 모든 남자들의 시선을 홀렸다니!
오, 어서 그녀를 떠나세요, 아니면 얼른 죽이세요.'
내 여인의 끔찍한 모습을 경멸스럽게 바라보면서
나는 마녀가 내게 말한 대로라고 생각하고 그녀를
죽여 버리려 하였소. 하나 고통스런 표정을 꾸미며
사악한 마녀는 분노에 떠는 내 손을 붙잡았다오.
그리고는 그녀를 지금처럼 나무의 모습으로 변하게 하였소.

40
"그때부터 나는 두엣사를 나의 여인으로 삼고
멋모르고 오랫동안 그 마녀와 기쁨을 나누었소,
그녀가 실제와 다르다는 것을 결코 알지 못한 채.
그러다가 마침내 어느 날—그날은 각처에 있는 샘에서
마녀들이 자신들의 죄악을 참회하는 날이었는데—
나는 우연히 그녀의 진정한 모습을 보게 되었다오.

그녀는 오리간과 싸임으로 목욕을 하고 있었소.
내가 본 것은 아주 불결하고 끔찍한 노파였는데,
한 번이라도 그녀와 접촉한 것에 대해 나는 죽도록 후회스러웠소.

7 오리간(*origan*)과 싸임(*thyme*): 피부가 가렵거나 부종 난 것을 치료하는 약초인데, 마녀들이 자신들의 죄악으로 인해 몸에 난 종기와 더러운 피부병을 치유하기 위해 사용하는 것으로 알려져 있다. 여기서는 두엣사의 실체가 더럽고 추한 마녀라는 것을 암시한다.

41
"흉측하게 일그러지고 기괴한 그녀의 아랫도리는
물밑에 숨겨져 있었기에 내가 볼 수 없었지만,
그녀의 몸은 너무도 흉하고 소름끼치게 보여서
누구도 그것을 여자의 모습으로 여길 수는 없었소.
그때부터 나는 몹시 짐승 같은 그녀와 동행하기를
꺼렸으며, 거기서 빠져나와 도망치려 마음먹었소,
안전한 기회가 오기만 하면 그 즉시로 떠나려고.
왜냐하면 꼭 죽지는 않더라도 큰 위험에 처할 것이
눈에 뻔히 보였기 때문이요, 내가 도망치려는 것이 알려지면.

42
"악마 같은 할멈은 나의 기분이 바뀐 것을 보고서
내 생각을 눈치 챘다오. 졸린 밤에 몰래 들어와
사악한 약초들과 기름들을 가지고 나의 몸 전체를
온통 감싸고서, 주문들과 마술의 위력을 통해서
나의 감각이 하나도 남김없이 없어지도록 하였소.

그 다음에 그녀는 나를 이 황량한 사막으로 데려와
내 가엾은 사랑이 서 있는 곁에다 나를 심어놓았소.
그때부터 여기 단단히 감싸고 있는 나무 벽에 갇혀
산 사람들과는 떨어진 채, 우리들은 고달픈 세월을 보낸다오."

43
"도대체 얼마나 오랫동안", 선녀의 기사가 말했다,
"그대들은 이렇게 끔찍한 집에 갇혀 살아야 하오?"
"우리는 이러한 처지를 바꿀 수 없소", 그가 말했다,
"우리가 살아 있는 샘물로 목욕을 하기 전까지는.
마법에 의해 정해져 있는 조건이 바로 그것이오."
"오, 어찌하면", 기사가 말했다, "내가 찾아내겠소?
그대들을 원래의 좋은 모습으로 되돌려줄 그 샘물을."
"시간이 흐르고 운명의 기한이 차면 원래의 상태대로
회복될 것이오. 그 어떤 다른 것도 우리를 풀어주지 못한다오."

44
거짓된 두엣사는, 지금은 피뎃사로 불리지만,
프라두비오가 헛되이 어떤 한탄을 하는지 들으며
모두 사실인 것을 알고 있었다. 하나 선한 기사는
구슬픈 두려움과 혼비백산한 서글픔으로 가득 차서
그 살아있는 나무가 그러한 모든 말을 하고 나자,
피가 흐르고 있는 그 나뭇가지를 땅에 꽂아주어
자신이 그 피에 대해서 책임질 일이 없도록 하고
신선한 진흙으로 나무에 난 생채기를 감싸주었다.

그리고 자신의 여인을 돌아보니, 그녀는 공포로 쓰러져 있었다.

45

이미 잘 알고 있는 것을 아무것도 모르는 척하며
두려움을 가장하여 죽은 듯이 있는 그녀를 보고서,
기절한 무의식 상태에서 그녀가 깨어나도록 애쓰며
기사는 걱정 어린 간호를 하였다. 푸른 눈까풀과
창백하고 죽음의 빛을 띤 그녀의 어두운 시선을
그녀가 마침내 다시 쳐들었다. 떨리는 기쁨으로,
그는 너무 순진하고 진실했기에, 그녀를 일으켜
몇 번이고 입 맞췄다. 한참 후에 공포가 다 가시자
그는 그녀를 그녀의 말에 다시 태우고 앞을 향해서 나아갔다.

제 3 칸토

버림받은 진리는 오랫동안 사랑을 찾아나서고
사자를 온순하게 길들이는데,
눈먼 광신의 일을 망쳐 놓고서 사로잡힌다,
악독한 호색한의 손아귀에.

1
하늘 아래 넓디넓은 공간에서는 그 어떤 것도
질투의 덫이나 운명의 매정한 변덕으로 인해서
미인이 이유 없는 비참함에 빠져드는 것보다도
더욱 마음에 애틋한 연민을 일으키는 것은 없으리.
나는, 최근에 그녀의 빛남 때문에 눈이 멀었거나,
혹은 신하된 도리, 그리고 내가 모든 여성에게
분명코 바쳐야만 하는 꿋꿋한 충성심 때문인지
내 심장이 너무 큰 고통으로 뚫려 버렸다고 느꼈다,
너무도 가엾어서 죽을 것 같은 경우를 내가 보았기 때문이다.

2
그리고 이제 내 마음은 그토록 깊이 움직이나니,
내가 노래하려 하는 가장 아리따운 우나 때문에.
연약한 내 두 눈은 눈물로 이 글줄들을 적신다,
그녀가 어떤 교활한 취급을 받는지를 생각하면 —
시금석처럼 진실하며, 왕의 딸인데도 불구하고,

살아 있는 그 어떤 사람보다도 더욱 아름다웠으며
말과 행실에 있어 아무런 해도 끼치지 않았건만—
자신의 기사로부터 버림을 받아 절망에 빠졌고
마땅히 그녀의 것인 사랑은 악한 마녀의 몫이 되어버렸으니.

3

그러나 매우 정숙한 여인인 그녀는 이제껏 내내
버림을 받고, 슬픔에 빠져, 혼자가 된 처녀로서,
귀양살이하듯 사람들이 모인 곳에서 멀리 떨어져
거친 광야, 그리고 황량한 사막을 방황하면서
자신의 기사를 찾아 다녔다. 그 기사는 얼마 전에
마법사가 조작해낸 환영에 교묘하게 속아넘어가
그녀를 버렸다. 그녀는 아무것도 두려워하지 않고
숲과 황야를 널리 헤매며 매일 그를 찾아 다녔다.
그러나 바라던 그의 소식은 아무것도 그녀에게 이르지 않았다.

4

어느 날, 지겨운 여정에 거의 탈진하게 된 그녀는
사람들의 시야에서 떨어진 한적한 그늘에 이르러
자신의 느릿느릿한 짐승에서 내려와 풀섶 위에
자신의 우아한 팔 다리를 눕히고 휴식을 취했다.
그녀는 자신의 아리따운 머리에서 머리띠를 풀고
자기 겉옷을 곁에 두었다. 천사 같은 그녀의 얼굴은
마치 하늘에 떠 있는 위대한 눈처럼 밝게 빛났으며
햇빛이 비치듯이 그늘진 그곳을 환하게 비추었다.

일찍이 그러한 천상의 우아함을 본 사람은 아무도 없었다.

5

그런데 숲이 무척이나 우거진 곳으로부터 우연히
흉맹스런 사자 한 마리가 갑작스레 달려 나왔는데,
야생의 먹이를 찾아 탐욕스럽게 사냥하는 중이었다.
그 왕족의 처녀가 눈에 뜨이자 그 사자는 즉시로
입을 크게 벌리고 탐욕스레 그녀에게로 달려들었다,
부드러운 그녀의 육체를 금방이라도 집어삼키려고.
그러나 그가 자신의 먹이에 좀더 가까이 다가서자,
피에 굶주린 그 광폭함은 후회와 함께 가라앉았고
눈앞의 광경에 놀라워하며 자신의 광폭한 힘을 잃어버렸다.

6

그 대신에 그는 그녀의 지친 두 발에 입을 맞추고
백합 같은 그녀의 두 손을 아첨하듯 혀로 핥았다.
부당하게 취급받은 그녀의 순결함에 속죄하는 듯이.
오, 아름다움이 어떻게 가장 강한 자를 다스리며
단순한 진리가 광폭한 잘못됨을 무릎 꿇게 하는지!
사자의 포기한 자부심과 자랑스러워하는 복종심을,
아직도 죽음을 두려워하며, 오랫동안 지켜보고서야,
그녀의 마음은 커다란 연민으로 녹기 시작하였고
애틋한 정겨움으로 인해서 주체할 수 없는 눈물이 흘러내렸다.

7

“들판에 있는 모든 짐승의 제왕인 사자조차도”,
그녀는 말했다, “자신의 왕자다운 위력을 숙이고
막강한 자존심을 초라한 연약함에 굴복시키누나,
방금 자기 자신을 부추겼던 배고픔의 광폭함도
잊고서, 내 불쌍한 처지에 대한 동정심 때문에.
그런데 그 분, 나의 사자, 나의 귀한 주인께서는
얼마나 잔인스러운 마음을 가지고 미워하시는가,
그 분을 사랑하고 언제나 일생의 신처럼 열심히
섬기는 이 처녀를? 어찌하여 그 분은 나를 혐오하시는가?”

8

넘치는 눈물에 그녀는 하소연을 잇지 못했으며
탄식은 주변의 숲으로 조용히 메아리쳐 울렸다.
그리고 그녀의 불쌍한 처지를 보고 슬퍼하면서
제왕다운 짐승은 그녀를 그냥 바라보며 서 있었다.
연민으로 차분해져, 그의 격분함도 가라앉았다.
마침내 자기의 고통을 가슴에 남몰래 접은 채,
천상의 핏줄을 받아 태어난 그 처녀는 일어서서
눈처럼 새하얀 자신의 나귀에 또 다시 올라타고
떠나간 그녀의 수호기사를 혹시 따라잡을까 하여 찾아 나섰다.

9

사자는 그녀를 쓸쓸히 홀로 있게 버려두지 않고
그녀를 따라갔다, 정결한 그녀의 몸을 수호하는

막강한 호위병으로서, 그리고 그녀의 슬픈 처지와
험난한 불행을 함께 나누어 갖는 충직한 동료로서.
항상 그녀가 잠들게 되면 그는 보초와 경비를 서고
그녀가 깨어나 있을 땐 부지런히 그녀를 수행했다,
그녀의 뜻에 따라 겸손히 봉사할 준비를 갖춘 채.
그녀의 어여쁜 눈빛에서 명령을 눈치 채어 시행하고
그녀의 표정을 보면 언제나 그 의도가 무엇인지 알아차렸다.

10
그렇게 그녀는 넓은 황야를 오랫동안 여행하였다,
방랑하는 자기 기사가 지나가리라고 여겨지는 곳을.
하지만 산 사람의 모습은 아무도 보이지 않았다.
마침내 그녀는 풀이 밟혀 있는 것을 발견했는데
거기에는 사람들의 발자국 흔적이 길게 남아 있었다,
어느 희뿌연 산의 가파른 기슭 아래에 이르기까지.
바로 그 자취를 따라가다가, 급기야 그녀는 보았다,
앞에서 느릿느릿 걸어가고 있는 어떤 처녀 하나를.
그녀는 축 처진 어깨 위에 물 한 동이를 지고 가고 있었다.

11
가까이 가면서, 우나는 그녀를 부르기 시작했다,
혹시 근방에 사람이 사는 곳이 있는지 알아보려고.
하나 무뚝뚝한 계집은 아무런 대답도 하지 않았다,
그녀는 듣지도, 말하지도, 이해하지도 못했기에.
그러다가 우나 곁에 사자가 서 있는 것을 보고는

갑작스런 두려움에 자신의 물동이를 내동댕이치고
도망쳐 버렸다. 왜냐하면 이제껏 그녀는 그 땅에서
한 번도 아름다운 여인의 얼굴을 본 적이 없었으며
그 무시무시한 사자의 모습에 꼭 죽을 것만 같았기 때문이었다.

12
그녀는 한 번도 뒤돌아보지 않고 재빨리 도망갔다,
마치 자기 자신의 목숨이 거기 달려 있다는 듯이.
그리고 제 눈먼 어미가 영원한 어둠 속에 앉아 있는
집에 이르렀다. 그녀는 아무런 말도 하지 못하고
갑자기 제 어미를 붙잡으며 두 손을 벌벌 떨면서,
두려움에 찬 시늉을 함으로써 그녀를 놀라게 했다.
어미는 아연한 놀라움과 섬뜩한 공포로 가득 차서
문을 닫기 시작했다. 그때에 이미 그곳에 도착한
피곤에 지친 처녀 우나가 집안으로 들어가게 해주기를 청했다.

13
아무도 그녀의 말을 듣지 않자, 성미 급한 시종은
자신의 거친 발톱으로 그 문을 갈라서 열어젖히고
그녀를 안으로 들게 했다. 안에는 그 격분으로 인한
죽을 것 같은 두려움과 기절할 정도의 놀라움으로
어두운 구석에서 숨을 몰아쉬는 두 사람이 보였다.
거기서 그 늙은 여자는 밤낮으로 기도를 했었다,
자신의 묵주를 넘기면서, 열정적으로 참회하면서.
매일매일 빠짐없이 구백 번의 파테르 노스테르와

구백 번의 세 배에 이르는 아베를 그녀는 외우곤 했었다.

8~9 파테르 노스테르(*Pater Nosters*)와 아베(*Aves*): "Our Father"로 시작되는 주기도문(*Lord's Prayer*)과 "Hail May"로 시작되는 성모 마리아의 찬양으로서 가톨릭 기도문의 일부인데, 맹목적 미신으로의 도피를 암시한다. 구백 번이라는 숫자는 무한히 많은 횟수를 가리키는 것으로서, 기도의 의미에 대한 이해나 지식 없이 맹목적으로 주문을 외우는 가톨릭교도의 모습에 대한 암시로 보인다.

14

또한 자신의 고통스런 참회를 보충하기 위해서
매 주마다 세 번씩 그녀는 재 위에 앉아 있었고
주름진 피부에 닿도록 거친 마포 천을 입었으며
세 번씩 세 번은 어떤 것도 먹지 않고 금식했었다.
하나 지금 그녀는 무서워서 제 묵주도 잊어버렸다.
불필요한 그녀의 두려움을 가시게 하기 위하여
아리따운 우나는 적절한 말과 표정을 지어냈다.
겨우 그들의 두려움이 가시고, 한참 후에 그녀는
그들의 작은 오두막에서 그날 밤을 쉬게 해달라고 청했다.

4 세 번씩 세 번: 일주일에 사흘 동안은 세끼를 모두 금식했다는 의미.

15

낮은 다 지나갔다, 그리고 졸린 밤이 다가와서
모든 생물들의 몸은 잠으로 온통 둘러싸이게 되었다.
슬픈 우나도 피곤에 지친 몸을 자리에 눕혔고
그녀의 발치에서는 사자가 경비를 서고 있었다.

휴식을 취하는 대신 그녀는 슬퍼하며 흐느꼈다,
얼마 전 자기의 사랑하는 기사를 잃었기 때문에.
또한 한숨 쉬며 신음하고, 밤새 쓰디쓴 눈물로
자신의 부드러운 가슴을 점점 더 적시어 갔다.
그녀는 밤새 깊은 생각에 잠기며 종종 날이 샜는지 내다봤다.

16

이제는 바야흐로 알데바랜 별이 높이 떠올라서
빛나는 카시오페아의 의자성좌 너머로 왔으며
모두가 누워서 죽음과도 같은 잠에 빠져 있는데,
어떤 자가 안으로 들어오겠다고 문을 두드렸다.
그 자는 계속 두드리며 저주와 욕을 마구 해댔다,
제가 부르는데 문이 재빨리 열리지 않는다면서.
그는 등에 무거운 짐을 지고 있었기 때문인데,
야밤에 훔치거나 여기저기서 강탈해온 것들로서
모두 그 자가 외지에서 강도질해서 가지고 온 것들이었다.

1 알데바랜(Aldebaran) : 산양좌(Taurus)에 속하는 밝고 붉은 별이다. 알데바랜 별이 카시오페아의 의자 성좌 위로 떠오르는 것은 시간이 자정, 즉 한밤중이 되었다는 것을 가리킨다.

2 카시오페아의 의자(Cassiopeia's Chair) : 북반구에 있는 별자리로서 그리스신화에서 페세우스(Perseus)의 장모인 악독한 카시오페아(Cassiopeia)의 이름을 따온 것이다. 카시오페아의 허영과 교만 때문에 그녀의 딸인 안드로메다(Andromeda)는 바위에 결박당한 채 바다괴물의 위협을 받게 되는데, 결국 페세우스에 의해서 구출된다. 페세우스가 그녀를 구원한다는 이야기의 구성은 여기서 레드크로스 기사가 대변하고 있는 영국의 성 조지가 공주를 구출하는 이야기와 흡사하다.

17

사실 그 자는 체구가 건장하고 힘센 도둑이었는데
여러 교회에서 내부에 있는 장식물들을 훔치거나
빈민을 위한 구호상자에서 구제금을 훔치곤 했다,
그 돈들은 선한 의도에서 빈민들에게 준 것인데.
그 자는 모든 사람들이 마음놓고 잠들어 있을 때,
거룩한 성인들의 귀한 의복들을 벗겨가는가 하면
성직자들이 입고 있는 옷들을 망쳐 놓기 일쑤였다.
아무도 성스런 기물들을 안전하게 두지 않을 때,
그 자는 간교한 재주로 창문을 통해서 기어드는 것이었다.

1 이 도둑의 이름은 22연에 나타나 있듯이 커크라파인(Kirkrapine)으로서 그는 로마 가톨릭 교회의 부패와 타락을 대표한다.

18

또한 그 자는 옳게나 그르게나 획득한 모든 것을
이 집으로 자신이 직접 가지고 와서 맡겨두었다.
바로 이 장님이 된 여인의 딸에게 맡긴 것인데,
그녀는 둔한 코세카의 딸로서 아벳사라 했다.
아무도 모르게 그는 그녀와 색욕을 불태웠으며
공물로 잔치를 베풀어서 그녀를 살찌게 먹였다,
이 땅의 온갖 지역에서 자라는 음식으로 풍성히.
그는 금과 반지 등을 아낌없이 그녀에게 주었고
지금도 훔친 물건의 일부를 그녀에게 가지고 온 것이었다.

4 코세카(Corceca)와 아벳사(Abessa) : 코세카는 눈먼 자(*blind heart*)라는 뜻이며 아벳사는 가톨릭의 여자승원장인 "abbess", 또는 라틴어 ab(없음)와 esse

(존재)의 합성어로서 존재 없음, 또는 근원이 없음을 나타낸다.

19
오랫동안 그는 화가 나 위협하며 문을 두드렸으나
겁에 질린 여인들은 감히 일어나려 하지 않았기에
사자는 그녀들을 위협하여 그를 들어오게 하였다.
그 자는 더 이상 숙고하기 위하여 머뭇거리지 않고
대단한 분노를 일으켜 문을 부수어 열어젖히며
안으로 들어섰는데, 바로 그때 저 분노한 짐승이
무섭게 앞을 가로막아 갑자기 그를 기겁하게 하였고
흉맹스런 발톱으로 떨고 있는 그의 가슴을 움켜쥐고
거만한 태도로 자신의 당당한 발 밑에 그 자를 짓눌러 버렸다.

20
그 자는 반항할 수도, 도움을 청할 수도 없었다.
피 흘리는 심장은 적의 손아귀에 들어가 있었으며
사자는 곧바로 그를 수천의 조각으로 찢어버리고
팔 다리를 모두 잘라내 버렸다. 목말랐던 대지는
그의 생명을 마셨고, 그의 시체는 땅에 버려졌다.
겁에 질린 그의 일당들은 끔찍한 그 밤을 새우며,
감히 울지도 못했고 이해하지도 못하는 듯하였다,
불시에 자신들에게 다가온 힘들고 어려운 운명을.
똑같은 재앙이 자신들에게도 닥쳐올까 봐 두려워할 뿐이었다.

21

이제 벌건 대낮이 온 세상의 덮개를 벗겨내자
우나가 일어났고 그 사자도 역시 일어나서
기왕의 여행을 계속하기 위해 앞으로 나아갔다,
미지의 길을 향해, 떠나간 기사를 찾기 위하여.
사랑을 위해서 신이 되기를 거절하고 오랜 세월을
방랑했던 그리스 사람보다 훨씬 더 고생하면서.
이 온순한 여인이 겪는 시련은 그토록 지독했고
자꾸만 자기에게서 달아나는 그를 계속 찾았는데,
다 왔다고 여기면 그는 또 그녀의 소망에서 더 멀리 가버렸다.

6 오랜 세월을 방랑했던 그리스 사람(*that long wandering Greek*) : 트로이 전쟁의 영웅 오디세우스(Odysseus)를 가리키는 말이다. 그는 인간을 돼지로 변화시키는 마녀 칼립소(Calypso)의 섬에 갇혔으나, 그를 사랑하게 된 그녀가 그에게 준다고 약속한 영원한 생명(신이 되어 영원히 죽지 않음)을 마다하고 자신의 아내 페넬로페(Penelope)가 기다리고 있는 이타카(Ithaca)로 돌아가기 위해 또 다시 방랑의 생활을 자청한다.

22

그녀가 그곳을 떠나자마자, 겁에 질린 두 사람,
즉 저 눈먼 늙은 여인과 그녀의 친애하는 딸은
밖으로 나와 커크라파인이 살해된 것을 보고,
막대한 고통으로 자기들의 머리카락을 쥐어뜯고
자신들의 가슴을 두들기며 맨살을 잡아뜯었다.
두 사람은 있는 힘껏 악을 쓰며 흐느껴 운 다음에
한 쌍의 놀란 사슴처럼 앞을 향해서 달려갔는데,
적개심과 복수심으로 인해서 반쯤 미친 상태로
자신들을 불행으로 몰아넣은 그녀를 뒤쫓아가는 것이었다.

23
그녀를 따라잡자 그들은 커다랗게 소리질렀다,
공허하게 짖어대며, 또한 한탄스레 울부짖으며.
가면서 줄곧 그녀에게 듣기 부끄러운 욕을 하며
음탕하기 짝이 없는 여자라면서 그녀를 힐난했다,
실제로는 신앙과 정절의 꽃이었던 그녀에 대해서.
욕을 하는 도중에도 그 늙은 여인은 기원하기를
전염병들과 불행한 일들, 또한 기나긴 비참함이
그녀 위에 떨어지고, 그녀를 줄곧 따라다니면서
끝없는 실패 속에서 그녀가 영원토록 방황하게 하라고 했다.

24
그러나 자신의 기원이 전혀 소용없는 것을 알고
공연히 헛된 수고만 한 채 그녀는 뒤돌아섰다.
그런데 그녀가 울며불며 되돌아오다가 길에서
육중한 갑옷으로 무장한 기사를 만나게 되었는데,
거창하게 으스대기는 했어도 그는 기사가 아니라
간교한 아키마고였으며 그의 의도는 우나를 찾아
계략을 써서 새로운 곤경에 빠뜨리려는 것이었다.
그는 그 늙은 여인에게 근황이 어떠한지 물었다,
혹시 이러이러한 여인에 대해 말해줄 수 있는 게 있느냐고.

25
그러자 그녀는 또다시 격정이 북받치기 시작하여
울면서 저주하며 욕하고 자신의 머리를 쥐어뜯으며

말하기를 자기가 방금 그 창녀를 알게 되었는데,
자기에게 쓰린 눈물을 너무 많이 흘리게 했다면서
계속해서 자신의 불행에 대한 이야기를 해주었다.
그는 그녀의 불운을 크게 동정하는 시늉을 하면서
그 여자가 어느 쪽으로 갔는지에 관하여 물었다.
대답을 듣자, 그는 앞으로 달려나가기 시작했다,
마법에 걸린 멋진 말과 또한 마술에 걸려 있는 긴 창을 가지고.

26
머지않아 그는 천천히 가고 있는 우나를 보았는데,
저 야생의 투사가 곁에서 그녀를 호위하고 있었다.
그러한 광경을 보게 되자, 두려움 때문에 그는 감히
자신을 너무 가까이 드러내지 못하고, 멀리 돌아가
한 언덕으로 올라갔다. 그녀가 거기 서 있는 그를 보자,
비슷하게 생긴 그의 방패로 인해, 그녀는 그 모습이
자신의 기사라고 여기며 그를 향해서 가기 시작했다.
가까이 다가서며, 그가 정말 자기 기사라고 믿으면서
아름답고도 두려움 섞인 겸허함을 가지고 그녀는 그에게로 갔다.

27
그리고 흐느끼며 말했다, "아, 오래 기다리던 기사님,
이토록 오랫동안 제 눈을 피해 어디에 계셨었나요?
저는 무척 두려웠어요, 제가 지독한 미움을 받았거나
무엇인가 기사님께서 경멸하실 만한 일을 했을까 봐.
그러한 생각이 간절한 제 마음을 죽음처럼 때렸어요.

제 눈이 기사님의 쾌활한 모습을 보지 못한 이래로,
저의 즐거운 낮은 즐거움이 없는 밤으로 변해 버렸고
또한 제게 있어서 밤은 죽음의 그림자가 되었답니다.
하지만 이젠 만났군요, 저의 빛이시며 축복의 밝은 등불이신 분."

28
그 말을 받아 그가 말했다, "정다운 나의 여인이여,
그대를 떠날 정도로 내가 기사도에 먹칠을 하겠다고
마음먹게 된 이유는 그대의 생각이나 나의 의도와는
상관없는 것이었소. 그대는 아직도 나를 사랑하고
순전하고 착한 의지로 선녀 왕궁에서 나를 택하였소,
거기엔 세상에서 가장 숭고한 기사들이 다 있었는데.
만일 내가 천상의 후손으로 태어난, 내 사랑 그대를
떠난다면, 먼저 이 땅이 원래 가지고 있는 능력을
잃어버려서 열매를 산출하지 못하고 영원한 굶주림을 낳으리다.

29
"사실 내가 그대를 그렇게 오랫동안 떠난 이유는
이방의 땅에서 어떤 모험을 찾아보려던 것이었소.
그곳에는 아키마고라고 불리는 힘센 악당이
여러 기사들을 모욕하는 것을 일과로 삼고 있었소.
이제부터 그는 어떤 기사도 모욕하지 못할 것이요.
내가 떠났던 합당한 이유가 그것이었는데, 그대가
받아주기만 한다면 그리고 나의 충성스런 봉사를
마음에 더욱 간직해준다면, 땅에서나 바다에서나

그대를 지키겠다고 맹세했다오. 자 이젠 슬픔을 가라앉히시오."

30
사랑 가득한 그의 말이 모두 보상해주는 것 같았다,
그녀가 겪은 과거의 모든 고통을. 사랑의 한 시간은
몇 년 동안에 겪은 슬픔도 상쇄해낼 수 있는 것이다.
한 드램의 달콤함은 한 파운드의 시큼함을 보상한다.
그녀는 다 잊었다, 자기가 이제까지 그 때문에 얼마나
끔찍한 괴로움을 견뎌냈는지. 과거에 대해서 그녀는
더 이상 말하지 않았다. 진실이었다, 진정한 사랑이란
뒤돌아볼 힘이 없다는 것은. 두 눈이 앞에만 있기에.
앞에는 그를 위해 그녀가 극심한 고생을 한 그 기사가 서 있었다.

4 드램(*dram*): 매우 적은 양이라는 의미. 드램은 영국의 도량형 용어로서 1드램은 1/16 온스에 해당한다. 1온스가 1/16 파운드이니까 1드램은 1/256 파운드가 되는 셈이다.

31
그러한 느낌은 마치 녹초가 되어버린 뱃사람이
드넓은 대양을 오랫동안 방황하면서 다니다가—
아무도 견뎌낼 수 없게 몰아치는 하늘의 호흡과
오리온의 흉맹한 사냥개가 지져대는 불꽃 때문에
때론 테티스의 짠 눈물에 뒤덮여 푹 젖거나
자신의 황갈색 등허리를 오랜 시간 그을리면서—
멀리서부터 항구가 있다는 것을 발견하고 즉시로
신나는 휘파람을 즐겁게 불어대며, 술잔을 들어

네레우스를 칭송하고, 동료들은 돌아가며 그에게 건배하듯이.

4 오리온의 사냥개(Orion's hound) : 큰개좌(Canis Major) 별자리에 있는 시리우스(Sirius)를 가리킨다. 매우 밝은 별로서 여름날 해와 함께 그 별이 뜨는 것을 신호로 이른바 지독히도 덥고 건조한 "복더위"(*dog days*)가 시작된다. 시리우스는 그리스어로 "불로 지지다"라는 뜻이다.

5 테티스(Tethys) : 바다를 가리킴.

9 네레우스(Nereus) : 지중해의 신.

32

자기 기사를 찾은 우나는 그런 기쁨을 맛보았다.
또한 그들의 해후는 저 멀리서 거친 물을 헤치며
오고 있는 자신의 배를 육지에서 바라보고 있는
상인의 즐거움에 못지 않은 커다란 기쁨이었다.
상인은 맹세를 남발하며 넵튠을 찬양하곤 한다.
두 사람은 그렇게 길을 갔고, 가면서 내내 그들은
최근에 그녀가 당한 끔찍한 시련에 관해 얘기했다.
사자가 어떻게 같이 있는지 그가 그녀에게 물었고,
그녀는 가면서 여행중에 자신에게 생긴 일을 모두 말해주었다.

5 넵튠(Neptune) : 바다의 신, 포세이돈(Poseidon)을 가리킨다.

33

미처 얼마 가지도 않은 즈음 그들은 볼 수 있었다,
누가 그들 쪽으로 화급하게 말을 달려오는 것을.
완전히 중무장을 한 채, 경주마를 타고 있었는데,
성난 기수가 쓰라린 옆구리에 박차를 가할 때마다

말은 난폭함 때문에 온몸이 땀으로 범벅이 된 채
격분하여 제 날카로운 쇠 재갈을 질근질근 씹었다.
그 자의 표정은 굳어 있었고 항시 위협하는 듯했다,
잔인무도한 복수심을 자신의 가슴속에 감추고서.
또한 그의 방패에는 핏빛 글씨로 산스로이라고 쓰여 있었다.

9 산스로이(Sansloy) : "Without Law", 즉 무법자라는 뜻인데, 칸토 2에서 레드크로스와의 결투로 인해 목숨을 잃은 산스포이(Sansfoy)의 동생으로서 삼형제 중에서 둘째이다.

34
그는 이 점잖은 한 쌍에게로 가까이 다가와서는
그 기사가 붉은 십자가를 지니고 있는 것을 보고
격정의 불길이 타올라 즉시 채비를 차리기 시작했다,
전투에 임할 준비를, 긴 창을 아래로 꼬나든 채.
상대방은 끔찍하고 무서워서 기절할 지경이었다,
처음으로 치명적 무기의 강타를 맛보게 되었으니.
그렇지만 그의 여인이 그를 너무 잘 격려해 주어서
행운에 대한 새로운 희망을 그는 느끼기 시작했다.
하여 창을 꼬나들고서 발뒤꿈치의 쇠로 말에 박차를 가했다.

35
하지만 교만한 이방인은 너무 격렬히 달려나왔고
분노로 가득 차서, 끝이 날카로운 자신의 창으로
십자가가 거짓으로 그려진 방패를 꿰뚫어 버렸으며
비틀거리는 말이 두려움에 움츠려들지 않도록 붙잡고

방패와 자신의 몸으로 또한 상대방을 밀어붙였다.
그런데 그의 돌진하는 힘이 너무도 강했기 때문에
그는 상대방을 안장에서부터 아주 떨어뜨려 버렸다.
상대 기사는 마구잡이로 거꾸러져 땅으로 굴렀으며
꿰뚫린 그의 상처에서는 피가 샘물이 되어 마구 솟아 나왔다.

36
당당하고 거만한 자신의 말에서 가볍게 뛰어내리며
이방인은 달려들었다, 그의 목숨을 빼앗을 심산으로.
그리고 거만스레 말했다, "보라, 이 마땅한 보상을,
피 묻은 칼로 산스포이를 죽인 자가 받게 되었나니.
이제로부터 그의 영혼은 안타까운 고통에서 벗어나
평안하게 레세 호수를 건너갈 수 있을 것이며,
그를 애도하는 제단은 원수의 목숨으로 한이 풀려서
분노에 찬 시커먼 지옥의 악귀들을 잠잠케 하리라.
그대 산스포이의 생명을 취했으니, 산스로이는 그대 것을 취하련다."

6 레세(Lethe) 호수: 지하세계(Hades)에 있는 강 이름으로, 죽은 자가 지하세계에 이르기 전에 이 강물을 마시면 살아있을 때의 기억을 모두 잃는다고 해서 망각의 강이라고 불린다.

37
하면서 상대방의 투구를 급히 벗기기 시작했는데,
우나가 소리쳤다, "오, 가혹한 손을 멈추시어요,
친애하는 기사님, 그대가 어떤 직위에 있다 해도

적이 패배하여 그대의 자비만을 바라고 있다면
그로써 충분한 것입니다. 자비를 거절하지 마세요.
이 분은 살아 있는 분 중 가장 진실하신 기사이며
지금은 비록 패배하여 굴욕적인 땅에 누워 있지만,
행운이 그 분을 따랐을 땐 피어린 전쟁터에서 널리
용맹을 떨쳤어요. 하오니 그 분의 목숨을 빼앗지는 말아주세요."

38
가엾은 그녀의 말도 그의 분노를 달래지 못했다.
투구를 난폭하게 둘로 쪼개어 벗기면서, 그 자는
즉시 상대를 죽이려 했다. 하나 그의 나이를 알고,
늙은 아키마고의 백발이 성성한 머리를 보고는,
깜짝 놀라서 그는 자신의 성급한 손을 멈추었고
반쯤 창피해 하면서도, 그 광경을 이상히 여겼다.
듣지는 않았어도 그는 잘 알고 있었다, 그 노인이
마술과 주문을 쓰는 놀라운 힘을 가지고는 있으나
한 번도 전쟁터나 원형의 결투장에서 싸워본 적이 없다는 것을.

39
그가 말했다, "아니, 아키마고, 불운한 노인네여,
어찌된 일인가? 이 무슨 끔찍한 불행이란 말인가,
그대를 이곳에 데려와 내 분노의 맛을 보게 하다니?
아니 그대가 잘못한 것인가, 또는 나의 실수인가,
원수 대신에 잘못해서 내 친구를 다치게 하다니?"
노인은 대답도 없이 아직 기절한 채 누워 있었고

얼이 모두 빠져 버린 그의 음흉스런 두 눈가에는
죽음의 그림자가 어려 있었다. 그것이 사라지자
그는 노인을 그대로 눕혀둔 채, 더 이상 지체하려 하지 않았다.

40
오히려 그 처녀에게로 다가왔는데, 그녀는 내내
놀라움에 사로잡혀 있었다, 자신이 노인에게 속은 것을
알고서. 그는 자기 속임수에 대한 보상을 받았으니,
거짓으로 그녀의 진실한 기사인 척 했기 때문이다.
그렇지만 이제 그녀는 더더욱 큰 곤경에 빠졌으니,
바로 저 거친 이방인의 손아귀에 붙잡히게 되었고
그녀의 걸음으로는 결코 그에게서 도망칠 수 없었다.
그 자는 그녀의 말쑥한 옷자락을 잡아채며 움켜쥐고
나귀로부터 그녀를 낚아챘다, 그녀의 얼굴을 보기 위하여.

41
하나 그녀의 용맹한 시종은 자신의 주인인 숙녀가
적에게 그처럼 난폭한 취급을 당하는 것을 보고,
제왕의 분노와 끓어오르는 모멸감으로 가득 차
입을 쩍 벌린 채 매우 난폭하게 그에게 달려들어
그 자의 방패 위로 덤벼들었다, 자신의 날카롭고
예리한 발톱으로 그것을 채어 없애버릴 심산으로.
그렇지만 그 자는 강했고, 지금은 색욕이 용기를
더더욱 불태웠기에, 사자의 움켜쥐는 손아귀에서
자기방패를 되찾았으며, 칼을 뽑아들고서 앞으로 나섰다.

42
오, 그런데 힘이 너무나 연약하고 부족했구나,
저 야생의 짐승이 그 자의 완력을 견뎌내기엔.
그는 힘이 셌고, 막강한 신체를 가지고 있었다,
창으로 싸우는 것은 누구에게도 지지 않을 만큼.
또한 무기 다루는 법도 능숙하게 알고 있었다.
곧이어 그는 사자의 초조해진 가슴을 꿰뚫었다,
치명적인 강철 칼의 소름끼치는 끝으로, 그리고
사자의 군주다운 심장을 찔렀다. 죽음이 밀려와
사자는 크게 포효했다, 생명이 그의 굳센 가슴을 떠나면서.

43
이제 누가 있어 홀로 남은 처녀를 지켜줄 것인가,
무법의 승자가 시도하려 하는 난폭한 폭행에서 —
충직한 호위병도 사라지고, 희망도 산산조각 나고,
자신을 망치거나 구출할 아무 힘도 없는 제물을?
이제 승자가 된 그는 자신의 자만심을 채우려고
더러운 욕설들과 경멸로 가득 찬 악의를 가지고
그녀를 마구 대했으며, 탐욕인지 또는 미움인지,
재빨리 그녀를 낚아채서 자신의 기마에 태웠다.
기도도 아무 소용이 없었다, 그의 분노가 더 큰 힘이 있었다.

44
가는 동안 내내 그녀는 커다란 고통의 울부짖음과
동정 어린 호소들을 그의 무정한 귀에 퍼부어댔다,

돌처럼 굳은 그 심장을 둘로 쪼갤 수 있을까 하여.
가는 동안 내내 그녀는 흐르는 눈물로 적셔댔지만
앙심으로 화가 나 있는 그는 아무것도 듣지 않았다.
충직한 그 짐승은 아직도 그녀를 그대로 두지 않고
멀리서 그녀를 따라갔다. 방황하는 그녀의 슬픔에
동참하려고 하는 그에겐 아무런 두려움도 없었으니,
짐승 같은 그녀의 원수보다 실제 짐승의 본성이 더 따뜻했다.

제4 칸토

죄 많은 교만의 집으로 두엣사는
충직한 기사를 인도하는데,
거기서 산스조이가 형의 죽음을 복수하려고
그와 싸우자고 도전해 온다.

1
어떤 것이든 일단 무예의 길을 선택하고, 오랫동안
고생을 감수하며 명예를 추구하는 젊은 기사여,
협잡에 대해서 조심하라, 변덕스러움을 조심하라,
사랑하는 다정한 여인을 선택할 때나 바꿀 때는.
그대가 너무도 가볍게 그녀를 사악하다고 믿어
성급한 실수로 그대의 마음을 떼어버리지 않도록.
기사에게 있어서는 가볍게 사랑에 빠지는 것과
부정을 하는 것보다 더 큰 치욕은 없기 때문이다.
바로 이 레드크로스 기사가 그것을 분명히 예증하고 있다.

2
그는 아름다운 우나를 홀로 내버려둔 이후에
그녀의 정절에 대한 성급하고 잘못된 판단으로
사악한 두엣사를 대신 그녀의 자리에 앉혔다—
피뎃사라고 불리며 정말 그런 척하는 그녀를—
오랫동안 그녀와 여행을 하다가, 마침내 그들은

휘황하게 장식된 한 멋진 건물을 보게 되었는데—
그것은 어떤 위용 있는 왕의 저택처럼 보였다—
드넓은 큰 도로가 그 집을 향하여 뻗어 있었으며
거기로 가는 사람들의 숱한 발길로 인해서 훤히 닳아 있었다.

8~9 드넓은 큰 도로(*a broad high way*) : 《마태복음》 7장 13~14에 나타나 있는 것처럼 멸망으로 가는 길임을 암시하고 있다.

3
거대한 사람들의 무리가 그리로 향해 가고 있었다,
밤이나 낮이나 할 것 없이, 각계각층의 사람들이.
되돌아오는 자는 거의 없었고, 어렵게 탈출한 이들은
처량하게 구걸을 하거나 몹쓸 치욕을 당해야 했는데,
그 후에는 영원히 가장 비참한 상황에 처하게 되었다,
마치 풀섶 곁에 누워 있는 끔찍한 문둥이들과 같이.
두엣사는 기사의 발걸음을 그 쪽으로 인도해 갔다.
왜냐하면 그녀는 고단한 여행길에 매우 지쳤으며
그동안 머물러 있던 낮도 거의 기울고 있었기 때문이었다.

4
각이 반듯한 벽돌로 지어진 장중한 궁전이었는데,
벽돌들은 회반죽도 없이 교묘하게 쌓여 있으며
벽들은 높았지만 전혀 굳건하거나 두껍지 않았고
그 위에는 두드러지게 온통 금박으로 입혀져서
밝기에 있어서 아주 맑은 하늘을 능가하고 있었다.
거만한 탑들이 수없이 높이 고개를 들고 있었고

그 위 아주 높은 곳에 멋진 방들이 자리잡았는데,
예쁘게 생긴 창문들과 쾌적한 침소로 가득했다.
또한 그 꼭대기에는 시계판이 매 시간을 말해주고 있었다.

이 교만의 집(*House of Pride*)에 대한 묘사는 여러 가지로 성서에 기반을 두고 있는데, 예를 들어서 회반죽을 쓰지 않고 쌓여 있는 벽돌은《구약성서》"에스겔" 13장 10~14절에 나타나 있는 비유이며, 많은 거만한 탑들은 "창세기" 11장 3~4절에 나오는 바벨탑을 연상하게 한다. 시계판은 성 어거스틴(St. Augustin)이 묘사한 것처럼, 시간의 지배를 받고 사는 사람의 도시(*City of Man*)에 대한 상징이다.

5

그것은 바라보기에는 아주 멋있는 건축물이었으며
건축가의 훌륭한 재주를 과시하고 있기는 했지만,
그토록 아름다운 건물이 그처럼 허약한 기반 위에
자리잡고 있다는 사실이 몹시도 애석한 점이었다.
왜냐하면 아직도 이리저리 움직이고 무너져내리는
모래언덕 위에 그 건물이 높다랗게 세워져 있어,
하늘이 숨을 내쉴 때마다 건물이 온통 흔들렸기에.
아무도 엿볼 수 없었던 뒤쪽은 모든 부분이 온통
낡고 헐어빠졌으나, 그것들은 색칠로 간교하게 가려져 있었다.

6

거기에 도착하자 그들은 곧바로 안으로 들어갔다.
그렇지만 문들은 모든 사람에게 활짝 열려 있었고
한 사람의 문지기가 전체를 책임지고 관리했는데,
그는 말베누라는 자로서 아무나 다 들여보냈다.
거기에서 회당에 이르기까지 사방의 모든 벽들은

호사한 천과 비싼 자수 벽걸이들로 꾸며져 있었다.
한없이 많은 종류의 사람들이 거기서 기거하면서
빛나는 궁전의 주인이 되는 여인의 얼굴을 보게 될
소망하던 기회를 얻기 위해서 오랫동안 기다리고 있었다.

4 말베누(Malvenu) : "환영"이라는 뜻의 불어 bienvenu의 반대말. "잘못 왔다"라는 뜻의 문지기 이름이 교만의 집의 성격을 규정해준다.

7
두 사람은 사방에서 바라보고 있는 사람들을 지나
응접실로 올라갔는데, 그 방의 휘황찬란한 모습은
그들의 섬세한 감각을 놀라움으로 흔들어 놓았다.
살아있는 어떤 왕자의 궁성에서도 그처럼 무한한
풍성함과 그처럼 휘황한 모습을 본 사람이 없었다.
허황된 자만심의 근원지인 페르시아에서조차도
결코 그 같은 것을 보지는 못했다. 거기에는 온통
고귀한 군주들과 부인들이 떼지어 서 있었는데,
아리따운 그들의 존재 때문에 그곳이 더욱 아름다워졌다.

8
가장 높은 곳에 천으로 된 휘장이 드리워져 있고
맑은 대낮처럼 빛나는 진귀한 옥좌가 놓여 있는데,
거기에는 왕족의 겉옷과 눈부시게 멋진 의상으로
세상에서 가장 호화스럽게 치장을 한 처녀여왕이
앉아 있었다. 번쩍이는 황금과 견줄 수 없이 귀한
보석들로 인해서 옥좌는 타이탄의 광선처럼 빛났다.

그렇지만 눈이 부시게 빛나는 그녀의 아름다움이
찬란한 옥좌의 빛을 오히려 어둡게 하는 듯했으며
옥좌는 너무도 밝게 빛나는 그녀를 부러워하는 것 같았다.

6 타이탄(Titan): 거인 하이페리온(Hyperion)의 아들인 태양의 신 아폴로, 즉 피버스를 가리킨다.

9

그녀는 너무도 밝게 빛났다, 피버스의 멋진 아들만큼.
그는 제 아버지의 불타는 마차를 멋대로 몰고 다니며
미숙한 취급을 받은 적이 없는 말들의 불타는 입을
연약한 손으로 다루어 드높은 하늘을 다녀보려 했지.
하늘을 난다는 영예와 허황된 출세에 우쭐해져서
눈부신 광채가 연약한 그의 눈을 아찔하게 만들자,
그는 가장 확고한 평지인 구름 가득한 길을 벗어나
소용돌이치는 바퀴에 정신이 팔려 하늘을 불태웠다,
불태우기 위한 것이 아니라 아름답게 빛나기 위한 불을 가지고.

1 피버스의 멋진 아들(*Phoebus' fairest child*): 그리스신화에 등장하는 파에톤(Phaethon)을 가리킨다. 그는 자기 아버지인 태양을 졸라서 그가 모는 불수레를 직접 몰게 되었는데, 미숙함과 자만심으로 하늘에 불을 지르고 추락하여 죽는다. 중세적 전통에 의하면 그는 태양과 견주려 한 교만의 상징으로서, 사탄의 반항과 추락의 전형으로 나타난다. 스펜서가 이 교만의 집 여왕을 파에톤에 비유하는 이유도 여기에서 찾을 수 있다.

10

그녀는 제왕의 위치에서 그처럼 교만스레 빛나며
하늘을 보면서 — 그녀는 땅을 경멸하고 있었기에 —

높이 앉아 있었다 — 그녀는 겸손함을 혐오하였다.
보라, 그녀의 오만스러운 발 밑에 누워 있는 것은
흉측한 꼬리를 가지고 있는 무시무시한 용이었다.
또한 그녀는 손에 밝게 빛나는 거울을 들고 있어
그것으로 종종 자기 얼굴을 사랑스레 비춰 보았다.
그리고 자신이 사랑하는 그 모습에서 기쁨을 얻었다,
그녀는 살아 있는 그 어느 누구보다도 놀랍도록 아름다웠기에.

11
그녀는 바로 징그러운 플루토의 딸이었고, 또한
지옥의 여왕인 불쾌한 프로세피나의 딸이었다.
하나 그녀는 제 스스로를 자신의 부모보다도 더욱
가치 있다고 여기며, 교만으로 가득 부풀어 있었다.
또한 하늘 높은 곳에서 살면서 온 세상을 다스리는
천둥치는 조브를, 또한 조브를 능가하는 자가
있다면 누구든지, 그녀는 제 남편이라고 공언했다.
언제든지 그녀는 가장 높은 것만을 추구하였지만
만일 그보다 더 높은 것이 있었다면 그것을 원했을 것이다.

1~2 플루토(Pluto)와 프로세피나(Proserpina): 이들은 지옥을 다스리는 왕과 왕비인데, 프로세피나는 플루토에게 납치당하여 1년의 반인 6개월을 지옥에서 보내야 하는 자신의 처지가 불만스러워 언제나 찌푸린 얼굴표정을 하고 있다.

12
사람들은 그녀를 교만한 루시페라라고 불렀으며

그녀는 자기 스스로 등극하여 여왕이 된 것이었다.
하지만 그녀에게는 아무런 정당한 왕국도 없었고
왕권을 승계받을 아무런 혈통도 가지지 못했으니,
현재 그녀가 제 손에 쥐고 행사하고 있는 왕 홀은
오히려 사기를 치고 반역을 해서 찬탈한 것이었다.
또한 자신의 땅을 법으로 하지 않고, 여섯 명의 늙은
마법사들의 간계와 강력한 조언으로 통치했는데,
그들의 조언으로 인해서 그녀의 왕국은 악을 숭상하고 있었다.

1 루시페라(Lucifera) : "빛나는 샛별"이라는 의미의 이름을 가진 천사였으나 신을 반역하여 쫓겨난 사탄(Satan)의 원래 이름인 루시퍼(Lucifer)를 여성형으로 변형시킨 이름.

13

아름다운 여인처럼 보이는 두엣사를 동반하고
선녀의 기사가 그곳에 나타나자마자 그 즉시로
배니티라는 이름을 가진 한 상냥한 안내인이
자리를 넓혀주며 그들이 가는 길을 터주었다.
그렇게 하면서 그들을 그녀의 높은 왕좌가 있는
제일 아랫단에 인도했으며, 그들은 무릎을 꿇고
복종하는 자세를 취하면서 자신들이 어떤 이유로
여왕폐하를 만나러 오게 되었는지 밝혀 말했다.
위대하신 여왕폐하에 대하여 널리 퍼진 소문을 듣고 왔다고.

3 배니티(Vanity) : 교만의 집(*the House of Pride*)에 기거하는 인물들은 모두가 죄악의 구체적 형태가 의인화된 것으로서, 그들의 이름 자체가 자신들이 대변하고 있는 죄악의 성격을 나타내고 있는데, 배니티, 즉 허영도 그러한 경우에 해당한다.

14

내려다보는 것조차 역겨운 듯, 거만한 눈빛으로,
경멸적 태도로 그녀는 그들에게 고맙다고 하곤,
공주의 고귀함을 나타내 보이는 다른 어떤 아량도
그들에게 베풀지 않았다—일어나라는 말도 없었다.
그동안에 귀족들과 귀부인들은 치장하고 있었다,
이방인들의 눈에 자신들을 돋보이게 하기 위하여.
일부는 곱슬머리를 멋진 궁정식으로 늘어뜨렸고
일부는 깃을 세웠으며, 다른 이들은 화려한 옷을
말쑥하게 입었다. 서로 남이 더 허영스럽다고 경멸하면서.

15

그들 모두가 기사를 환대하고 잘 대접하였으며
자신들의 동료가 늘어난 것을 매우 기뻐하였다.
그런데 그들은 각자 애를 써가며 두엣사에게
온갖 친절함과 정중한 예의를 보여주려 하였다,
전부터 그 궁성에서 그녀를 잘 알고 있었기에.
하지만 수많은 사람들 중 강직한 선녀의 기사는
기사로서 그들의 모든 영화를 헛것으로 여겼고
저 대단한 공주가 지나치게 교만하다고 생각했다,
처음 보는 기사에게 좀더 친절한 표정을 보여주지 않다니.

16

왕족의 여인은 갑작스레 자신의 거창한 자리에서
일어나더니 자신의 마차를 불러서 오게 하였다.

모두 서둘러 나섰고, 그녀는 공주다운 걸음으로
마치 아름다운 오로라가 보랏빛 겉옷을 입고
동쪽으로부터 밝아져 오는 낮을 부르는 것처럼,
앞으로 나갔다. 그녀의 찬란함은 드넓게 퍼졌다.
회당에 가득히 무리지어 있던 한때의 사람들은
그녀를 바라보기 위하여 서로의 등에 올라탔다.
찬란히 번쩍이는 그녀의 빛은 뭇 남성들의 눈을 놀라게 했다.

4 오로라(Aurora): 새벽의 여신. 여기서는 "빛나는 샛별"이라는 의미의 루시페라에 비유되어 나타난다.

17

그렇게 그녀는 나아가서 자신의 마차에 올랐는데,
그것은 온통 황금과 화려한 꽃으로 꾸며져 있었고
꽃은 플로라가 절정에 이른 때처럼 신선했으며
왕궁의 고귀한 치장들을 가지고 위대한 주노의
황금마차와 경쟁하려는 듯했다. 사람들은 말하지,
주노가 마차를 타고 황동이 깔린 하늘길을 통해
조브의 처소로 갈 때, 신들이 서서 바라보았다고.
마차는 자존심이 남달리 강하고, 알거스의 눈으로
가득한 꼬리를 넓게 펼쳐 보이는, 아름다운 공작들이 끌고 있었다.

3 플로라(Flora): 꽃의 여신. 꽃이 피는 모든 식물을 총칭하는 이름으로 쓰이기도 한다.

5 주노(Juno): 조브의 아내인 여신 헤라(Hera)의 로마식 이름인데, 그녀는 공작이 끄는 황금마차를 타고 다닌다.

9 알거스의 눈(*Argus' eyes*): 백 개의 눈이 달린 신화적 인물인데, 그가 죽자 평소에 그를 아꼈던 주노는 그의 눈을 자신의 새 꼬리에 달아 놓았다고 한다. 공작이 꼬리를 펼칠 때 보이는 무늬가 마치 수백 개의 눈처럼 생겼다는 데서 유래된 것.

18

그러나 이 마차는 여섯 마리의 짐승들이 끌었는데,
그 위에 여섯 명의 현자 참모들이 타고 있었고
각자는 그들의 본성에 따라서 적절하게 주어지는
짐승과 같은 명령에 순종하도록 훈련되어 있었다.
그 중에서 첫째는 다른 모두를 인도하고 있었는데,
죄악을 키워내는 자, 굼벵이 같은 아이들네스였다.
그는 게으른 당나귀 한 마리를 골라 타고 있었는데,
검은 복장과 엷은 두건으로 장식하고 있는 모습이
마치 이제 막 미사를 시작하려 하는 성스러운 사제처럼 보였다.

6 아이들네스(Idleness): 스펜서는 여기에 등장하는 아이들네스, 즉 게으름을 두건을 쓴 가톨릭의 사제로 의인화하여 가톨릭을 비난하고 있다. 전통적으로 기독교에서 가르치는 칠대 죄악이 의인화되어 모두 여기에 등장하는데, 자만의 상징인 루시페라와 여섯 명의 참모가 그들이다. 여섯 명의 참모는 등장하는 순서대로 게으름(*Idleness*), 탐식(*Gluttony*), 호색(*Lechery*), 허욕(*Avarice*), 시기(*Envy*), 그리고 격분(*Wrath*)을 가리킨다. 또한 이들 일곱 명은 《요한계시록》에 나오는 일곱 머리를 가진 짐승을 상기시킨다.

19

그는 항시 일과 기도서를 손에 들고 있었는데,
많이 낡기는 했어도 한 번도 읽지 않은 책이었다.
왜냐하면 그 자는 헌신에는 아무런 관심도 없었고
항상 잠에 빠져 인생의 대부분을 죽어지내기에.
그는 무거운 자기 머리를 드는 법이 거의 없었다,
시간이 밤인지 낮인지 알아보기 위해서조차도.
그런 마차는 대단히 잘못 인도되고 있는 것이리라,
길을 안내하는 자가 자기 자신이 가고 있는 길이

옳은 길인지, 혹은 빗나가고 있는지도 알지 못하고 있다면.

20
그는 세상일에 일체의 관심을 두지 않았으며
인간다운 활동을 하는 것을 대단히 꺼려하였다.
모든 일에서부터 자신은 제외되기를 주장하였다,
자기는 사색을 해야 한다면서. 그러나 한편으로
그 자신은 무법천지의 형편없는 생활을 했으며
그로 인해서 아주 몹쓸 병에 걸리기에 이르렀다.
사악한 행위로 인하여 기력 없는 그의 온몸에는
사지가 떨리는 열병이 끊임없이 상주하고 있었다.
이 일행 중에서 첫 번째인 아이들네스는 바로 그런 자였다.

21
그 곁에는 징그러운 글러터니가 가고 있었는데,
흉측하게 생겨서 더러운 돼지를 타고 있었다.
그의 배는 탐욕으로 인하여 터질 듯이 솟아 있었고
두 눈도 또한 기름기 때문에 잔뜩 부어 있었으며
목은 황새의 목처럼 바짝 마르고 길게 뻗었는데,
그것을 가지고 그는 음식을 과도하게 먹어치웠다,
가난한 사람들은 음식이 없어서 자주 굶주리는데.
가면서 내내, 그는 가장 더럽고 거친 짐승처럼
제가 삼킨 것을 토해 놓았기 때문에 모두들 그를 혐오했다.

22
제 본성에 걸맞게 녹색의 포도 잎사귀를 입었는데,
다른 옷은 너무 더워 입을 수가 없었기 때문이었다.
또한 그는 머리에 담쟁이 화환을 쓰고 있었는데,
땀방울이 그 밑으로 줄줄 한없이 흘러내리고 있었다.
계속해서 타고 가면서도 그는 계속해서 먹고 있었다.
그리고 또한 그 자는 술병을 손에 들고 있었는데,
그것을 하도 자주 빨아먹었기 때문에 안장 위에
실려 가는 자신의 취한 몸뚱이를 주체하지 못했으며
생긴 모습으로나 하는 짓으로나 사람이라기보다는 괴물 같았다.

23
그는 세상의 어떤 일을 하기에도 적합치 않았고
또한 전혀 움직이거나 걷거나 하지도 못했으며
왕의 참모가 되기에는 더더구나 자격이 없었다.
그의 마음은 고기와 술에 푹 잠겨 있었기 때문에
자신의 친구와 적을 거의 구분해낼 수가 없었다.
온갖 질병으로 인하여 그의 몸은 검푸른 색이었고
그의 피부에는 지독한 물집이 온통 퍼져 있었는데,
나쁜 식사습성 때문에 매일매일 커지고 있었다.
이 일행 중에서 두 번째인 글러터니는 바로 그러한 자였다.

24
그 곁에서 음탕한 레처리가 타고 가는 것은
수염이 난 염소였는데, 염소의 북슬북슬한 털과

초록색 빛을 띤 두 눈은(이는 질투의 상징이다)
제가 태우고 가고 있는 바로 그 사람과 흡사했다.
그 자는 야만적이고 시커멓고 지저분하게 보였기에
예쁜 여인의 눈을 즐겁게 해줄 남자 같지 않았다.
하나 그는 종종 여인들의 다정한 사랑을 받았는데,
더 예쁜 여자들이 그들 곁에 서 있게 되었을 때였다.
오, 뉘라서 여인의 변덕이 어느 쪽으로 기우는지 알 것인가?

25
그는 온통 녹색의 겉옷으로 멋지게 차려입었으나
그러한 옷 속에는 자신의 더러움을 감추고 있었다.
그 자는 손에 불타고 있는 심장을 들고 있었는데,
헛된 사치품들과 유행하는 것들이 잔뜩 달려 있었다.
그는 부정했으며, 변덕스러움으로 가득 차 있었다.
또한 남몰래 훔쳐보면서 사랑하는 법을 배웠으며
춤도 아주 잘 추었고 구슬프게 노래도 잘 했으며
미래를 예언하고 연애에 관한 책들도 많이 읽었고
육욕적 낚시로 사람을 유혹할 수천의 다른 방법도 알고 있었다.

26
부정절한 사람은 제게 보이는 모든 것을 사랑하고
또한 사랑하는 모든 것에 대해서 음심을 품는다.
방종한 자기 생활이 법규에 매이는 것을 싫어하며
약한 여인들의 마음을 꼬이고 시험해 보기를 즐긴다,
그들을 움직여 진실한 사랑에게서 떼어놓을까 하여.

음탕함은 바로 그런 자에게 모든 사람들이 비난하는
저 더러운 질병에서 오는 꾸짖는 듯한 고통을 주며,
뼛속의 골수를 썩게 하고 두뇌를 파괴하는 것이다.
이 모든 일행 중에서 세 번째인 레처리는 바로 그러한 자였다.

6~8 저 더러운 질병(*that foul evil*) : 매독이나 문둥병을 가리킨다. 이 시대에는 문둥병도 성병의 하나로 인식되었고, 특히 신이 내리는 재앙이라고 알려져 있었다.

27

또한 탐욕스러운 아바리스가 그 곁에 있었는데,
황금이 가득히 실린 낙타 한 마리를 타고 있었다.
양쪽에는 각각 두 개씩의 철 주머니가 걸려 있고
진귀한 보석들이 들어갈 대로 가득 들어 있었다.
그는 무릎에 동전 한 무더기를 놓고 세고 있었다.
자기 자신이 소유한 사악한 재화를 신으로 섬겼고
돈을 위해서 제 자신을 지옥에 팔았기 때문이다.
저주받은 고리대금이 그가 하는 유일한 일이었고
옳은 것이나 그른 것을 다같이 똑같은 무게로 계산하였다.

28

그의 생명은 죽음의 문 앞에 거의 다 와 있었으며
너덜너덜한 외투와 엉성한 신발을 신고 있었는데
그는 평생 좋은 음식을 먹어본 적이 거의 없었다.
오히려 아직도 자신의 허리를 졸라가며 절약하여
자기 주머니들을 채우고 재화를 늘리려 하였다.

그렇다고 그에게 살아 있는 자식이나 친척이 있어
물려줄 것도 아니었다. 다만 매일 노심초사하며
낮에는 벌기 위해, 밤에는 자기 소유를 잃을까 봐
혼자서 친구도 없이 비참한 생활을 영위하고 있는 것이다.

29

가장 불쌍한 인간, 그에겐 아무것도 충분치 않고
매우 풍족한데도 탐욕스런 욕구는 더욱 강해졌다.
필요한 것은 한계가 있는데, 욕구는 한이 없어서,
부유함에도 부족하고 풍족한데도 가난하게 여기며
충분히 가지고 있는데도 더욱 많은 것을 원하니 —
참으로 사악한 병이다. 그리고 또한 손과 발에는
지독한 통풍이 그를 매우 쓰라리게 괴롭히고 있어,
무엇을 잘 만지거나, 걷거나 서 있을 수도 없었다.
이 대단한 무리 중에서 네 번째인 아바리스는 바로 그런 자였다.

30

그리고 그 곁에는 심술궂은 엔비가 가고 있었다,
탐욕스런 한 마리의 늑대를 타고. 그는 제 닳아빠진
이빨 사이에 독 있는 두꺼비를 물고 줄곧 씹어서
온갖 독이 그의 턱 주변으로 흘러내리고 있었다.
그렇지만 그는 속으로 이웃의 부유함에 속이 상해
자기 창자를 씹었고, 그 때문에 더더욱 비참해졌다.
남이 잘 되는 것은 무엇이든 그에게는 죽음과 같고
자신에게 아무런 울 만한 이유가 없는데도 울었다.

누가 해를 당했다는 이야기를 들으면 그는 대단히 즐거워했다.

31

그 자는 몸에 알록달록한 색깔의 모직 옷 하나만을
입고 있었는데, 거기엔 눈들이 가득 그려져 있었다.
또한 그의 가슴에는 끔찍한 뱀 한 마리가 남모르게
누워 있었는데, 그 뱀은 꼬리가 여러 겹으로 접혀
위로 말려 올라가서 치명적 침을 숨기고 있었다.
가면서 줄곧 그는 탐욕스런 코베타이즈가 소유한
저 황금의 무더기들을 보면서 이를 박박 갈았으며
투덜거리며 불평을 했다, 교만한 루시페라가 가진
막대한 행운에 대해서, 그리고 자기 자신의 동료들에 대해서도.

6 탐욕스런 코베타이즈(*gripple Covetise*) : 바로 앞에 기술되어 있는 아바리스(Avarice), 즉 허욕을 가리키는 말이다.

32

그는 모든 선한 말과 덕망 있는 행동들을 싫어했고
그런 말과 행동을 하는 사람도 못지 않게 미워했다.
자비로운 빵으로 배고픈 자들을 먹이는 사람에게
믿음이 부족해서 자선을 베푸는 것이라고 비난했다.
그렇게 그는 모든 선함을 비꼬아 악으로 만들었다.
또한 유명한 시인들의 재기가 담겨 있는 시구들을
마구 욕하고, 이제까지 쓰여진 모든 글에 대해서
문둥병에 걸린 입으로 악의에 찬 독설을 뿜어댔다.
서열로 다섯 번째 줄에 앉아 있는 엔비는 바로 그러한 자였다.

33
또한 그 옆에는 복수심에 불타는 성난 랫스가
사자를 타고, 뒤에 따라간다고 분개하고 있었다.
그는 손에 불타는 칼 한 자루를 가지고 있었는데,
그것을 자신의 머리 위로 마구 휘두르고 있었다.
두 눈은 맹렬한 붉은 불꽃을 마구 튕기고 있었고
눈에 띄는 것은 무엇이든지 찌푸리며 바라보았다,
흡사 창백한 빛깔의 재나 죽음 같은 것을 보듯이.
그리고 그가 언제나 손에 쥐고 있는 단검조차도
성급한 발광으로 부르르 떨었다, 분노가 그를 삼킬 때면.

34
헝클어진 그의 옷은 온통 피로 물들어 있었는데,
제 스스로 불러일으킨 발작으로 인해 미쳐 버려
자신이 그것을 누더기가 되도록 찢어버린 것이다.
그는 자기의 두 손을 전혀 억제하지 않았으며
복수하는 데 있어서 피 보기를 꺼려하지 않았다.
그렇지만 격렬한 발작증이 일단 지나가고 나면
때때로 자신의 잔인한 행동들을 뉘우치곤 했다.
하나 고집이 세어, 그것을 결코 예측하지 못했다,
얼마나 많은 불행이 그의 조심성 없는 성급함을 뒤따르는지.

35
아주 많은 불행들이 잔인한 랫스를 따라다녔다.
보기에도 끔찍한 피 흘림과 요란하고 격렬한 싸움,

너무도 비인간적인 살인과 견잡을 수 없는 손상,
원한 맺힌 자의 녹슨 칼을 수반하는 쓰디쓴 경멸,
그리고 생명에게 원수가 되는 끓어오르는 앙심이.
이 모두와 또 다른 많은 죄악들이 분노를 뒤따랐다,
부풀어 넘치는 성질과 미친 듯이 날뛰는 격노와
경련을 일으키는 중풍과 성 프란시스의 불과 함께.
이 사악한 행렬의 마지막에 있는 랫스는 바로 그런 자였다.

8 성 프란시스의 불(*Saint Francis' fire*) : 단독, 즉 피부가 타오르는 듯한 격렬함을 동반하는 열병을 가리키는 일반적 이름인데, 성 앤토니의 불(*St. Anthony's fire*)이라고도 한다.

36

또한 가장 마지막에는 사탄이 마차의 끌채 위에
타고 가고 있었는데, 날카로운 채찍을 손에 들고서
슬로스가 진창에 가만히 서 있을 때면 그때마다
게으른 무리들을 후려쳐 앞으로 몰아가고 있었다.
엄청난 무리의 사람들이 그들 주위를 빙 둘러싸고
기뻐 소리 질렀다. 그리고 그들이 가고 있는 길에는
항시 짙은 안개가 온 땅을 자욱하게 뒤덮고 있었다.
또 그들의 발 밑에는 마구 흩어져 널브러져 있었다,
죽은 자들의 해골들과 인생길을 잘못 든 사람들의 뼈다귀들이.

3 슬로스(Sloth) : 6명의 참모 중 첫 번째로 소개되었던 아이들네스(Idleness), 즉 게으름을 가리키는 다른 이름이다. 43연에서는 침실을 담당하는 시종장으로 등장한다.

37
거대한 무리를 이룬 채, 그들은 행진하며 나갔다,
사방이 툭 터진 야외에서 기분을 즐겁게 전환하고
신선한 꽃들이 만발한 들판에서 놀며 즐기기 위해.
함께 가는 다른 사람들 중에는 저 거짓된 미인인
사악한 두엣사가 있었는데, 교만한 루시페라의
옆자리에 타고 가고 있었다, 행렬의 일원으로서.
하나 선한 기사는 그리 가까이 가려 하지 않았고
그들의 허망한 쾌락에서 스스로를 격리시켰는데,
전투적 사내에게 그러한 교제는 전혀 어울리지 않아 보였다.

38
향기로운 들판이 가져다주는 상쾌함을 맛보면서
그렇게 얼마 동안 마음에 흡족함을 얻은 다음에
저 왕궁 같은 궁성으로 그들은 다시 돌아왔는데,
거기서 한 편력기사가 갑옷으로 완전무장한 채,
붉은 글씨로 산스조이라고 쓰인 이교도적
방패를 들고 방금 도착했다는 것을 알게 되었다.
커다란 분노와 격렬한 무모함으로 불타고 있었던
그는 남을 해치려는 생각을 가슴에 품고 있으며
혹독한 자기 마음속에 핏빛 복수심을 키우고 있는 것 같았다.

39
그 자는 죽임을 당한 산스포이의 치욕스런 방패를
승리자인 선녀 기사의 시종이 들고 있는 것을 보고,

최근에 자신의 만형을 무찔러 파멸시킨 자가 바로
그라는 것을 알게 되자, 온몸이 분노로 불타올라
갑자기 그에게 달려들어 승리자의 영예를 상징하는
바로 그 부러운 전리품을 그에게서 낚아채 갔다.
하지만 그 방패를 소유하고 있던 그 선녀의 기사는
결투에서 획득한 전리품을 잃는 것이 아주 싫어서,
격렬하게 그와 맞서 싸워서 자신의 귀한 전리품을 되찾았다.

1 치욕스런 방패(*the shamed shield*) : 중세의 기사들에게는 결투에서 상대방을 제압하고 방패를 빼앗아 거꾸로 말안장에 매달고 다니는 것이 스스로의 용맹성을 입증하는 전시품이었다. 산스조이는 레드크로스의 시종이 거꾸로 들고 있는 자기 형의 방패를 본 것이다.

40

그래서 그들은 서로 격렬하게 달려들기 시작하여
칼을 빼들어 맹렬한 전투를 치를 준비를 갖춘 후,
방패를 서로 부딪치고 칼을 높이 흔들며 마주쳐
소동을 피워 거기 있는 모든 무리를 괴롭게 했다.
마침내 저 위대한 여왕은 그러한 소동에 뒤따르는
극심한 불쾌함이 영원토록 지속될까 봐 우려하여
그 둘에게 자신들의 격분을 억제하라고 명령했다.
만일 둘 중 하나에게 방패를 가질 권리가 있다면
다음날 경기장에서 그것을 놓고 결투를 해야 한다고 하였다.

41

"아, 고귀하신 분", 하고 대담한 이교도가 말했다,

"격분한 사람이 저지른 실수를 용서해 주십시오.
크나큰 슬픔이 북받쳐 이성의 끈을 조절하는 것을
깜빡 잊었습니다 — 이 비겁한 기사를 보게 되어서 —
아니 그는 기사가 아니라, 거짓된 경멸스러움과
창피한 반역으로 가득한 역적인데, 속임수를 써서
이제껏 싸움터에서 가장 용감했던 기사를 살해하고,
막강한 산스포이를 — 오, 과연 누가 참을 수 있소? —
그에게 모욕을 더하려고 그의 방패를 거꾸로 들고 다닌답니다.

42
"그리고 저자의 속임수에 영예를 더해주는 듯이
그가 매우 사랑했던 연인인 아리따운 피뎃사를
저 사악한 역적놈이 온통 차지하게 되었으니,
그는 자신의 적이 애쓰고 수고하여 얻게 된 씨를
피어린 전장에 뿌린 것을 거저 수확한 것입니다.
내 손으로 친히 철저하게 형의 복수를 하렵니다,
만일, 오 여왕님, 제게 동등한 기회를 주신다면."
분노한 선녀의 기사는 아무런 응답도 하지 않았다.
자신의 권리를 말이 아니라 칼로서 입증하려는 것이었다.

43
그는 전투장갑을 벗어 던져 성스런 맹세를 했다,
다음날 전투에서 자신의 정당성을 시험하겠다고.
그렇게 두 사람은 서로 적에게 복수를 하리라고
자신들의 마음속에 굳게 다짐하면서 헤어졌다.

그날 밤 그들 모두는 쾌락과 흥겨움으로 지냈다,
침실과 회당에서 잔치를 베풀고 구애를 하면서.
접대를 담당한 시종은 과도한 글러터니였는데,
모든 사람들에게 넘치도록 풍성하게 대접하였고
대접이 끝나자 침실장인 아이들네스가 그들을 불러 쉬게 했다.

44
이제 어두운 밤이 자신의 칠흑처럼 검은 커튼을
밝디 밝은 창공 위에 가득히 펼쳐 널게 되자,
젊은 두 투사는 말쑥한 침대 위에 몸을 눕히고서
자꾸만 감겨오는 눈에서 달콤한 수면을 쫓아내고
바라던 승리를 획득할 방법에 대해 깊이 생각했다.
모피우스가 납으로 만든 묵중한 철퇴를 가지고
궁정에 있는 모든 사람들을 잠에 사로잡았을 때,
두엣사는 자신이 쉬고 있던 처소에서 일어났다.
그리고 은밀한 걸음으로 그 이교도의 숙소를 향해 나아갔다.

6 모피우스(Morpheus) : 수면의 신. 칸토 1의 36연을 참조할 것.

45
가 보니 그는 고심하느라 말짱하게 깨어 있었다,
어떻게 자신의 적을 괴롭힐 것이며 어떤 적절한
말을 던져 그를 자극할 것인지 미리 상상하면서.
"아 산스포이 다음으로 가까운 산스조이님,
새로운 제 슬픔의 원인, 새로운 제 기쁨의 원인,

내 눈으로 그이의 영상을 다시 보니 기쁨이지만
적이 그이를 어떻게 죽였는지 생각하면 슬퍼져요,
우아함과 기사도에 있어서 꽃과 같으셨던 그이를.
보세요, 그분의 피뎃사가 당신께 은밀히 충성하러 왔어요."

46
그는 부드러운 말로 반갑게 그녀를 맞이하고는
그녀의 가슴에 있는 비밀을 털어놓으라고 했다.
가볍게 한숨 쉬며 그녀는 말했다, "전 알았어요,
약간의 단맛은 종종 큰 고통을 가져온다는 것을.
제 가슴이 다정한 산스포이의 사랑스런 화살로
꿰뚫린 이래로, 저는 한 시간도 즐기지 못했고
영원한 괴로움으로 인해서 제 연약한 가슴도 다
타 버렸으며, 제 힘을 다해 그를 사랑하다 보니
그 분 때문에 저는 무거운 슬픔을 너무나 가득 느꼈답니다.

47
"마침내 저는 모든 어려움이 지났다고 여겨져
제가 애쓴 것에 대한 수확을 거두기를 바랐는데,
저도 모르는 사이 새로운 고통 속에 던져졌어요.
자격도 없이 그분의 귀한 방패를 가지고 있는
사기꾼 때문인데, 그는 그 분을 속임수로 함정에
빠뜨리고 살해하여 치욕스런 무덤으로 보냈지요.
그는 아무 힘이 없는 처녀인 저를 데리고 떠나
그때부터 저를 어두운 동굴에 가두어 두었답니다,

제가 산스포이에게 주었던 것을 그에게 바치지 않는다고.

48
"하지만 빛나는 태양이 찌푸린 구름을 흩뜨리고
이제는 불쌍한 제 인생에 빛을 조금 비추시니,
저는 그대가 비춰주는 빛 아래 안전하게 숨어서
그의 모욕적 심술의 끔찍한 폭풍을 피하겠어요.
형이 가졌던 칭송의 유산은 응당 권리에 의해서
그대의 것이며, 그의 연인도 또한 그대 것이에요.
그분의 사랑과 그분의 잠 못 드는 영혼을 위하여
복수하세요. 영혼이 저 위에서 그대를 부릅니다,
영원히 흐르고 있는 스티지언 강기슭에서 방황하며."

9 스티지언(Stygian) 강: 하데스(Hades), 즉 죽음의 땅인 지옥에 흐르고 있는 것으로 알려진 희락의 소굴(Styx)강의 형용사 형태. 그리스신화에 의하면 스타익스강은 하데스로 들어가는 경계가 되는 곳인데, 그리로 들어가려는 자는 강기슭에서 차론(Charon)이 노를 젓는 나룻배를 타고 건너가야만 한다.

49
그가 말했다, "어여쁜 여인이여, 지나간 슬픔에
서러워 마시오, 그 슬픔은 그와 함께 가 버렸으니.
또한 현재의 위험 때문에 두려워할 것도 없다오.
쓸데없는 두려움은 아무에게도 도움이 되지 않고
피할 수 없는 운명에 대해 울어도 아무 소용없소.
산스포이는 죽었고, 죽는 고통도 이미 지나갔소.
비록 슬픈 유령이 복수해달라고 깊이 신음하지만.

살아 있는 자는 그에게 최후의 제사를 드릴 것이고
곧 서둘러 그를 해친 선녀 기사의 피를 희생물로 바칠 것이오."

50
"오, 하지만 저는 짓궂은 운명의", 그녀가 말했다,
"변덕스런 술수와 불공평한 무기 때문에 두려워요",
"아니, 아가씨", 그가 말했다, "지든지 이기든지
양편이 똑같이 싸우는데, 대체 무슨 차이가 있소?"
"맞아요, 그러나", 그녀가 말했다, "그는 아무도
뚫지 못하는 마법의 방패와 요술 갑옷을 지녔어요.
아무도 그것을 입은 사람에겐 상처를 입히지 못해요."
"마법이고 요술이고 간에", 그가 격렬히 대답했다,
"나는 전혀 개의치 않고, 당신도 그런 말을 할 필요가 없소."

51
"차라리 어여쁜 피뎃사여, 지금은 운명의 장난,
또는 원수의 위세가 그대를 붙잡고 있으니만큼
그대는 온 곳으로 되돌아가 잠시 쉬도록 하시오,
내일 아침까지. 그땐 내가 선녀의 기사를 무찔러
산스포이의 죽음에 대한 정표로 당신께 바치리다."
"아이 참, 그건 이중 죽음이에요", 그녀가 말했다,
"교만한 원수를 보면 제 슬픔이 다시 살아나니까요.
하나 제가 어디에 있던지 저의 비밀스런 도움이
그대를 따라다닐 거예요" 하고 그녀는 그의 말대로 돌아갔다.

제 5 칸토

믿음 있는 기사는 공평한 전투에서
믿음 없는 자신의 적을 무찌른다.
사악한 두엣사가 그 자를 구해주고
그의 치료를 위하여 지옥으로 간다.

1
덕망 높은 생각을 품고 있으며, 동시에 영광스럽고
원대한 포부를 내면에 키우고 있는 숭고한 마음은
결코 휴식을 취할 수 없는 것이다, 위대한 영광을
얻으려는 끊임없는 그 생각을 실현시키기까지는.
그러한 끊임없는 열정이 밤새도록 부추겨 올렸다,
저 선녀의 기사가 가지고 있는 불타오르는 용기를.
그는 어떻게 해야 용맹스런 마상시합을 통해서
가장 위대한 명예를 얻을 것인지 궁리하고 있었다.
그는 아직 잠들지 않은 채, 동터오는 새벽을 지켜보고 있었다.

2
마침내 황금으로 이루어진 동쪽 문이 가장 위대한
하늘 위에서 아름다운 자태로 열리기 시작했으며,
피버스가 신부에게 다가가는 신랑처럼 신선하게
이슬 젖은 머리카락을 흩날리며 춤추며 나아와서
어두운 허공에 자신의 찬란한 광채들을 흩뿌렸다.

깨어 있던 선녀의 기사는 그것을 보자마자 즉시
떨쳐 일어났다. 그리고 태양처럼 빛나는 무기들과
전투에 적합한 복장으로 스스로 준비를 갖추었다.
바로 그날 그는 교만한 이교도와 전투를 할 것이기 때문에.

3

그리고 그는 나가서 일반 회당으로 들어갔는데,
일찍부터 많은 구경꾼들이 거기서 그를 기다렸다,
외부의 두 기사가 어떤 결과를 맞을지 보기 위해.
그곳에는 많은 악사들이 곡조를 연주하고 있었다,
묵중한 우울함을 좌중에서부터 몰아내기 위하여.
또한 적절한 목소리로 떨리는 현악기에 교묘하게
맞춰 노래하는 많은 음유시인들이 거기 있었으며,
또한 여인들을 차지하려고 많은 군주들이 저지른
전쟁들과 옛사랑들을 기록하는 연대기 기자들도 많이 있었다.

9 연대기 기자들(*Chroniclers*) : 악사들(*Minstrales*)은 음악을 만들고, 음유시인들(*Bardes*)은 노래를 하며, 연대기 기자들은 가사를 쓰는 역할을 담당한다.

4

곧 이어서 저 잔혹한 사라센 사람이 들어왔는데,
전사처럼 온통 그물 쇠사슬 갑옷으로 무장했으며
기사를 무섭게 노려보았지만, 그는 살아 있는 자가
바라보는 눈빛 따위에는 전혀 아랑곳하지 않았다.
사람들은 두 기사에게 그리스와 아랍의 포도주,
아주 먼 인도에서 따온 맛있는 양념들을 가져와서

그들 내부에 용맹의 열기를 불붙게 하려고 했다.
두 사람은 포도주를 가지고 엄숙한 맹세를 하였다,
자신들에게 주어진 신성한 전투의 규칙들을 준수하겠노라고.

5

마침내 저 널리 알려진 여왕이 앞으로 나아왔다,
왕족의 거들먹거림과 공주다운 위엄을 갖추고서.
그녀는 담장으로 둘러싸인 잔디 위로 안내되어
웅장한 처마 바로 아래에 자리를 잡았는데,
두 기사가 벌이는 전투를 보기 위한 것이었다.
그 반대편 모든 사람들이 잘 볼 수 있는 곳에
두엣사가 자리잡고 있었으며, 나뭇가지 위에는
산스포이의 방패가 핏빛을 띤 채 걸려 있었다—
이 둘은 모두가 승자에게 주어지는 월계관이었던 것이다.

6

날카로운 트럼펫 소리가 높은 곳에서 들려와서
두 사람에게 전투를 시작하라고 지시해 주었다.
그들은 빛나는 방패를 자신들의 손목에 조여 매고
불타는 듯한 칼을 자신들의 머리 위로 내둘렀는데,
과연 분노와 묵중함을 전달하기에 적합한 무기였다.
각자는 삼킬 듯한 기세로 상대방을 공격하였으며
너무도 격렬하게 상대방을 내리쳐서 그들은 서로
다져진 쇠그물 갑옷에 깊이 팬 골 자국을 새겼다.
쇠갑옷은 그들의 타격을 지탱하기엔 너무 약하고 힘이 없었다.

7

사라센인은 굳건했고 놀라울 정도로 강했으며
거대한 철퇴로 내리치듯 연달아 타격을 가했다.
그는 피 흘림과 복수를 간절히 원했기 때문이었다.
기사 역시 용감하였고 젊음의 열기로 가득했으며
마치 무시무시한 천둥이 위협하듯 반격을 가했다.
그는 오직 칭송과 명예를 위해 싸웠기 때문이었다.
두 사람은 서로 치고 받았으며 타격을 받았기에
그들의 방패에서 격렬한 불꽃이 마구 튕겨나왔다.
깊게 골이 패인 투구들은 상대방의 힘을 나타내주고 있었다.

8

한 명은 그른 것을, 다른 이는 옳은 것을 추구했다—
마치 그리폰 한 마리가 먹이를 잡아 쥐고 있는데
마침 그때에 유유자적 드넓은 공중을 날아다니던
무시무시한 용과 정면으로 맞닥뜨리게 되었을 때,
용이 자신의 정당한 포획물을 잡아채 가려고 하면
두 괴물은 서로 엉켜 무시무시한 괴력으로 할퀴며
하늘이 쩡쩡 울릴 정도로 맹렬히 서로를 공격한다.
현명한 예언자가 그처럼 끔찍한 광경을 보게 되면
눈이 동그래진 청중에게 전쟁과 목숨 건 싸움 이야기를 해준다.

2 그리폰(Griffon) : 보통 그리핀(griffin)이라고 하며, 독수리의 머리와 사자의 몸체를 하고 있는 전설적 동물인데, 중세 문학에서는 종종 그리폰이 예수, 또는 선한 세력을 상징한다. 단테의 《연옥편》(*Purgatorio*)에서 그리핀이 신성을 나타내는 새와 인성을 나타내는 짐승의 연합인 그리스도의 상징으로 등장하는 것도 이 때문이다. 여기서는 물론 그리폰이 레드크로스 기사를, 용은 산스조이를 대변하고 있다.

8~9 새들이 나는 것을 보고 미래를 점치는 것은 일반적 고대의 미신에 속하는 행위였다. 불을 내뿜는 용(*firedrake*), 또는 하늘을 나는 용(*flying dragon*)으로 알려진 기상학적 현상이 나타나면 앞으로 닥쳐올 재앙의 전조로 여겨졌다.

9

한 명은 그른 것을, 다른 이는 옳은 것을 추구했고
각자 적에게 치명적 패배를 안겨주려고 애썼다.
잔인한 칼은 너무도 탐욕스럽게 부드러운 살점을
물어뜯어서 피가 냇물을 이루면서 흘러내렸으며,
그 피로 처음에는 그토록이나 반짝거리던 갑옷이
이제는 순전한 진홍색으로 온통 물들어 버렸다.
널찍하게 벌어져 있는 끔찍한 상처들을 보게 되자
모든 구경꾼들의 가슴에는 커다란 측은함이 자라서
감히 그들은 어느 쪽도 승리하기를 바라지 못하게 되었다.

10

그러다가 이방인은 우연히 자기 눈길을 돌렸는데,
분노의 불꽃으로 타오르는 자신의 성급한 시선을
옆에 걸려 있는 자기 형의 방패로 돌리게 되었다.
그러자 타오르는 분노가 다시 두 배로 커지면서
그가 말했다, "아, 슬픈 아비의 불쌍한 아들이여,
검은 스티지언 호숫가에 앉아서 울고 있는가,
그대의 방패는 승자의 상품으로 여기 걸려 있는데?
그리고 게으른 아우여, 그대는 힘이 약해지는가,
형의 원수를 뒤따라 저승에 보내서 그를 따라잡게 하는데?

11
"가라, 망할 선녀의 기사여, 어서 형을 따라가
오랜 방황의 슬픔으로부터 곧 그를 구해주어라.
가라, 죄 많은 영혼이여, 그에게 내 말을 전하라,
죽어가는 원수에게서 내가 방패를 다시 찾았다고.
그렇게 말하며 그는 기사의 투구를 내리쳤기에
기사는 두 번 비틀거렸고, 두 번 넘어질 뻔했다.
어찌될지 모르던 결투의 마지막이 온 것이라고
구경꾼들은 생각했고, 사악한 두엣사는 그에게
크게 외치기 시작했다, "방패도, 저도, 모두 그대 것이에요."

12
선녀의 기사는 자기 여인이 말하는 소리를 듣자
기절 상태의 꿈에서부터 깨어나기 시작하였다.
그리고 처음에 약해졌던 믿음을 다시 북돋아서
온몸을 에워싼 죽음 같은 차가움을 떨쳐버렸다.
분노와 수치심과 여인에 대한 사랑으로 인하여
무엇보다도 먼저 즉시로 복수하리라 결심하고,
기사는 엄청난 분노를 일으켜 그 자를 강타하여
그로 하여금 무릎을 꿇고 엎어지도록 만들었다.
만일 그가 무릎 꿇지 않았더라면 두 쪽으로 갈라졌으리라.

13
그리고 말했다, "이제 가라, 교만한 이단자여,
다정한 형에게는 그대가 직접 소식을 전달하라.

그는 홀로 방황하며 그대를 너무 오래 기다렸다.
가서 말하라, 내가 그와 네 방패를 다 가졌다고."
하면서 그를 죽이기 위해서 자신의 묵중한 손을
높이 치켜들었는데, 보라 그때 한 시커먼 구름이
그에게 닥쳐왔다. 그 자는 어디에도 보이지 않고
사라져 버렸다. 선녀의 기사는 그를 크게 불렀지만,
아무런 대답도 듣지 못했다. 어두움이 그를 감싸버린 것이다.

14
두엣사는 황급하게 자기 자리에서 일어났으며
그에게 달려가며 말했다, "오 가장 용감한 기사님,
모든 여인들이 자기의 사랑하는 이로 선택한 분,
이제는 기사님의 무시무시한 위력을 가라앉히시고
타오르는 경멸심과 피비린내 나는 복수의 불길을
가라앉혀 주세요. 보세요, 저 지옥에서 온 세력이
죽음의 밤 같은 구름으로 기사님의 적을 뒤덮어서
플루토의 구슬픈 처소로 그 자를 데려가 버렸어요.
승리는 그대의 것, 저도, 방패도, 영광도 기사님의 것이에요."

15
완전히 만족하지는 못한 채, 탐욕스런 눈빛으로
그는 주변을 둘러보았다, 목말라 하는 칼날을
믿음이 없는 자신의 적의 피로 적시기 위하여.
그 자는 줄곧 은밀한 그늘에 숨겨져 누워 있는데,
기사는 그가 어떻게 사라졌나 놀라며 서 있었다.

마침내 트럼펫이 승리의 소리를 드높이 울렸다.
전령들이 달려와서 그에게 겸손히 경의를 표하고
새로운 승리에 대하여 공손하게 인사를 하였다.
그리고 싸움의 원인이 되었던 방패를 그에게 가져왔다.

16
거기에서 기사는 주권자인 여왕에게로 나아가서
겸손한 몸짓으로 그녀 앞에 무릎을 꿇었는데,
입증된 충성심을 그녀에게 선사하려는 것이었다.
그녀는 감사와 적절한 호의로 그것을 받아들였고
기사의 명쾌한 기사도에 대하여 크게 칭송하였다.
그리하여 기사를 곁에 두고서 집으로 행진했는데,
모든 사람들이 커다랗게 환호하며 그를 따라갔고
소리 지르며 손을 모아 크게 손뼉을 쳤기 때문에
그 소리는 온 대기를 메우고 빛나는 하늘에까지 날아올랐다.

17
그는 숙소로 옮겨져 호화로운 침대에 눕혀졌고,
거기서 많은 숙달된 의사들이 그의 곁을 지키며
아직도 생생하게 피가 흐르는 상처를 치료했다.
포도주와 기름으로 넓게 벌어진 상처들을 씻고
몸 전체에 부드럽게 향유를 바르기 시작하였다.
그러는 동안에 달콤한 음악은 그의 침대 주위에
아득한 하늘나라의 선율을 흘러나오게 하여
그로 하여금 슬픔과 고통을 잊어버리게 하였다.

그러는 동안에 줄곧 두엣사는 아주 구슬프게 울고 있었다.

18
마치 피곤에 지친 한 여행자가 길을 잘못 들어
넓은 일곱 포구가 있는 나일의 진흙 강변에서
자신이 방황하는 곳이 위험하다는 것도 모른 채,
잔인하고 교활한 악어 한 마리를 만나게 되었을 때,
악어가 제 악독한 의도를 감추고 거짓 슬픔으로
매우 서럽게 울며 가녀린 눈물을 흘리는 것처럼—
어리석은 자는 자신도 모르는 사이에 잡혀 먹힌다,
악어의 구슬픈 처지를 불쌍히 여기고 있는 사이에.
남을 염려하며 제 자신을 염려하는 것을 잊어버리는 것이다.

6 악어의 가녀린 눈물은 중세의 동물기(*physiology*)에 자주 나타나는 우화로서, 악어는 눈물을 흘려서 상대방을 안심시키고 동정심을 불러일으킨 다음, 상대방을 잡아먹는다고 해서 위선의 상징으로 묘사되고 있다. 여기서는 두엣사의 눈물을 악어의 눈물에 비유하고 있다.

19
그렇게 두엣사는 울었다, 조브의 드높은 집
빛나는 등잔들에 불이 켜지는 저녁이 될 때까지.
그리고 나서 그녀는 더 이상 거기 머물지 않고
일어나서 달려나갔다, 바로 저 이교도의 기사가
생명력이 거의 없는 상태로 정신을 잃고 쓰러져
하루 종일 마법의 구름으로 덮여 누워 있는 곳으로.
그가 아직 그 상태 그대로 있는 것을 확인하고는

거기 머물러 그의 가엾은 처지를 슬퍼하지 않고
하늘의 동쪽 끝을 향하여 그녀는 빠른 속도로 나아갔다.

20

거기서 죽음처럼 험한 표정의 흉측한 나이트가
피버스의 명랑한 얼굴을 감히 한 번도 보지 못하고
음산하게 시커먼 칠흑 같은 외투를 걸쳐 입고서
하루 종일 자신의 가증스런 모습을 숨기고 있다가
어두운 동굴에서 나오는 것을 두엣사는 보았다.
출입구 앞에는 그녀의 철 마차가 멈추어 있었는데,
새로운 여행을 위해 이미 마구가 다 갖추어졌고
지옥의 종자로 태어난, 석탄처럼 시커먼 말들은
자신들의 녹슨 말 재갈을 마치 미친 듯이 물어뜯고 있었다.

1 나이트(Night) : 무한한 풍자적 해석을 암시하는 존재로서, 여기서는 고대시에 자주 등장하는 전형적 모습으로 그려져 있다. 밤, 또는 어두움을 상징하는 그녀는 창조적 질서나 빛과 진리에 대하여 부정적 존재이며, 또한 모든 사악한 세력의 조상이다. 피버스의 명랑한 얼굴(*Phoebus' cheerful face*)은 태양을 가리킨다.

21

황금과 맑게 빛나는 보석들로 잔뜩 치장하여
태양처럼 빛나는 두엣사를 그녀가 보게 되자,
그녀는 그 광경에 대하여 크게 놀라워하였으며
그 생소한 빛에 대하여 두려워하기 시작하였다—
그곳에는 그러한 빛이 나타난 적이 결코 없었기에—
그래서 자신의 동굴로 다시 돌아가려고 하였는데,

그때 그녀는 다음과 같이 말하는 마녀의 목소리를
듣게 되었다, "잠깐, 오 무서운 부인, 간청하건대
제가 가지고 온 소식을 전할 때까지는 부디 머물러 주소서."

22
그녀는 멈추었고, 두엣사는 다시 말을 이었다,
"오, 그대, 모든 것의 시조가 되시는 할머니이시며
당신께서 처음 낳은 조브보다도 오래되시고
천상의 신들이 사는 위대한 집보다 오래되셨는데—
그러한 신들은 데모고곤의 회당 안에서 태어나
이 세상이 창조되기 전의 모든 비밀들을 보았지요—
어째서 친애하는 손자들이 가장 비참하게 버림받아
선녀 기사의 칼 아래 쓰러지는 수모를 겪으십니까?
보소서, 굳센 산스조이가 죽음의 흑암에 잠들어 있는 것을.

4 데모고곤(*Demogorgon*) : 혼돈, 또는 최초의 존재로서 아마도 스펜서가 보카치오(Boccaccio)에게서 빌려온 용어가 아닌가 싶다. 보카치오의 어원을 살펴보면 데모고곤은 악마를 뜻하는 demon과 땅을 뜻하는 gorgon의 복합어이다. 기독교시대에는 고대의 올림피아 신들을 포함한 그 이전의 모든 세력을 사탄이나 지옥의 악마로 보는 것이 일반적이었다.

23
"또한 그보다 앞서, 저는 쓰라린 눈으로 보았어요,
당찬 산스포이가 그의 창 아래 사그라지는 것을.
이제 그는 날짐승들의 먹이로 들판에 누워 있어요,
친구들의 애곡도 없이, 비통한 관에 눕지도 못하고,
예전에는 제게 너무나도 다정했던 연인이었건만.

오, 신들의 후손으로 태어나서 좋은 게 무엇입니까?
늙은 아비글의 아들들이 그런 천대를 받는다면.
누가 위대한 나이트의 후손을 경멸하지 않겠어요?
세 명의 손자 중에서 두 명이 그토록 처참하게 팽개쳐진다면.

6 아비글(Aveugle) : 눈멂(*blind*)이라는 뜻을 가진 불어. 산스포이의 아버지이며 나이트의 아들, 혹은 남편.

24
"자 일어나셔요, 어둠의 여왕이신 음울한 여인,
가셔서 그대 후손의 육신을 수습해 오시든가,
가셔서 그들의 복수를 하여 끔찍한 나이트가
밝은 대낮의 자리를 차지하고서 어여쁜 빛의
후손들을 파멸시킬 수도 있다는 걸 보여주세요."
그녀의 감정적 말은 가슴에 어떤 연민의 정을
일으켜, 거대한 어머니의 얼굴빛을 변하게 했다.
그녀의 가슴은 동정심을 느껴본 적이 결코 없었다,
그때까진. 사랑을 해보지 못하고 항상 미워만 했기 때문에.

25
그녀가 말했다, "다정한 딸아, 나도 물론 슬프다,
내게서 태어났던 유명한 후손들이 쓰러져 버리고
그들의 원수들이 차지하는 훌륭한 성공에 대해서.
그렇지만 뉘라서 운명의 흐름을 돌려놓을 것이며
조브의 영원한 좌석에 단단히 붙들어 매여 있는
강력한 인과응보의 사슬을 끊을 수 있다는 말이냐?

내가 알기로는 그가 낮의 자손들을 더 좋아하며
내 멸망을 통해서 그들을 위대하게 하려는 것 같다.
다른 자의 멸망으로 누군가를 위대하게 하는 건 비겁한 일이지.

26
"하지만 그들도 모두 제멋대로 날뛸 수만은 없지,
누군가는 다른 사람의 죗값을 치러야 할 테니까.
그리고 산스포이를 쓰러지게 만든 그 사나이는
자신의 피로 그가 흘린 피값을 치르게 될 것이다.
그런데 손자들의 죽음을 말하는 그대는 누구인가?"
그녀가 말했다, "본 모습을 하고 있지 않은 저는
두엣사인데, 비록 지금은 금빛 찬란한 옷을 입고
황금으로 호화롭게 치장을 한 채 당신에게 왔지만,
제가 바로 두엣사입니다, 디시트와 쉐임의 딸이지요."

9 디시트(Deceit)와 쉐임(Shame) : 말 그대로 사기와 창피, 즉 속임수와 부끄러운 짓을 뜻하는데, 두엣사의 이중적 성격을 규정하고 있다.

27
그러자 나이트는 제 늙은 등을 굽혀 입 맞추며
사악한 마녀에게 말했다, "그 어여쁜 얼굴 안에
디시트를 꼭 닮은 사악함이 몰래 숨어 있는 것을
나는 알겠다. 하지만 너무도 진실 같은 우아함을
지니고 있기 때문에 나도 어두운 곳에서는 거의
식별하지 못하겠구나. 내 비록 잘못됨의 어미이며
두엣사 종족의 시조임에도 불구하고 말이다.

오 잘 왔다 아가야, 오랫동안 널 보기 원했었는데,
이젠 널 보고도 몰라보다니. 보라, 내 이제 너와 함께 가마."

28
그리고 나서 그녀는 자신의 철 마차에 올라탔으며,
자기 곁에 아름답게 가장한 음흉한 마녀를 태웠다.
그녀는 어둠침침한 허공을 뚫고 편안히 나아갔다.
사두마차는 칠흑처럼 검은 말 두 마리와, 갈색의 말
두 마리가 끌었는데, 그들은 서로 미워하고 있었지만
앞을 헤치며 유유히 나갔고, 발을 구르지도 않았다,
어쩌다 그녀가 고집스런 그들의 입을 잡아채기 전엔.
일단 그리되면, 검정 거품을 물고 재갈을 씹었으며
격렬하게 앞발을 치켜들고 일어나 부드러운 허공을 짓밟곤 했다.

29
그렇게 매우 빠른 속도로 달려서 그들은 마침내
이교도가 눕혀져 있는 장소에 도달하게 되었다.
그는 불운했던 결투 이후로 마법의 구름에 덮여
외부에 대한 감각과 타고난 기력을 모두 잃은 채
낮의 시선과 사람들의 발길로부터 가려져 있었다.
온통 피가 뒤엉켜 굳어 있는 끔찍한 그의 상처를
그들은 자신들이 할 수 있는 대로 교묘하게 싸매고
그 상처들이 치유될 때까지 조심스럽게 보살폈다.
그런 후에 그를 그녀의 마차에 눕히고 밤으로 덮어 숨겼다.

30

그런데 그녀가 땅 위에 멈추어 서 있는 동안 내내
잠들지 못한 개들이 결코 쉬지 않고 짖어댔는데,
마치 생소한 소리에 대하여 경고를 하는 듯했다.
쇠바퀴들이 내는 그 소리는 그들을 경악케 했고
검고 징그러운 그녀의 모습에 그들은 기겁했다.
죽음의 소식을 전하는 유령 같은 올빼미도 또한
음울한 비명을 질러서 그녀가 있다는 것을 알렸다.
그리고 굶주린 늑대들은 쉬지 않고 울부짖었다,
너무나도 징그럽고 더러운 그녀의 끔찍한 얼굴을 향해서.

31

거기서 그들은 아무 말 없이 살그머니 되돌아 나와
가벼운 걸음걸이로 그 육중한 육신을 운반해서는
에버너스의 깊은 동굴이 입을 벌린 입구로 갔다.
연기와 유황으로 가득 차 아무것도 보이지 않았지만
바로 그 통로가 지옥으로 내려가는 낮고 어두운
입구였던 것이다. 피조물이 그곳을 통과하게 되면
하늘의 은총 없이는 결코 되돌아올 수 없었으며,
자기 쇠사슬을 잡아채는 무서운 복수의 악귀들과
저주받은 영령들이 출몰하여 죄인들을 경악시키는 곳이었다.

3 에버너스(*Avernus*) : 지옥으로 들어가는 동굴의 입구를 가리키는데, 그리스신화에 의하면 지옥은 땅 밑에 있으며 그리로 들어가려면 이 동굴을 통해야만 한다. 주인공이 지옥을 방문하는 것은 서사시(*epic*)의 전통에 속하는 특징인데, 여기서는 선녀여왕의 기사가 지옥을 방문하는 것이 아니고, 칸토 1에서는 아키마고의 전령이, 그리고 여기서는 두엣사가 지옥을 방문하는 것이 특이하다.

32

바로 그 통로를 지나 무서운 여인들은 몰고 갔다,
변색된 피가 잔뜩 묻은 자신들의 음울한 마차를,
그리고 곧이어 플루토의 거처를 향해 내려갔다.
거기를 지나치자, 그들 주변 사방에 서 있는 것은
쇠 이빨을 마주치며 돌처럼 굳은 눈을 부릅뜨고
쳐다보며, 몸을 떨고 있는 슬프고 놀란 얼굴빛의
유령들이었다. 또한 섬뜩한 악마들과 같은 모든
지옥의 자식들이 여기저기에서 온통 모여들었다,
감히 나이트와 함께 타고 온 지상의 인간을 구경하기 위해서.

33

수많은 영혼들이 주저앉아 슬프게 흐느끼고 있는
아케론 강의 쓰디쓴 물결들을 통과한 후 그들은
플레제톤 강이 불타는 듯 넘실대는 곳에 왔는데,
거기서 저주받은 혼령들은 불에 타는 고통 속에서
찢는 듯 날카로운 비명과 함께 헛되이 울부짖으며
자신들을 그리로 보낸 드높은 조브를 저주했다.
끝없는 고통의 집은 바로 그 곁에 세워져 있었는데
그 안에서는 만 가지 종류나 되는 여러 형벌들이
저주를 받은 존재들을 영원토록 괴롭히고 있는 것이었다.

2~3 아케론(Acheron)과 플레제톤(Phlegeton) : 지옥에 흐르는 네 개의 강 중에서 두 강의 이름이다. 다른 두 강의 이름은 스타익스(Styx)와 레세(Lethe)이다.

34
그 문턱의 바로 앞에는 무시무시한 세버러스가
흉측하게 변형된 세 개의 머리를 축 늘어뜨리고
맹독이 있는 수천 마리의 살모사들로 온통 뒤엉켜,
핏빛으로 불타오르는 혀를 앞으로 내밀고 있었다.
그는 강한 목덜미 털을 곤두세우고 그들을 향해
사납게 으르렁거리기 시작했지만, 낮의 원수는
그를 진정시켰다. 그러자 그는 꼬리를 내리깔고
잠잠하게 그들이 지나갈 수 있도록 허용해 주었다.
그녀는 하늘과 지옥에서 똑같이 세력을 가졌기 때문이었다.

1 세버러스(Cerberus) : 지옥의 입구를 지키고 있는 머리가 셋 달리고, 뱀의 꼬리를 가졌으며, 등에 수많은 뱀의 머리가 솟아 나와 있는 개인데, 지옥으로 들어가는 영혼은 반갑게 맞이하지만 빠져나가려는 자는 누구든지 잡아먹는다고 알려져 있다.

35
감히 하늘의 여왕을 시험하여 죄를 짓도록 했기에
돌아가는 바퀴에 매달리게 된 익시온이 있었고,
또한 거대한 둥근 바위를 언덕 위로 굴려 올리는
끝도 없는 노동을 하고 있는 시지프스가 있었다.
목말라하는 탄탈루스가 턱으로 매달려 있었고
티타이어스는 제 창자로 독수리를 먹이고 있었다.
타이페우스의 사지관절은 형틀에 매여 늘어났고
저주로 법에 의해 영영 느림보가 된 테세우스도,
구멍 난 물동이에 물을 긷고 있는 오십 명의 자매들도 있었다.

2~8 익시온(Ixion), 시지프스(Sisyphus), 탄탈루스(Tantalus), 티타이어스(Tityus), 타이페우스(Typhoeus), 테세우스(Theseus)와 다나우스(Danaus)의 딸들인 오십 명의 자매들(*fifty daughters*)은 모두가 신들에게 제멋대로 군 죄를 지은 자들로서 지옥의 형벌에 대한 고전적 묘사에서 가장 일반적으로 등장하는 인물들이다.

36

그들 모두는 그곳에 온 지상의 인간을 바라보면서
자신들의 고뇌도 잊은 채, 하던 일을 그대로 두고
그들을 응시하였다. 한편 그녀들은 그들을 지나쳐
가장 깊숙한 곳에 이르게 될 때까지 걸어 들어갔다.
거기엔 놀라운 기술로 만들어진 동굴이 있었는데,
깊고, 어두우며, 음산하고, 구슬프며, 황량하였고,
그 안에는 불쌍한 에스쿨라피우스가 따로 떨어져
사슬에 묶인 채 구제받을 길 없이 감금되어 있었다,
히폴리터스의 찢어진 시체를 그가 다시 살려냈기 때문에.

7 에스쿨라피우스(Aesculapius): 태양의 신 아폴로의 아들인데 인간을 치유하는 의술이 놀라워서 인간에게 영생불멸의 능력을 줄 수 있을 정도였기 때문에, 위협을 느낀 신들의 노여움을 사서 처벌을 받게 된다. 그는 아테네의 왕이었던 테세우스(Theseus)와 아마존의 여왕 히폴리타(Hippolyta) 사이에 난 아들 히폴리터스(Hippolytus)를 되살려냈다. 그 이야기는 다음 37연부터 40연까지 서술되어 있다.

37

히폴리터스는 용감무쌍한 사냥꾼이었는데, 종종
전차를 타고 거품을 문 멧돼지를 추적하곤 했다.
그는 모든 동료들에 비해 아름다움이 뛰어났으나
여자들과의 사랑을 시간낭비로 여기고 멀리하였다.

허영심 많은 계모가 그를 누구보다도 사랑했지만
자신이 그에게 바치는 다정함을 거절당하게 되자,
사랑을 미움으로 바꾸어, 그의 아버지 앞에서 그를
과격한 반란을 꾀하려 한다고 거짓으로 비난하였고
질투심에서 지어낸 말로 왕의 엷은 귀에 마구 퍼부어댔다.

38
왕은 격분하여 수호신이었던 바다의 신을 찾아가
아들에게 복수할 어떤 저주를 내려주기를 빌었다.
파도치는 심연에서 즉시 두 괴물이 불려나왔다.
추적하던 그의 말들은 그 두려움 때문에 놀라서
날렵했던 전차와 사냥꾼을 둘 다 뒤집어 놓았다.
비끈한 그의 육체는 험한 절벽에 갈기갈기 찢겨져
사지가 다 떨어져 나갔고, 그의 순결한 손과 발은
떨어지면서 곳곳에 있던 둔덕에 흩어져 버렸기에,
히폴리터스의 자취는 아무 데도 남아 있지 않게 되어버렸다.

39
잔인했던 그의 계모는 진행되는 모든 일들을 보고
불행한 단검으로 자신의 악한 인생을 끝냄으로써,
죽음으로 자신의 아들이 결백한 것을 증언하였다.
그 말을 듣고 성급한 아버지는 쥐어뜯기 시작했다,
자기 머리카락과 아들을 욕했던 경솔한 혓바닥을.
그리고 히폴리터스의 친구였던 다이애나의 도움으로
자신의 고통인 조각난 아들의 육체를 다 거두어서

에스쿨라피우스에게 가져갔고, 그는 자기 기술로
각 부분을 연결하고 상처를 모두 치료하여 낫게 해주었다.

6 다이애나(Diana): 달의 여신이기도 하지만 사냥꾼의 수호여신이기도 하다. 히폴리터스가 사냥꾼이었다는 37연의 서술을 참조할 것.

40
그토록 놀라운 기술이 인간의 머리에 있다는 것을
조브가 알게 되자, 죽은 자를 다시 살려내거나
수명이 다한 운명도 회생시킬 것이 두려웠지만,
그에게서 영원한 생명을 빼앗아 갈 수는 없었기에,
그 대신에 번쩍이는 번개로 그를 심하게 부상시켜
산 채로 그를 지옥으로 떨어뜨려 가두어 버렸다.
거기에서 오랫동안 머물면서, 그는 끊임없이 자신의
부상을 치유함으로써 건강을 회복하려 노력했고
또한 영원히 불타오르는 천상의 불길을 완화시키려고 애썼다.

41
늙어빠진 나이트는 그곳에 도착하자 내려섰다,
거의 탈진상태에 있는 마차에서, 그리고 두 팔에
부상한 기사를 안고 에스쿨라피우스에게 갔다.
거기서 그녀는 그의 갑옷을 가만가만히 벗기고
명의에게 상처들을 낱낱이 보여주기 시작하면서
간청하고 또한 아첨하면서 그에게 애원하였는데,
만일 어떤 약이나, 기름이나, 약초나, 마술로서
죽게 된 사람을 죽음의 문턱에서 돌이킬 수 있다면

그가 그녀의 요청에 따라 손자의 삶을 연장해 주기를 청했다.

42
"아 부인", 그가 말했다, "쓸데없이 나를 부추겨
내가 아직 뉘우치고 있는 그 일을 또 감행하여,
끊임없이 계속되는 내 고통의 근원이 그것인데,
같은 일을 다시 해서 같은 종말을 맞으라는구려.
내가 저지른 한 가지 실수로 하늘에서 떠밀려 나와
이곳에서 영원히 속죄하게 된 것으로는 부족해서
지금 나에게 그와 같은 죄악을 또 다시 저질러서
이젠 더 큰 죗값을 치르라는 말이요? 과연 나이트가
밤낮을 지배하는 천둥치는 조브의 분노를 감당할 수 있소?"

43
"아니지", 그녀가 말했다, "하나 이미 하늘의 왕은
다시는 하늘에 소망을 두지 못하도록 그대를 버렸는데,
아무것도 바랄 수 없는 존재에 대해서는 두려워하고
더 큰 고통을 줄 수 있는 존재는 두려워하지 않는가,
지금은 그대가 영원한 나이트의 권세 아래 있는데도?
그러니 시작하게, 오 그대 위대한 아폴로의 너무나
유명한 아들이여. 보여주게, 그대의 유명한 의술을,
이전에 그대에게 끝없이 이어지는 커다란 고통과
그보다 더 큰 영원한 칭송을 안겨주었던 그러한 그대의 의술을."

44

그녀의 말은 효과가 있었다. 그 학식 많은 의사는
자신의 진기한 손을 그의 상처에 대기 시작했고
모든 재주를 동원해서 할 수 있는 일을 다 했다.
그것을 보고 난 후, 무시무시한 어두움의 어머니는
일어나 그곳에서 나왔으며, 아비글의 아들은
거기에 그대로 남겨두어 의사가 돌보도록 하고는,
밤의 행로를 달려가야 하는 자기 본래의 업무를
수행하기 위하여 되돌아갔다, 순결한 피버스가
피곤에 지친 마차를 서쪽의 물결 속에서 쉬도록 하는 동안.

5 아비글의 아들: 산스포이. 23연의 주석을 참조할 것.

45

사악한 두엣사는 해로운 나이트를 떠나와서
자만의 여인이 있는 휘황한 궁전으로 돌아왔다.
그녀가 거기에 도착해 보니 선녀의 기사가 이미
떠났다는 것을 알게 되었다, 비록 벌어진 상처가
완전히 낫지 않아서 말을 타지 못할 상태인데도.
서둘러 그곳을 떠날 충분한 이유가 그에게 있었다.
어느 날 면밀한 그의 난쟁이가 엿보게 된 것이다,
깊은 지하감방 안에 매우 많은 사람들이 불쌍하게
노예로 사로잡힌 채 누워서 밤낮으로 흐느껴 울고 있는 것을.

46

차마 눈뜨고는 볼 수 없을 만큼 비참한 광경이었다.
비밀리에 그는 그 사람들에 대해서 알게 되었다,
그들이 거기에 잡혀있는 숨겨진 이유가 무엇인지.
어떻게 헛된 프라이드와 무절제한 라이오터스 때문에
사람들이 교만한 독재자인 저 여인의 법에 따르고
랫스과 엔비의 사악한 생각의 부추김을 받아서,
제 인생을 코베타이즈에게 저당 잡히게 되었는지.
인정사정없는 지하 감방에 사로잡히는 저주를 받아
거기서 그들은 통한의 삶을 살다가 비참하게 죽어가야 했으니.

4 프라이드(Pride), 라이오터스(Riotise), 코베타이즈(Covetise), 랫스(Wrath), 엔비(Envy) : 모두 칸토 4에 등장했던 인물들인데, 각각 교만, 방탕 또는 나태, 탐욕, 분노, 시기라는 죄악이 의인화된 존재로서, 교만과 방탕에 빠진 사람들이 분노와 시기심의 부추김을 받아서 자신의 인생을 탐욕에 저당잡힌다는 내용이다. 여기서 랫스과 엔비는 이름 그대로 칸토 4에서 루시페라의 행렬에 참가한 여섯 참모들 중의 마지막 두 사람이고, 코베타이즈는 아바리스(Avrice)의 다른 이름이며, 프라이드는 사탄을 가리킨다. 라이오터스는 무분별한 행동, 즉 나태와 방종을 의미하며 아이들네스를 지칭하는 것으로 보인다.

47

저 대단히 교만한 바빌론의 왕이 거기 있었는데,
모든 국가들에게 자신을 흠모하라고 강요하였고
자기 자신을 유일한 신이라고 부르게 하였는데,
결국은 하늘의 심판을 받아 문밖으로 내팽개쳐져
멍에를 걸머진 한 마리의 수송아지로 변해 버렸다.
또한 크로서스 왕도 있었는데, 그는 엄청나게
재산을 모았다고 스스로를 너무 높이 칭송했다.

그리고 교만한 안티오커스는 자신의 저주스러운
손을 들어 신에게 대항하고, 신의 제단 위에서 춤을 추었다.

1 바빌론의 왕(*King of Babylon*) : 《구약성서》의 "다니엘서"에 등장하는 느부갓네살(Nebuchadnezzar) 왕을 가리키는 말. 후에 그는 저주를 받아 황소로 변하게 된다.
7 크로서스(Croesus) : 기원전 6세기 경, 막대한 재산을 가졌던 리디아(Lydia)의 왕으로서 말년에 처참한 죽음을 맞는다.
9 안티오커스(Antiochus) : 기원전 2세기 경 시리아(Syria)의 왕.

48

또한 그들보다 훨씬 앞서서, 위대한 님로드는
칼과 불을 가지고 처음으로 이 세상을 정복했었다.
다음에는 제왕다운 허영에 있어서 그를 능가했고
온 세계를 굴복시켰던 늙은 니너스가 있었다.
거기에는 또한 한 막강한 전제군주가 있었는데,
남들보다 낮은 데 있었지만 교만함은 가장 높아서
자기 자신의 육체적 아버지의 이름을 더럽히고
제 자신을 드높여 아몬의 아들이라고 불렀으나
결국은 신과 인간의 경멸을 받으며 부끄러운 죽음을 당했다.

2 님로드(Nimrod) : 그는 노아(Noah)의 손자이고, 함(Ham)의 아들로서 신에게 대항하기 위하여 바벨탑을 건축한 장본인이다.
4 니너스(Ninus) : 구약에 등장하는 도시인 니느웨(Nineveh)의 설립자이며 세미라미스(Semiramis) 여왕의 남편인 전설적 인물.
6 막강한 전제군주: 알렉산더 대왕(*Alexander the Great*)을 가리킨다. 그는 자신을 가리켜 조브의 아들이라고 칭했는데, 조브를 리비아에서는 아몬(Amon)이라고 불렀기 때문에 아몬의 아들로 섬김을 받았다.

49

이러한 사람들이 모두 한 무더기로 던져져 있었다,
마치 푸줏간에 짐승의 시체가 쌓여 있는 것처럼.
그리고 또 다른 한 구석에는 잔뜩 널브러져 있었다,
멸망해버린 로마제국의 오래된 폐허와 잔해들이.
그들 모두의 태조가 되는 위대한 로물러스와,
교만한 타르퀸, 또한 너무 군주다운 렌털러스,
굳세고 강건한 스키피오와 고집스러운 한니발,
야망이 넘치는 실라와 매사에 엄격한 마리우스,
높은 시저, 위대한 폼페이, 그리고 불같은 안토니우스가.

5~9 로물러스(Romulus), 타르퀸(Tarquin), 랜털러스(Lentulus), 스키피오(Scipio), 한니발(Hanniball), 실라(Sylla), 마리우스(Marius), 시저(Caesar), 폼페이(Pompey), 안토니우스(Antonius)는 모두 초기 로마시대를 풍미했던 군사적, 정치적 인물들이다. 모두 과격한 삶을 살다가 처참한 죽음을 맞이했으며, 여기서는 거만함의 상징으로 등장한다.

50

이렇게 막강한 남자들 틈에 여인들도 섞여 있었는데,
교만하고, 허영에 찬, 결혼서약도 잊는 여자들이다.
당찬 세미라미스는 옆구리에 자기 아들의 칼이
꽂혀 있는 채로, 더러운 욕설을 내뱉고 있었으며,
자신의 의도대로 되지 않았다고 해서 고의적으로
밧줄에 목을 맨 아리따운 스테노보아도 있었고,
독사의 이빨에 물려서 당당하게 스스로를 살해한
무척 거만한 마음을 가진 클레오파트라도 있었다.
또한 그와 비슷한 수천 명이 지하감옥을 가득 메우고 있었다.

3 세미라미스(Semiramis) : 바빌론의 전설적 여왕이며 48연에 등장하는 니너스의 부인. 힘있고 정열적이었던 여자로 남편을 살해하는 등의 숱한 일화를 남겼다.
6 스테노보아(Sthenoboea) : 안테이아(Anteia)로 더 잘 알려져 있으며, 프로터스(Proetus)의 왕비로 벨로폰(Bellerophon)이라는 젊은이를 사랑했으나 이루지 못하자 자살하였다.

51

그 외에도 비참한 노예들이 수없이 무리를 지어
날이면 날마다 그곳으로 마구 모여들었던 것이다.
세상에서, 사악한 자만심으로 썩어 없어질 재물을
전부 탕진하고, 모두들 처참한 몰락을 겪은 후에.
하나 무엇보다 그 지하 감방에 누워있는 사람들은
높은 왕자의 궁정과 숙녀의 침소에서 쫓겨났는데,
거기서 그들은 게으른 허식이나 허망한 놀음으로
자신들의 재물과 값진 시간을 다 소비하고 나서,
결국 이처럼 우울한 비통함에 자신들을 내던지게 되었던 것이다.

52

슬픔에 찬 난쟁이가 그들의 사정을 모두 말하고
자기의 주인에게 그들의 비참한 광경을 묘사하며
경계하자, 그는 그처럼 고통스런 지경에 빠질지도
모르는 위험 속에 더 이상 머무르려고 하지 않고
일찌감치 자리에서 일어났다. 그리고 새벽의 빛이
넓은 하늘에서 세상의 윤곽을 채 발견해내기도 전에
비밀스런 쪽문을 통해서 그곳으로부터 빠져나왔다,
그 어떤 적개심이 가득한 시선에도 뜨이지 않은 채.

만일 누구라도 그를 보았다면 분명히 죽음이 뒤따랐을 것이다.

53
저 더러운 길에서 그는 어디를 밟아야 할지 몰랐다.
수많은 시체가, 살해당한 사람들로 이루어진 거대한
쓰레기 더미처럼 거기 마구 버려져 있었던 것이다.
그 누구의 탄식도 없이, 그럴듯한 장례절차도 없이.
모두들 저 교만한 공주의 자만심 때문에 타락하여
수치스러운 종말을 맞게 된 것이었다. 그리고 그는
성벽을 따라 그 아래로 말을 달려가면서 보았다,
그들 곁에 시체의 잔해로 이루어진 거대한 똥더미를.
바로 비참한 교만의 집을 상징하는 끔찍한 징표였던 것이다.

제 6 칸토

놀라운 은총으로 아름다운 우나는
무법의 색욕에게서 풀려난다.
야만족 나라에서는 그녀를 숭배하고
그녀의 현명한 지혜를 배운다.

1
마치 순풍에 돛을 달고 미끄러져 가던 배 한 척이
산산조각 내려고 기다리며 숨어 있는 암초로부터
자신도 미처 모르는 사이에 살짝 벗어났을 때,
아직도 반쯤 얼이 빠진 선원은 막 지나간 위험을
돌아보고는, 아직도 여전히 미심쩍어하면서 감히
얼떨결에 겪은 요행에 대해서 기뻐하지도 못하듯이—
선녀의 기사가 가지고 있던 두려울 것 없는 용기도
기쁨과 경계심 사이에서 두 배로 지쳐버리게 되었다,
자기 눈에 비친 그처럼 끔찍한 상황에서부터 빠져나오느라고.

2
하지만 그는 슬펐다, 너무 서둘렀기에 할 수 없이
아름다운 두엣사를 뒤에 남겨두고 온 것 때문에.
그보다 더욱 슬픈 것은 정다운 그의 사랑 우나가
기괴한 행동으로 그녀의 진실을 더럽힌 사실이었다.
하지만 그 누구도 그녀에게서 허물을 찾지는 못하리.

오히려 그의 사랑을 위해, 또한 그녀 자신을 위해
이 땅에서 저 땅으로 방황하며 그녀는 그를 찾아서
헤매었고, 그것을 절대로 포기하지 않았을 것이다,
흉악한 산스로이가 그녀를 부지불식간에 잡아가지 않았더라면.

3
그 자는 아키마고를 무참하게 패배시킨 다음에,
험악하고 거친 숲 속으로 그녀를 끌고 들어가서,
분노의 불길을 이제는 욕정의 열기로 바꾸어서
그녀를 더럽히고 자신의 지저분한 쾌락의 도구로
만들어 버리려는 야수 같은 죄악을 마음에 품었다.
그러나 그는 먼저 교묘한 말과 속임수를 써서
그녀가 자신의 굳센 성채를 포기하도록 설득했다.
힘든 사랑을 더 훌륭하게 정복하는 사람은 바로
강제로 덤비지 아니하고 자기 말을 듣도록 만드는 자이기에.

4
알랑거리는 말로 그는 한동안 그녀를 꼬드기면서,
사랑스레 바라보다가 때때로 씁쓸하게 한숨을 쉬며
다양한 속임수로 그녀의 한결같은 마음을 유혹했다.
하지만 그의 말, 눈길, 한숨들을 그녀는 역겨워했다,
마치 언제까지나 변치 않는 다이아몬드의 바위처럼.
그래도 자신의 불타는 욕정의 눈길을 채워 보려고
그는 그녀의 얼굴 앞에 드리워진 베일을 낚아챘다.
밝은 하늘처럼 그녀의 아름다움이 빛나기 시작했고

야수 같은 그는 그녀의 정절을 능욕하고픈 마음으로 타올랐다.

5
자신의 아첨하는 재주가 먹혀들지 않는 것을 알고
제 교묘한 무기가 상대의 굳건함을 이기지 못하자,
그는 탐욕스런 힘으로 성채를 공격하기 시작하였고
성채가 곧 자신에게 점령당하여, 약탈된 순결이라는
값비싼 전리품을 얻게 될 것이라고 그는 기대하였다.
아, 하늘이여, 이처럼 잔혹무도한 행위를 바라보고,
천상의 처녀가 이렇게 폭행을 당하는 것을 보면서도
어찌하여 당신은 그리도 오랫동안 앙갚음도 하지 않고
저 뻔뻔스런 이교도를 번쩍이는 불길로 덮치지도 않으시나이까?

6
가엾은 처녀는 급박하고 절망적인 상황에 처해서
찢는 듯한 비명과 함께 악을 쓰며 울부짖음을 토했다,
큰 위기에 처한 여인들의 최후의 헛된 수단으로서.
그녀가 하도 크게 애원하며 하늘을 애타게 하였기에,
별들이 울고 있는 눈에서처럼 녹아 떨어져 내렸다.
날아가던 피버스는 그런 치욕스런 광경을 보자
붉게 달아오른 자신의 얼굴을 짙은 구름으로 감싸
창피함을 숨겼다. 이제 인간이 어떤 재주를 가지고
사로잡힌 사람을 그러한 곤경에서 벗어나게 할 수 있겠는가?

7
영원무궁한 신의 섭리는 사람의 생각을 초월하여,
아무도 그녀에게 갈 길을 열어주지 못할 상황에서
어떤 경이로운 활로를 이 처녀에게 열어주었다,
사자의 손아귀에서 다 잡힌 먹이를 잡아채는 듯이.
그녀의 날카로운 비명과 울부짖음이 너무나 커서
주위의 모든 수풀과 산림에 메아리쳐 울려 퍼졌다.
그때 판과 새터의 무리가 아주 먼 숲 속에서
다함께 둥그렇게 모여서 춤을 추고 있었던 것이다,
늙은 실바누스가 그늘진 그루터기에서 깊이 잠들어 있는 동안.

8 판(Faun)과 새터(Satyr) : 상반신은 인간의 몸인데 하반신은 염소의 형체를 가지고 있는 숲의 신들로서, 보통 정욕의 상징으로 불린다. 판은 로마신화에 등장하고 새터는 그리스신화에 나타난다.
9 실바누스(Sylvanus) : 들판과 숲의 신으로서 감각적 즐거움을 대표한다.

8
곤경에 처한 듯한 가엾은 목소리를 듣자, 그들은
황급히 자신들의 전원적 즐거움을 팽개쳐 두고
멀리서 반향되는 그 소리가 나는 쪽으로 달려왔다,
과연 누가 그토록 큰 소리로 울부짖나 알아보려고.
얼마 되지 않아 그들은 바로 그 장소에 다다랐다.
달아오른 사라센인은 그들이 온 것을 보게 되자—
그들은 난폭하고, 흉측하며, 괴물 같은 폭도들로서,
전에는 그런 자들을 본 적이 없었다—감히 거기 있지
못하고, 준비된 말을 집어타고 잽싸게 달아나기 시작하였다.

9
야만적인 숲 속의 신들이 그곳에 도착하여 보니,
처녀는 가엾게도 절망적 상태에 빠져 있었으며
마구 헤쳐진 의복에, 예쁜 얼굴은 울어서 부은 것이
무지막지한 그녀의 원수가 버리고 간 그대로였고,
아직도 기왕의 원수에 대한 두려움에 떨고 있었다.
모두들 그토록 생소한 광경에 놀라서 서 있었으며
불행한 그녀의 처지에 대해서 동정하기 시작했다.
자신들의 거친 눈으로도 그렇게 비참한 처지와는
어울리지 않는 그녀의 빛나는 아름다움에 모두들 얼이 빠졌다.

10
디더욱 놀란 그녀는 두 배나 되는 공포에 잠기었다.
그리고 두려움으로 인해서 온몸과 사지를 떨었다 —
마치 탐욕스런 늑대 한 마리가 굶주림에 못 이겨
순진한 양을 잡아채 양떼로부터 멀리 데리고 가서
그것으로 피비린내 나는 잔치를 벌이려 하는 참에,
사자 한 마리가 제 쪽으로 빨리 달려오는 것을 보고
다급하여 그 순진한 먹이를 내버리고 도망갔는네,
죽음에서 벗어난 양은, 사자의 험악한 모습을 보고
또 다른 두려움에 온통 사로잡혀서 온몸을 벌벌 떠는 것처럼.

11
떨리는 그녀의 가슴에 얼어붙는 공포가 엄습하여
그녀는 아무런 말도 못하고 꼼짝도 못하고 있었다.

야만족 사람들은 그녀의 남모르는 애통함을 느꼈고
그녀의 슬픈 표정에서 그녀가 지닌 애통함을 읽었다.
거친 뿔로 장식되어 있는 자신들의 찌푸린 앞이마와
야만적 난폭함과 공포심을 모두 옆으로 젖혀두고
얌전하게 싱긋싱긋 웃으며 반갑다는 표정을 보였다,
그녀를 위로하고 그녀의 두려움을 없애주기 위하여.
그리고 뒤로 휘어진 다리를 굽히고 그녀에게 겸손히 복종했다.

3 야만족(*Salvage*) : 숲에 사는 야만인이라는 의미의 이탈리아어 selvaggio에서 나온 말.

12
의심이 채 가시지 않은 그 처녀는 아직까지 감히
약한 자신을 그들의 야생적 진실에 맡기지 못하고
아직도 공포와 희망 사이에서 놀란 채 앉아 있었다,
최근에 성급한 신뢰가 어떤 해를 끼치는지 배웠기에.
그들은 피어나는 그녀의 젊음에 동정심이 일었고
제왕과도 같은 그녀의 아름다움에 대한 경외심으로,
또한 측은한 마음과 생소한 연민의 정에 사로잡혀,
모두들 나지막한 땅바닥에 몸을 대고 납작 엎드려
그녀의 발에 입 맞추고 행복한 표정으로 그녀에게 아첨했다.

13
겸손한 태도를 보고 그들의 마음을 짐작한 그녀는
급박한 현재의 상황에 자기 자신을 맡겨 버렸다.
그래서 그녀는 두려움 없이 땅바닥에서 일어났고

해를 당할까 의심하지 않고 앞으로 걸어나갔다.
그들은 모두 즐거운 아침의 새들처럼 기뻐하면서
춤추며 주위를 맴돌면서 그녀를 모시고 나아갔다,
환호하며, 양지기의 음률에 맞춰 모두 노래하며.
또한 녹색 나뭇가지들을 땅 위에 온통 펼쳐놓고
올리브 화관을 그녀에게 씌우며, 그녀를 여왕으로 섬겼다.

14
가면서 내내 그들은 즐거운 곡조의 피리를 불어
그 메아리가 두 배나 크게 온 숲 속에 울렸으며,
굽이 달린 그들의 두 발로 땅을 마구 디디면서
즐거운 봄날에 들뜬 아이들처럼 펄쩍펄쩍 뛰었다.
그러면서 그녀를 늙은 실바누스에게로 데려갔다.
그는 소란스런 소리에 깨어나, 원인을 알아보려고
밖으로 나왔다, 허약한 발걸음을 조심스레 떼며,
굳건한 사이프러스 지팡이에 늙은 몸을 의지하면서.
또한 그는 허리둘레에 담쟁이 넝쿨로 띠를 두르고 있었다.

15
멀리서 그는 궁금해했다, 왜들 그리 기뻐하는지,
혹시 그들이 바커스의 기쁨의 열매를 찾았는지,
아니면 광적인 사이벨의 의식으로 다 미쳤는지.
가까이 다가와서 그들은 자신들의 신에게 내보였다,
믿음의 꽃이며 동시에 탁월한 아름다움인 그녀를.
신 그 자신도 그처럼 보기 드문 미의 화신을 보고

놀라움에 오랫동안 서 있었으며 눈빛이 불타올랐다.
이제 그는 어여쁜 드라이오페도 아름답지 않고
폴로에는 흉측하다고까지 생각했다, 이 여자와 비교하면.

2 바커스의 기쁨의 열매(*Bacchus' merry fruit*): 포도주의 원료가 되는 포도 열매, 혹은 먹어서 취하게 되는 열매.

3 사이벨(Cybele): 제우스 신의 어머니인 레아(Rhea). 그녀를 섬기는 남녀 제사장들은 코리반테스(*Corybantes*)라고 불리는데, 그들은 비명을 지르고, 심벌즈나 북을 치며 제사를 지낸다.

8~9 드라이오페(Dryope)와 폴로에(Pholoe): 드라이오페는 파우누(Faunus)의 아내인 요정의 이름이고, 폴로에는 그리스신화에서 팬(Pan)이 사랑했던 요정. 여기서는 실바누스가 파우누스나 모두 팬과 같은 숲의 신이기 때문에 두 요정의 이름이 나왔다.

16

숲에서 태어난 자들은 그녀 앞에 납작 엎드렸고
그녀를 숲에서 사는 여신으로 떠받들어 모시었다.
늙은 실바누스 자신도 그렇게 아름다운 사람을
어떻게 생각해야 할지 몰라서, 그냥 서서 바라보며
그녀가 과연 지상의 종족인지 의아해하고 있었다.
때로는 그녀가 바로 비너스 여신처럼 보였지만
비너스는 그렇게 정갈한 모습이었던 적이 없었다.
때로 그는 그녀가 다이애나가 아닌가 생각했지만,
활과 화살, 그리고 무릎까지 오는 신발이 그녀에게는 없었다.

6~8 비너스(Venus)와 다이애나(Diana): 비너스는 사랑의 여신이지만, 순결함이나 정절과는 거리가 멀고, 다이애나는 그리스의 알테미스(Artemis)와 동일하게 여겨지기도 하는 로마의 여신으로서, 처녀의 순결을 보호해 주기도 하며 산과 야생짐승의 수호신인데, 언제나 사냥꾼의 복장을 하고 나타난다.

17

그녀의 모습을 보자 그에게 되살아나기 시작했다,
자신에게 가장 소중했던 옛사랑 사이파리스가.
하여 그가 살았을 적의 모습을 마음에 떠올렸다—
얼마나 예뻤던지. 그래도 이 여인보다는 못했지만.
또한 어떻게 화살이 빗나가서 그가 온유한 사슴을
죽이게 되었는지. 아름다웠던 소년은 그 사슴을
제 목숨처럼 아끼었는데, 세상의 그 무엇보다도 더.
그로 인한 슬픔 때문에 소년은 기쁨을 잃게 되었고
괴로움과 스스로에게 가했던 고통으로 여위어갔던 것이다.

2 사이파리스(Cypariss): 실바누스가 사랑했던 미소년인데, 그는 죽은 사슴 때문에 슬픔에 못 이겨 곱기야는 사이프러스 나무로 변했다.

18

숲 속의 요정들인 아리따운 해마드리아데스들은
그녀를 보기 위해서 그쪽으로 부지런히 달려왔고,
발이 빠른 나이아데스들의 떼가 모두 한꺼번에
주변에 몰려왔다, 그녀의 사랑스런 얼굴을 보려고.
그러나 그들은 그녀의 천상적 우아함을 보고서
악의에 찬 자신들의 마음으로 그녀를 시기했고
부끄러운 치욕을 당할까 두려워서 재빨리 달아났다.
새터는 모두들 그러한 숲의 족속들을 비웃었고
그때부터 그녀 외에는 온 땅에서 아무도 아름답게 여기지 않았다.

1 해마드리아데스(Hamadryades): 숲과 나무의 요정. 자신들이 속해 있는 나무와 함께 태어나서 나무가 죽을 때 같이 죽는다.

3 나이아데스(Naiades): 샘물, 호수, 시냇물의 요정.

19
그런 행운이 다행스러워서, 복되고 불운한 처녀는
투박한 그들의 눈을 즐겁게 해주는 것으로 만족하고
야만족 사람들과 함께 머무르며 오랫동안 지냈다,
갖가지 불행한 일들 틈에서 숨을 좀 돌리기 위해서.
거기에 있는 동안 그녀는 너그러운 지혜를 발휘하여
그들에게 진리를 가르쳤는데, 그들은 어처구니없이
그녀를 숭앙하여, 그녀의 형상을 우상으로 만들었다.
그녀가 자신을 경배하려는 그들의 허무맹랑한 열정을
금하며 못하게 하자, 그들은 기꺼이 그녀의 당나귀를 숭배하였다.

20
우연히도 전투의 차비를 갖춘 어떤 당당한 기사가
마침 꼭 맞는 기회에 그 숲에까지 오게 되었는데,
그 기사는 자신에게 대단히 합당한 이름을 물려준
자기 혈족과 진정한 혈통을 찾아다니던 중이었다.
외지에서 전투를 하여 그는 많은 명성을 얻었으며
머나먼 땅까지 자신의 위력에 대한 명예를 떨쳤다—
정직하고, 성실하며, 진실하고, 수치를 미워하였고,
숙녀의 권리를 위해 싸우는 것을 언제나 즐겼지만
허영심을 과시하기 위한 싸움은 조금도 즐거워하지 않았다.

21
그는 험하고 거친 숲 속에서 일어났던 기묘한
어떤 우연에 휘말려 새터의 아들로 태어났으며

한 온유한 여인에 의해서 그 숲에서 출생하였다.
아리따운 티아미스는 라브리드의 딸이었는데,
이미 성스러운 혼인약속에 의해 매인 몸이었다,
테리온이라는 거침없고 제멋대로인 사내에게.
그러나 그 자가 즐겼던 것은 넓은 숲을 뛰어다니며
힘들여 바삐 야생의 짐승들을 추격하는 것이었다,
자기 여자를 사랑하면서 허망한 쾌락에 시간을 낭비하지 않고.

4 티아미스(Thyamis), 라브리드(Labryde), 테리온(Therion): 각각 자신들의 본성을 나타내주는 그리스어 이름들인데, 티아미스는 열정(*passion*)을, 라브리드는 난폭함(*turbulent*) 또는 탐욕스러움(*greedy*)을, 그리고 테리온은 야생의 짐승(*wild beast*)을 뜻한다.

22

홀로된 처녀는 사랑하는 이가 그리워 몸이 달았고
사랑하는 이가 곁에 없이는 아무것도 할 수 없어,
숲으로 들어가서 자신이 소망하는 바를 성취하려고
남편을 찾아 나섰다, 그녀에게서 달아나 아직까지
다른 유희와 사냥감들을 좇아다니고 있는 남편을.
한 새터가 우연히 그녀가 방황하는 것을 보고는
야만스런 두 눈에 색정의 불길을 마구 태우면서,
왕족의 혼인서약을 무효화시켜 버림과 동시에
그녀의 몸을 짐승 같은 자기 자신의 노예로 잡아두게 되었다.

23

그는 그녀를 자신의 육체적 욕망의 노예로 삼아

오랫동안 어느 은밀한 오두막에 가두어 두었는데,
결국 시간이 지나자 그녀의 배가 부풀어올랐고
그 야만적 아비에게 한 사내아이를 낳아주었다.
그제서야 그는 그녀가 집으로 가도록 허락하였다,
볼모로서 최근에 태어난 아기를 그에게 남겨둔 채.
아기는 자라기 시작하여 어느 정도 성장하였고
야생의 짐승들과 함께 숲 속의 거친 삶과 예절을
익혀가며 인간들의 규율이 미치지 않는 곳에서 양육되었다.

24
가냘픈 아이에게 그가 가르친 것이라고는 오로지
소심함과 비겁한 두려움을 없애준 것밖에 없었다.
그는 아이의 떨고 있는 손을 억지로 내밀게 하여
사자나 사납고 거친 곰을 만지작거리게 하였으며
새끼들을 어미 곰의 젖가슴에서 채오도록 시켰다.
또한 아이에게 포효하는 야생의 황소들을 길들여
원래 아무도 타지 못하는 등에 타고 가도록 했고
또한 놀라서 달아나는 수사슴을 따라잡도록 시켰다.
결국엔 모든 짐승들이 그를 두려워하여 떨며 도망치게 되었다.

25
아이는 그 때문에 너무도 겁 없고 난폭하게 자라,
그러한 행동을 가르쳤던 그 아이의 아버지조차도
때때로 그의 무시무시한 모습에 무서워서 떨었고
혹시 다칠까 봐 겁이 나서 그에게 충고하곤 하였다,

성난 짐승들을 경솔하게 너무 함부로 깔보지 말고,
너무 많이 자극하지 말라고; 그는 사자를 길들여
겸손한 태도로 자기에게 고개를 숙이도록 하였고—
힘든 일이었다—가차없는 표범조차도 으르렁대며
떠나갔다, 그가 분노하여 앙갚음을 하려고 나서기만 하면.

26
그리고 자신의 위력을 더더욱 강화시키기 위해서
그는 야생의 짐승들에게 강제로 쇠 멍에를 씌웠고—
점박이 무늬가 있는 팬더와 송곳니가 나온 멧돼지,
몸이 재빠른 표범과 흉맹스럽고 잔인한 호랑이와
광폭하고 동시에 사나운 영양과 늑대 둘 다에게—
둘씩 짝을 지워 억지로 지신을 끌고 가게 하였다.
그는 무서운 위세로 짐승들의 억센 마음을 누르고
완강한 그들의 야성을 길들이는 것에 재미를 붙였고,
짐승들은 마치 독재자의 법처럼 그의 행동을 두려워하였다.

27
어느 날 하루는 사랑하는 그의 어머니가 그 숲으로
자신의 어린 아들을 만나보기 위하여 찾아왔는데,
우연히 길에서 미처 못 알아보는 그를 보게 되었다.
그는 잔혹한 여흥과 놀이를 끝내고 오는 길이었는데,
암사자 한 마리가 그의 뒤를 따라서 달려오면서
온통 분노에 차서 포효하며 그가 탈취해간 자기의
소중한 새끼들을 돌려달라고 크게 요구하고 있었다.

어머니는 자기의 아들이 거친 팔에 사자 새끼들을
안고 어르고 있는 것을 보았다, 어린애답지 않게 두려움도 없이.

28
겁에 질린 부인은 그 광경을 보고 온몸을 떨었고
뒤돌아서 빠른 걸음으로 도망을 치기 시작했는데,
결국은 사랑 때문에 헛된 공포에서 되돌아섰지만
아직 더 이상 그곳에 머물러 있으려 하지 않았으며
다음과 같이 그에게 여성다운 말을 하기 시작하였다.
"아, 새터레인, 나의 소중한 자식, 또 나의 기쁨,
나를 사랑한다면 이처럼 끔찍한 장난은 그만두어라.
죽음을 가지고 장난치는 것은 적당한 놀이가 아니야.
가서 무언가 다른 놀이친구들을 찾아보렴, 내 사랑스런 아들아."

6 새터레인(Satyrane): 그는 새터와 티아미스의 자식으로 그가 받은 야생적 교육은 트로이 전쟁의 영웅 아킬레스(Achilles)가 어렸을 때 반인반수의 그의 스승 치론(Chiron)에게서 받은 교육과 매우 흡사하다.

29
이런 끔찍한 장난과 그 비슷한 즐거움을 누리도록
훈련받으며, 그는 좀더 성숙한 나이에 이르렀고,
거기 사는 동안 그 숲을 지나가는 그 어떤 짐승도
그와 마주쳐 그의 힘을 무서워하지 않는 짐승은
하나도 없었다. 그러고 나자 그의 드높은 용기는
외지에 있는 적들에게 이름을 떨치기를 원했으며
신기한 모험들을 찾아서 머나먼 외국으로 떠났다.

그곳에서도 그의 위세는 한번도 꺾이지 않았고
드높은 그의 명성은 선녀의 나라 전역에 퍼져 나가게 되었다.

30
하지만 그는 훌륭한 예의범절을 갖추게 되었는데,
기나긴 기간 동안 여러 고생과 모험을 거친 후에
영원한 자기 자신의 고향인 숲으로 되돌아가서
자신의 스승인 늙은 아버지를 찾아보려고 하였다.
이제 그는 그런 의도를 가지고 거기에 온 것인데,
우연히도 그는 지극히 아름다운 우나를 보았다.
너무도 생소한 의상을 입고 있는 그 낯선 여인은
자기 주위에 둘러앉은 새터들을 가르치고 있는데,
달콤한 입술에서 진실로 성스러운 이야기가 흘러나오고 있었다.

31
그는 그녀가 가진 탁월한 천상의 지혜에 놀랐는데,
여인에게 그러한 지혜가 있다고는 생각하지 못했다.
또한 그녀의 정중한 행동들을 되새겨 보고 그녀를
존경하기 시작했고, 그녀의 딱한 처지를 슬퍼하고
운명을 원망했다, 너무도 흠이 없고 너무도 진실한
선량한 여인을 그러한 괴로움에 처하게 하거나
잔혹하게 취급하는 것을 즐거워하는 운명에 대해서.
이후로부터 그는 언제나 그녀를 동반하게 되었고
또한 그녀가 가진 믿음과 진리의 원칙과 규율을 배우게 되었다.

32

하나 레드크로스 기사와 이미 혼약을 맺은 그녀는
방황하는 그가 겪을 위험 때문에 남몰래 슬퍼했으며,
지금 새로 알게 된 사람으로 인해 기뻐하지도 않고
고뇌로써 자신의 가슴속 깊이 마음 아파하였고,
머릿속은 온통 어떻게 해야 그곳을 빠져나갈까 하는
은밀한 생각으로 가득했다. 마침내 그녀는 은밀히
새터레인에게 자신의 의도를 밝히고야 말았다.
그는 그러한 신뢰를 기뻐하며, 궁리하기 시작했다,
사려 깊은 처녀와 어떻게 그곳을 가장 잘 떠날 수 있을지를.

33

그리하여 어느 날 늙은 실바누스에게 경배하기
위하여 새터들이 모두들 떠나가고 없을 때에,
뒤에 혼자 남아 있던 그 온순한 처녀를 인도하여
굳세고 과감한 용기를 가지고 그는 길을 떠났다.
새터들이 그 소식을 들었을 때는 이미 늦었고
다시금 그녀를 되찾을 희망을 가질 수도 없었다.
가질 수 없는 것을 위해 그는 헛되이 찾아 헤맸다.
그는 그녀를 데리고 극도로 조심하며 빨리 가서
두 사람은 숲을 빠져나왔고 마침내 평원에 도달하게 되었다.

7 이 행의 원문은 In vaine he seekes that having cannot hold 인데, 주어가 단수인 것으로 미루어 새터레인을 가리키는 것으로 여긴다면 새터레인은 자신의 소유가 될 수 없는 우나를 위해서 헛되게 열심히 길을 찾아 나선다는 의미가 될 것이다. 그러나 만일에 새터를 단수로 취급한 것으로 보고 새터를 주어로 여긴다면, 그들이 이제는 도저히 되찾을 수 없는 우나를 헛되게 찾아 헤맨다는

뜻이 되겠다. 어쩌면 스펜서는 두 가지 경우를 모두 염두에 두고 이 행을 일부러 그렇게 애매하게 만들지 않았나 싶다.

34
이제 그들이 여행을 하면서 한낮의 거의 대부분을
보냈을 무렵에, 멀리서 피곤에 지친 사람 하나가
길옆으로 터벅터벅 걸어오는 것을 보게 되었기에
그들은 급하게 말을 달려 그 자가 있는 쪽으로 갔다,
외지에서 벌어지고 있는 새로운 소식에 대해서나
그녀의 레드크로스 기사가 어찌 되었나 알고 싶어서.
하지만 그는 그들을 보자 옆길로 가기 시작했는데,
어떤 해로움을 당할까 봐 두려움을 느끼는 것 같았다.
소식이 더욱 궁금해진 그들은 재빨리 가로질러서 그에게로 갔다.

35
그는 헤진 평범한 법복 차림의 순박한 사람이었고
멀고 메마른 길 때문에 먼지를 뒤집어쓰고 있었다.
그의 신발은 힘든 여행으로 인해서 다 떨어졌으며
얼굴은 내리쪼이는 햇빛의 열기에 온통 그을려서
마치 그가 아랍과 인도의 타오르는 사막을 지나며
수많은 여름날들을 여행으로 보낸 것처럼 보였다.
손에는 야곱의 지팡이를 지녀서 자신의 지친 몸을
거기에 의지하고 있었다. 그리고 또한 등 뒤에는
걸망을 지고 있어서, 자신의 필수품을 거기에 묶어두었다.

36

기사는 그에게 가까이 다가가면서 그에게 물었다
어떤 전쟁이 일어났는지, 새로운 모험이 있는지.
그러나 전쟁도 새로운 모험도 들은 것이 없었다.
이번에는 우나가 묻기 시작했다, 그가 혹시나
갑옷에 붉은 십자가를 지니고 있는 그녀의 진정한
수호자에 대하여 알고 있거나 들어본 적이 있는지.
"아이구, 아가씨", 그가 말했다, "저도 슬프군요
제가 직접 본 가엾은 광경에 대해서 말씀드리자니 —
이 두 눈은 그 기사분이 살아계신 것과 죽은 것을 다 봤지요."

37

잔혹한 그 말은 그녀의 가냘픈 마음에 찌르르 울려,
갑작스러운 한기가 모든 핏줄을 통해 엄습해 오고
돌처럼 굳은 공포가 그녀의 모든 감각을 마비시켜
죽음 같은 충격에 그녀는 고통을 못 이겨 쓰러졌다.
기사는 그녀를 가볍게 부추겨 다시 일으켜 주었고
또한 정중하게 안심시키는 말을 하여 위로하였다.
죽음에서 깨어나자, 그녀는 상세히 말해달라고 했다,
남모르는 그녀의 슬픔이 그 다음에 어찌 되었는지.
큰 고통을 참아낸 사람은 덜한 고통을 견디어낼 수 있는 법이다.

38

하여 순례자는 이렇게 말했다, "저는 우연히 오늘,
제가 언제까지나 슬퍼하게 될 이 숙명적 날에

제 갈 길로 여행을 하다가 기사 두 분을 보았는데—
끔찍한 광경이었어요—막 결투를 벌이고 있었지요.
둘 다 복수로 씩씩대며, 분노 어린 낯빛을 띠고서.
그들의 싸움에 겁에 질린 제 몸이 벌벌 떨렸는데,
그다지도 탐욕스럽게 피에 흠뻑 젖은 그들의 칼은
피에 취해 있었는데도, 생명에 목말라 하였어요.
더 할 말이 있겠어요? 레드크로스 기사는 이교도의 칼에 숨졌어요."

39
"아, 주님", 그녀가 말했다, "어떻게 그러한 일이
싸움에서 가장 강한 기사이신 분께 있을 수 있나요?"
"아, 아가씨", 그가 말했다, "가능하지 않은 일이면
어떻게 제가 본 그 사건이 일어날 수 있었겠습니까?"
"기사님의 생명과", 새터레인이 말했다, "우리의
기쁨을 탈취해 간 이교도의 후손은 어디 있습니까?"
"멀지 않아요", 그가 말했다, "그 후에 그가 줄곧
샘물 곁에 있는 것을 보고 저는 거기를 떠나왔지요,
병기로 인해 찢겨져 피 흐르는 자신의 상처를 닦고 있었습니다."

40
그 말을 듣고 기사는 다급하게 그리로 달려갔고
한편 우나는 무지막지한 비탄의 무게에 눌려서,
또한 슬픔 때문에 그 즉시 그를 쫓아가지 못했다.
곧 그는 그 장소라고 짐작되는 곳에 이르렀는데,
거기에서 저 교만한 이교도가 휴식하고 있었다,

어느 샘물 곁에 드리워진 은밀한 그늘 속에서.
다름 아닌 처음에 아리따운 우나를 겁탈하려던
바로 그 자였다. 새터레인은 그 자를 보자마자
경멸적 비난의 말로 다짜고짜 그 자에게 모욕을 주었다.

41
그가 말했다, "일어나라, 이 저주받을 이단자 놈아,
기사답지 않은 속임수와 비겁한 계교를 사용해서
정결한 기사도에 더러운 수치를 안겨주고, 선량한
레드크로스 기사를 살해했다는 것을 뽐내고 있다니.
일어나서 어디 이제 그 같은 계략으로 네놈의 악한
죄악을 방어하든지, 아니면 죗값을 치르든지 해라."
사라센 기사는 그 말을 듣고 즉시로 일어났으며
재빠르게 자신의 삼각형 모양의 방패와 번쩍거리는
투구를 찾아들고, 전투의 채비를 갖추고서 들판으로 나왔다.

42
그에게 다가오며 말했다, "아, 후레자식 요정 놈아,
네 적들이 아주 나쁜 때를 골라 너를 이곳에 보내
다른 자의 잘못들을 네가 직접 덮어쓰게 하였구나.
하지만 너는 나를 악독하게 비난하며 나의 이름을
속임수와 반역을 도모하는 자로 거론하고 있구나.
사실 나는 레드크로스 기사를 결코 죽이지 않았다.
하나 그가 애초에 자기 갑옷이 있던 곳에 있었다면
멍청한 마법사는 제 실수를 한탄할 필요가 없었겠지.

과연 그가 실수를 했다는 것을 이제 네가 증명해주기 바란다."

43
그리하여 그들은 격노하며 맹렬한 기세로 덤벼들어
천둥과 같은 타격을 퍼붓고 잔혹하게 공격함으로써
서로 자신의 적을 죽여서 땅에 눕혀 놓으려 하였다.
힘찬 타격은 그들의 방패와 그물갑옷을 뚫고 들어가
연약한 그들의 살에 넓게 벌어진 골 자국을 남겼는데,
누구든지 그걸 보았으면 동정심이 북받쳤을 것이다.
거대한 피의 홍수가 둘의 옆구리에서 흘러내렸지만
피의 홍수 정도로는 그들을 만족시킬 수가 없었다.
둘 다 죽음에 굶주려 있었고, 이기지 못할 바에는 죽기를 원했다.

44
맹렬하게 반격하면서 그들은 오랫동안 싸우는데,
둘 다 숨을 헉헉거리며, 가쁜 숨을 고른 다음에
또다시 새로운 힘으로 다시 전투를 시작하곤 하였다.
서로 지독한 악의를 가진 두 멧돼지가 마주치자
피맺힌 옆구리를 새 피가 나도록 격렬히 물다가,
둘 다 숨이 차서 서로 옆으로 비켜서서 잠시 쉬면서
분노의 거품을 입에 물고 잔혹한 송곳니를 갈며
땅을 마구 쿵쿵 짓밟으며 그동안 숨을 고르다가,
숨을 되찾고 힘을 내서 다시 싸우기 시작하는 것 같았다.

45
이 두 기사는 일단 숨을 돌이키자 그처럼 격렬하게
다시 되돌아가 싸움을 하기 시작했는데, 순식간에
자신들의 완강한 힘과 잔혹한 분노를 더욱 키워서
전보다 더욱 엄청난 힘으로 강타를 계속 퍼부었기에,
선혈이 낭자한 상처와 피로 엉긴 자국으로 인해서
둘 다 모습이 변해 거의 구분할 수 없을 지경이었다.
그 동안, 쓰라린 괴로움에 가득 찬 슬픈 우나는
허공에 울려 퍼지는 그들의 싸우는 소리에 이끌려서
도착했다, 그들이 결실도 없는 피를 땅에 흩뿌리고 있는 그곳에.

46
저 교만한 사라센 사람은 그녀가 눈에 뜨이자
즉시로 되살려내기 시작하였다, 자신의 상스러운
색욕과 최근에 감행하려 했던 죄악에 대한 기억을.
그리고는 결과를 모를 전투에서 화급하게 벗어나
다시 제 눈에 뜨이게 된 그녀를 붙잡으려 하였다.
하나 새터레인은 맹타를 가해 그를 돌아서게 하고
엄중하게 강요하여 그가 다른 데에 정신을 빼앗겨
순결하고 흠 없는 처녀의 발걸음을 못 따라가게 했다.
그 때문에 그는 몹시 화가 나서 이런 씁쓸한 말을 뱉어냈다:

47
"오, 멍청한 선녀의 자손아, 대체 어떤 미친 분노를
불러일으켜 네 가엾은 운명을 재촉하고 있는 것이냐?

이 몸이 저 여자를 차지하는 것이 더 낫지 아니하냐,
네가 이미 너무 늦었을 때 후회를 하게 되는 것보다?
가장 지각없는 사람은 다른 사람을 사랑하기 위해서
자신을 미워하는 사람이니라. 보라, 내 널 도와주마,
네가 사랑하는 사람의 표식을 이렇게 머리에 붙여라."
그렇게 그들은 또 싸웠다; 그 동안에 왕족의 처녀는
멀리 도망쳤다, 그 교만한 이교도를 지독히도 무서워하여.

48

그러나 바로 그러한 거짓말을 했던 가짜 순례자는
실제로는 늙은 아키마고였는데, 이 모든 일들을
구경하기 위해 아무도 모르는 그늘에 숨어 있었고
피비린내 나는 그들의 격투를 보고 매우 기뻐했다.
그러다가 그 처녀가 멀리로 도망쳐 가는 것을 보자
제가 숨어 있던 곳에서 나와 잽싸게 그녀를 쫓아갔다,
최후의 파멸로 그녀를 이끌어가려는 희망을 가지고.
하나 그녀의 애처로운 처지와, 이 전투의 결말을
이야기하기 위해서는 또 다른 지면이 필요하게 될 것이다.

9 새터레인 기사는 후에 《선녀여왕》의 제 3권, "브리토마트의 전설"(*The Legend of Britomart*)에 다시 등장하지만, 이 결투의 결과가 어찌되었는지는 아무 데도 언급되어 있지 않다. 도망치는 우나의 이야기는 다음 칸토 7의 20연에 이어진다.

제 7 칸토

레드크로스 기사는 사로잡힌다,
거만한 거인에게 제압당하여.
그 소식에 크게 절망하고 있는
우나를 아서 왕자가 만난다.

1
어느 누가 현명하며 어떤 세상 지혜가 신중해서
교묘하고 능숙한 유혹을 알아챌 수 있을 것인가?
속임수는 그런 계교로 어여쁜 모습을 지어내고
연지색으로 깊이 물들인 색깔로 얼굴을 뒤덮어서
진리처럼 보이게 했는데, 모방이 그럴듯했으며
자신의 목적에 합당하도록 적절한 몸짓도 꾸몄다,
거짓 술수를 가지고 순진한 사나이를 맞이하려고.
그러한 기교의 대단한 권위자는 바로 거짓된 여인,
피뎃사라는 이름으로 위장하고 있는 사악한 두엣사인 것이다.

3~5 속임수(*deceipt*)와 진리(*Truth*): 속임수는 자신의 모습을 바꾸어 우나와 같은 아름다운 모습을 하고 있는 두엣사를 가리키며, 진리는 물론 우나 자신을 가리킨다.

2
음침한 나이트로부터 떠나 다시 되돌아온 그녀는
자신이 거기 두고 떠났던 고귀한 레드크로스 기사를,

그녀가 노리던 사냥감을, 위험한 교만의 집에서
발견할 수 없게 되자, 더 이상 거기 머무르지 않고
널리 두루 그를 찾기 위하여 곧바로 그곳을 떠났다.
오래지 않아서 그녀는 발견했다, 어느 샘물 곁에서
그가 피곤에 지쳐서 앉아 휴식을 취하고 있는 것을,
겉이 쇠로 씌워져 있는 갑옷을 모두 벗어젖힌 채로.
또한 그의 곁에는 그의 말이 풍성히 우거진 꼴을 뜯고 있었다.

3

그는 시원한 그늘에서 양분을 공급받고 있었으며
땀에 젖은 이마를 바람의 숨결에 적시고 있었다.
바람은 떨리는 나뭇잎 사이로 아주 부드럽게 불고
거기에서 여러 가지 다양한 종류의 명랑한 새들이
달콤한 음악을 노래하여 그의 마음을 기쁘게 했다.
마녀는 그에게 다가가서 다정하게 인사를 한 다음
그의 무심함과 불친절함에 대하여 따지고 비난했다,
자기를 그렇게 불편한 곳에 두고 간 것에 대해서,
달콤한 꿀을 바른 신 쓸개즙처럼, 예쁜 말로 덮인 더러운 말로.

4

불편함이 가시자, 그들은 서로 위로하기 시작했고
기쁨이 넘치는 그늘에서 쾌락으로 목욕을 했는데,
그곳은 찌는 듯한 열기로부터 그들을 막아주었으며
초록색 나뭇가지들로 어두운 빈터를 장식해 주었다,
샘물 주변을, 마치 꽃다발을 만들어 두른 것처럼.

그곳에서는 항상 신선한 샘물이 방울방울 솟아 나와
찌는 듯한 여름날 내내 한번도 마르는 법이 없었다.
한때 그곳에 살고 있었던 성스러운 수호 정령이
다이애나의 미움을 받았기 때문에 그렇게 되었던 것이다.

5
그 이유는 이러하였다: 하루는 아름다운 피비가
자기 추종자들을 모두 거느리고 사냥을 나갔는데,
이 정령은 찌는 듯한 대기의 열기에 매우 피곤하여
경주가 아직 한창인데도 주저앉아서 쉬려고 하였다.
화가 난 여신은 그녀를 심하게 꾸짖기 시작하면서,
그녀에게서부터 흘러나오고 있던 물에게 이르기를
그때에 거기 있는 그녀처럼 무기력하게 되라고 했다.
그때로부터 그 물은 굳어져 서서히 흐르게 되었고
거기서 마시는 자는 모두 어지러워지고 허약해지게 되었다.

1 피비(phoebe) : 달의 여신으로서의 다이애나를 가리키는데, 태양의 신인 피버스(Phoebus)에 대한 여성형으로 쓰였다.

6
여기 있는 이 고귀한 기사는 그러한 것도 모르고
모래처럼 부드러운 자갈 위에 펴져 누워 있었다,
마치 수정 유리처럼 맑은 그 샘물에 흠뻑 취해서.
곧 그의 사나이다운 힘은 나약해지기 시작하였고
막강한 위력은 부서질 듯한 허약함으로 바뀌었다.
처음엔 그도 힘이 약해지는 것을 느끼지 못했는데,

마침내 얼어붙는 듯한 차가움이 온몸을 엄습했고
활력 있는 혈기가 녹아져서 힘없는 차가움이 되어
마치 열병의 발작처럼 그의 몸 전체를 휩쓸어 버리게 되었다.

7
하지만 그는 여전히 자기 여인에게 극진히 대하며
풀이 무성한 땅에 나른하게 풀어져서 누워 있었다,
자신의 안위와 명예에 둘 다에 대해서 무심한 채.
그런데 마침내 그는 무시무시한 소리를 들었는데,
숲 속에서 나오는 커다란 울부짖음은, 다시 울려서,
땅 전체가 공포로 인하여 뒤흔들리는 것 같았으며
나무들도 떨었다. 선녀의 기사는 그 소리에 놀라서
그를 방종케 했던 동반자에게서 떠나 가볍게 일어나
준비도 갖추어지지 않은 자신의 무기들을 손에 쥐기 시작했다.

8
그렇지만 그가 자신의 갑옷을 채 다 입기도 전에,
또 방패를 집어들기도 전에, 괴물 같은 그의 적은
힘찬 걸음걸이로 쾅쾅 걸어와 시야에 들어왔는데,
흉측하고 기골이 장대한 무섭게 생긴 거인으로서
자신의 큰 키를 가지고 하늘을 위협하는 듯했으며
땅도 또한 두려워하며 그의 발아래서 신음하였다.
살아 있는 사람은 아무도 그런 자를 본 적이 없었고
감히 쳐다보려고 하지도 않았다. 그의 체구는 모든
인간의 후예 중에서 가장 키가 큰 자보다도 세 배나 더 컸다.

9

기괴한 그의 어미는 바로 가장 위대한 어스였고
몰아치는 에얼러스가 그의 거만한 아비였는데,
그는 온 세상을 마음대로 나다니는 자신의 숨결을
아무도 모르게 그녀의 속이 텅 빈 자궁에 불어넣고
숨겨둔 그녀의 동굴들을 폭풍으로 가득 채워 넣어서,
그녀가 임신을 하게 하였다. 그리고 여인의 자궁이
출산을 하게 되는 만기일의 세 배가 지난 다음에야
이 괴물 같은 진흙 덩어리의 물체를 내놓게 되었다,
공허한 바람으로 잔뜩 부풀려지고 사악한 죄악으로 가득 찬.

2 어스(Earth)와 에얼러스(Aeolus): 대지와 바람. 전통적으로 대지는 여성으로 바람은 남성으로 표현되는데 여기서도 예외는 아니다.

10

그리하여 제가 고귀한 혈통을 가지고 태어났다는
거만한 충족감과, 상대할 자 없다는 자기의 힘에
대한 자만심을 통해서 거대하게 자라게 된 그는
다른 위력이나 기사도 따위를 마음껏 경멸하였다.
지금 그러한 그가 홀로 남겨져 멸망할 운명에 처한
이 사나이에게 걸어 왔다. 그의 발걸음이 멈춘 곳은
옹이가 많은 상수리나무 앞이었는데, 그 나무를
자기 어미의 배에서부터 잡아 뜯어내어, 그것으로
자신의 치명적 철퇴를 삼아서 상대방을 경악케 하였다.

11

기사를 발견하자 그는 앞으로 내닫기 시작하였고
막대한 힘과 아무도 어쩔 수 없는 괴력을 가지고
끔찍한 격분을 발하면서 그를 향하여 달려들었다.
하지만 아무런 힘도 없고, 희망도 없었던 기사는
처절한 전투를 치르기 위해 헛된 걸음을 떼었으나,
무장도 은총도 없이 정신적으로도 풀어져 있었고
또한 나약함의 샘물이 그를 허약하게 만들었기에,
온몸의 관절과 핏줄이 힘을 잃어 너무 약해져서
그는 별 소용없는 자신의 칼 한 자루도 치켜들 수가 없었다.

12

거인은 너무도 강력하고 무자비하게 타격을 가해
돌로 만든 성벽조차 무너뜨릴 수 있을 것 같았는데,
기사를 축복해 주고 있는 천상의 은총이 없었더라면
한 떨기 꽃처럼 연약한 그는 으스러져 버렸을 것이다.
하지만 그는 치명적 위험이 있다는 것을 알아채고
가볍게 몸을 날려 타격의 사정 범위 밖으로 비켜났다.
그런데도 그 악당의 위력은 너무나 엄청났기 때문에
내리치는 서슬만으로 기사를 나동그라지게 하였고
모든 지각을 잃은 채, 그는 그대로 치욕스럽게 쓰러져 버렸다.

13

마치 저 악마 같은 강철로 만든 대포가 아주 깊은
지옥에서 주조되고 악귀들의 기술로 조립되어

바람 같은 화약과 폭발적 유황으로 채워져서
죽이는 역할을 담당할 둥그런 포탄이 재워진 후,
불이 붙여지게 되면, 마치 천둥과도 같은 소음이
하늘을 가득 메우고, 모든 대기를 숨 막히게 하여
아무도 멋대로 숨 쉬거나 보거나 듣지 못하게 하고,
고약한 냄새가 나는 먼지 같은 탁한 연기 때문에,
폭발하는 것만으로도 타격을 피한 자들까지 기절하게 하듯이.

14
거인은 기사가 그와 같이 기절해 있는 것을 보고서
아예 그를 내리쳐서 가루로 만들어 버릴 심산으로
자신의 육중한 손을 허공으로 높이 치켜들었는데,
마침 그때 두엣사가 그에게 커다랗게 소리쳤다.
"오, 위대한 오르고글리오님, 천하에 제일이시니,
오, 여인들을 위해 치명적 손길을 멈추어 주세요.
저를 위해서 손을 거두시어, 그를 죽이지 마시고
패배시켜 영구히 그대에게 소속된 노예로 만드시고
응당 그대의 전리품인 저를 그대의 연인으로 삼아주세요."

5 오르고글리오(Orgoglio) : 이탈리아어로 "자만심"이라는 뜻. 이 자만심이 대지와 바람의 자식이라는 가정은 "인간의 자만심"이 세속적이며 비기독교적이라는 의미를 내포하고 있다.

15
그가 알아듣고, 더 이상 해를 가하지 않고 멈췄다,
그녀가 말했듯이 그렇게 좋은 보상을 얻게 되어서.

그렇게 해서 그녀는 기꺼이 그의 품에 안겼으며
마치 호의를 베푸는 듯이 그는 그녀를 받아들였고
자신이 새로 찾은 배우자로서 그녀를 점유하였다.
또한 그는 축 늘어져 감각이 없는 기사를 들쳐 메고
기사가 자신의 기절상태에서 미처 깨나기도 전에
성급한 기세로 자신의 성으로 그를 데리고 가서는
아무런 망설임도 없이 깊은 지하 감방에 그를 던져 버렸다.

16
그때 이후로부터 두엣사는 그의 연인이 되었고
그의 허황된 눈에 대단한 영예로 비쳤기 때문에,
그는 그녀가 입도록 황금과 자주색의 옷을 주었고
그녀의 머리 위에 드높이 삼층의 왕관을 씌웠으며
왕족이 누리는 모든 장엄함을 그녀에게 부여했다.
또한 사람들이 그녀를 더욱 두렵게 여기도록 하고
사람들의 마음을 무서운 공포로 잡아두기 위하여
한 괴물 같은 짐승을 지저분한 우리에서 키우기로
작정했는데, 그 짐승을 오랫동안 어두운 동굴에 두게 되었다.

17
그 짐승의 모습은, 저 유명했던 뱀과 유사했는데,
위대한 알시데스가 스트레모나에서 쳐죽였던
그 뱀은 레나 호수의 오물에서 오랫동안 자랐고
수많은 머리들이 언제나 새롭게 불거져 나왔기에
다 죽이기 위해 그는 끝없는 노동을 해야만 했었다.

하지만 바로 이 괴물은 그보다 훨씬 더 흉측했다.
일곱 개의 거대한 머리가 그의 몸에서 자라나왔고
쇠로 된 가슴에, 거칠거칠한 청동으로 덮인 등에,
온몸이 피로 더럽혀져 있었으며, 두 눈은 접시처럼 번쩍였다.

1~3 뱀(*Snake*), 알시데스(Alcides), 스트레모나(Stremona), 레나 호수(Lerna lake) : 알시데스는 허큘리스(Hercules)의 다른 이름이며, 그는 스트레모나에 있는 레나 호수에서 사는 머리가 아홉 개인 괴물 히드라(Hydra)를 죽였다. 머리가 일곱 개인 괴물은 계시록에 나타나는 붉은 용을 암시하고 있는데, 스펜서가 그리스신화의 괴물과 성서적 괴물을 합성한 것으로 추정된다.

18
그 짐승의 꼬리는 놀랍도록 길쭉하게 뻗쳐 있어서
하늘나라의 신들이 거주하고 있는 집까지 닿았다.
또한 그는 도둑질해 온 위력과 빌려온 힘을 가지고
언제나 불타고 있는 등불들을 하늘에서 가져다가
아무것도 아니라는 듯이 교만스레 땅에 내던졌다.
그리고 자신의 더러운 발 아래에 밟고 있었던 것은
성스런 물건들과 거룩한 과거의 가르침들이었다.
거인은 머리가 일곱 개 달린 이 끔찍한 짐승 위에
사악한 두엣사를 앉혀서, 더욱 누렵고 무시무시하게 했다.

19
풀을 뜯고 있던 주인의 말을 지키고 있던 중에
자기 주인이 쓰러지는 것과 그 용감무쌍한 기사가
포로로 사로잡히는 것을 본 가엾은 난쟁이는
모든 것이 끝나자 버려진 주인의 장비들을 집었다—

가장 필요할 때 입지 못한 기사의 막강한 갑옷과,
이젠 주인도 없이 뒹굴고 있는 그의 은빛 방패와,
많은 사람들의 피를 흘렸던 그의 날카로운 창을—
그것들은 시련을 상기시키는 구슬픈 표지들이었다;
난쟁이는 그 모두를 들고 엄청난 위난을 호소하려고 떠났다.

20
얼마 가지 않아서 그는 길에서 마주치게 되었다,
슬픔이 가득한 제 주인의 여인을. 슬픈 우나는
저 이교도의 탐욕스런 손길에서 달아나고 있었다,
새터레인이 그 자를 뒤쫓지 못하게 하는 사이에.
그녀가 일단 난쟁이에게 시선을 고정시키고서
죽음의 소식을 전하고 있는 표지들을 보게 되자
슬픈 회한이 가슴에 맺혀 그녀는 땅에 쓰러졌고
생기 있는 호흡이 그녀의 슬픈 가슴에서 떠나갔다.
그러나 가엾은 그녀의 가슴은 떨며 헐떡이는 것이 보였다.

21
그토록 불행한 소식을 전하게 된 전령은 차라리
죽고 싶었다. 죽음이 마음속에 머물러 있었으나
아무런 위안도 밖에서 찾을 수가 없었던 것이다.
마침내 마음을 돌이켜 잡은 그가 그녀의 양미간을
문지르고, 턱을 비벼서 따뜻하게 하기 시작했고
온몸의 근육을 주무르며 두드리기 시작하였다.
열심히 노력한 끝에 그는 떠난 생명을 설득하여

다시 원래 그녀의 육신으로 되돌아오도록 하였다.
그러자 애통하는 그녀의 영혼은 이렇게 슬퍼하며 흐느꼈다.

22
"그대, 슬픈 광경을 보고야마는 불쌍한 두 눈이여,
이제 이렇게 죽음과도 같은 장면을 보게 되었구나.
어찌하여 너희는 아직까지도 무가치한 빛을 탐하고
세속적인 모습들을 바라보는 것에서 기쁨을 찾느냐?
잔혹한 운명들이 풀어내고 있는 저 고통의 실에는
나의 인생과 사랑이 다함께 묶여 있는데도 말이다.
이제는 무감각하고 싸늘한 돌화살을 내게 쏘아서
내 심장을 꿰뚫고 나서 사방으로 퍼져 나가게 하여
영원한 밤이 되어 이처럼 슬픈 광경을 내게서 감추어다오.

23
"아, 빛나는 낮, 지극히 고귀한 조브의 등불아,
처음에 그가 어둠을 깊은 지하 동굴에 몰아넣고
방황하는 사람들의 길을 안내하려고 만들었으나,
이제부터는 그대의 미운 얼굴을 영원히 가려다오.
또한 드넓게 빛나는 하늘의 창문들을 닫아 버려라.
세상에 보이는 것은 오로지 슬픔과 때늦은 후회뿐,
또한 그것들은 앞으로도 오랫동안 지속될 것이다.
내 두 눈은 더 이상 헛된 것으로 배를 채우지 않고
죽음으로 봉해져서, 응당 죽음의 잔을 보상으로 받으리라."

24

그리고 나서 그녀는 또다시 땅바닥에 쓰러져 버렸다.
그렇지만 난쟁이가 재빨리 그녀를 다시 일으켰다.
세 번이나 그녀는 치명적 기절로 인해 쓰러졌고
세 번이나 그는 열심히 애를 써서 그녀를 살려냈다.
마침내 삶이 다시 주도권을 되찾아 거머쥐고서
강력한 그의 원수를 넘어뜨려 이기게 되었을 때
온몸을 떨면서 더듬거리는 말투로 그녀가 말했다,
"계속해서 말해 주어요, 그 끔찍한 비극에 대해서,
여기 있는 슬픈 유물들이 내 눈앞에 전시해주고 있듯이.

25

"태풍과도 같은 운명은 그 원한을 다 쏟아 부었고
떨려오는 슬픔은 예리한 화살을 벌써 다 쏘았어요.
슬픈 그대의 말이 내가 지금 느끼고 있고 이 가슴에
지니고 있는 것보다 더 이상 슬프게 만들 수는 없어요.
전체를 견디어낸 사람은 일부분도 견딜 수 있지요.
만일 죽음일지라도, 그것이 피나는 아픔을 가지고
내 가슴에 밀어닥친 가장 최초의 상처는 아닙니다.
시작하세요, 하여 이 괴롭고 슬픈 고통을 끝내주세요.
내가 두려워하는 것보다 덜하다면, 오히려 내겐 은혜입니다."

26

난쟁이는 모든 경과를 다 이야기하기 시작했다.
늙은 아키마고의 여러 가지 기묘한 수법들과

무지막지한 이교도를 쳐부수고 흘린 피값으로 산
아름답지만 사악한 피뎃사의 허황된 사랑들과
나무의 형체로 변화해버린 가엾은 한 쌍의 남녀와
교만의 집에 대하여, 또 그 주변에 있는 위험들과,
그가 산스조이와 서로 맞붙어 겨루었던 전투와
막강한 거인과 더불어 싸웠던 불운했던 싸움에서
사로잡혀, 그가 살지 죽을지 모르는 지경에 있다는 것을.

27
그녀는 인내심을 가지고 모든 말을 끝까지 들었고
북받치는 슬픔을 억제 해보려고 무척 애를 썼으나
슬픔은 그녀가 도저히 감당할 수 없도록 커져 버려
부드러운 그녀의 가슴을 거의 두 갈래로 찢어 놓았다.
새로운 사랑의 석탄이 그녀의 불길 위에 놓여졌다.
사랑이 크면 클수록 손실도 더욱 커지기 때문이다.
그 어떤 여인도 그녀가 레드크로스 기사를 사랑했던
것보다 더 사랑한 적은 일찍이 단 하루도 없었으니,
그 사랑을 위하여 그녀는 너무나 많은 고통을 겪었기 때문이다.

28
마침내 북받쳐 오르는 슬픔이 조금 가라앉게 되자,
그녀는 일어나서, 살았거나 죽었거나 간에 그를
찾아보기로 결심하고, 앞을 향해 나아가 어디든지
난쟁이가 그녀에게 길을 안내하는 대로 따라갔다.
가면서 내내 끊임없이 고통스런 마음에 잠겨 그녀는

새롭게 솟아오르는 슬픔으로 자신의 상처를 감쌌다.
오랫동안 폭풍에 휩쓸리고 매서운 바람을 맞아 가며
높은 언덕들을 넘어가고 깊은 골짜기로 내려가면서
그녀는 많은 숲을 방황했고 많은 골짜기를 헤매고 다녔다.

29
마침내 어떤 행운으로 인해 그녀는 만나게 되었다,
한 선한 기사를. 그는 마침 자신의 시종과 함께
지나가던 중이었는데, 훌륭한 복장을 하고 있었다.
번쩍거리는 그의 갑옷은 멀리까지 그 빛을 발하여
마치 피버스의 눈부신 광채가 비치는 것 같았다.
머리끝에서 발끝까지 그 어디에도 맨살이 드러나
치명적 무기의 타격이 위협할만한 데가 없었다.
가슴에 비스듬히 멋있는 벨트를 착용하고 있었는데,
매우 귀한 보석들로 장식되어 빛나는 별처럼 반짝이고 있었다.

30
그리고 그 한가운데에는 엄청난 가치가 있으며
또한 놀라운 위력을 지닌 보석이 하나 있었는데,
여인의 머리 모양으로 생겼으며 굉장히 빛나서
덜 빛나는 별들 사이에 놓여진 헤스페러스처럼
보는 사람들이 놀라서 감당하기 벅차게 하였다.
그 곁에는 죽음의 칼이 차분하게 걸려 있었는데,
오묘하고 섬세하게 조각된 상아 칼집에 꽂혀 있고,
자루는 광택을 입힌 금이었으며, 강한 손잡이에는

큰 진주가 달려 있었고, 황금의 핀으로 고정되어 있었다.

4 헤스페러스(Hesperus): 금성, 즉 비너스(Venus)를 가리키는데, 아서에게 있어 사랑의 힘이 얼마나 큰 자리를 차지하고 있는지 나타내주기 위한 것이다.

31
황금의 갈기가 곤두서 있는 드높은 그의 투구는
영예로운 밝음과 막강한 공포를 둘 다 과시했다.
왜냐하면 용 한 마리가 투구 전체를 덮고 있는데,
탐욕스런 앞발을 움켜쥐고 자신의 황금빛 날개를
펼치고 있었기에. 그 무시무시하고 흉측한 머리는
투구의 앞가리개를 점령하고, 마치 붉게 타오르는
밝은 광채를 불타는 입에서 뿜어내는 것 같아서
마음이 여린 자들에세 급박한 두려움을 안겨주었다.
또한 비늘 돋친 꼬리는 기사의 등에까지 낮게 드리워 있었다.

32
드높게 솟아올라 있는 그의 투구장식 꼭대기에는
여러 가지 다양한 색상으로 물들여진 깃털장식이
흩뿌려진 진주와 황금으로 매우 값지게 장식되어,
흔들거리며, 즐거움에 겨워 춤추는 듯 하는 모양이
마치 푸른 셀리니스 지방 가장 높은 곳에 오로지
홀로 서 있는 아몬드나무 위에 높이 달려 있으며,
화려하고 멋진 꽃들로 우아하고 섬세하게 꾸며져
그 부드러운 머릿결들이 온통 떨고 있는 것 같았다,
하늘 아래 모든 작은 숨결들이 하나하나 불어올 때마다.

5 셀리니스(Selinis) 지방: 버질(Virgil)의 작품에서 승리자에게 부여하는 종려나무가 자라는 지역의 이름.

33

그의 전투적 방패는 치밀하게 덮여 있었는데,
살아 있는 사람의 눈으로는 그것을 볼 수가 없었다.
견고한 청동이라든가 철로 만들어진 것이 아니고—
땅에서 나온 그러한 금속들은 곧 녹슬게 마련이다—
모두 완벽하고, 순수하고 깨끗한 다이아몬드로만
이루어져 있었으며, 전체가 하나의 덩어리였는데,
영원의 바위에서 날카로운 무기로 잘라낸 것이어서
창끝을 가지고는 절대로 그것을 꿰뚫을 수 없으며
무서운 칼의 타격도 그것을 결코 둘로 갈라놓을 수 없었다.

34

그는 그 방패를 사람에게 드러내 보이지 않았다.
다만 그가 거대한 괴물들을 물리쳐야 할 때나
너무 많은 수의 적의 무리를 상대해야 할 때,
하늘을 나는 것들을 놀라게 할 때를 제외하고는.
방패의 번쩍이는 광채는 너무도 찬란하게 빛나서
피버스의 황금빛 얼굴을 어둡게 만들 정도였다,
흡사 구름이 그의 광채를 뒤덮고 있는 경우처럼.
또 은빛 신시아를 창백하고 어지럽게 만들었다,
흡사 마법의 주문으로 그녀의 얼굴에 흠이 생겼을 때처럼.

8 신시아(Cynthia): 달의 여신 다이애나를 가리키는 로마식 별명.

35

어떠한 마법도 그 앞에서는 아무런 힘을 못 썼으며
막된 술사들이 외우는 어떤 더러운 말도 소용없고
눈에 보이는 모습과 실상이 다른 존재들은 모두가
그 방패 앞에서 사그라지고 갑자기 무너지게 된다.
또 악한들이 무리를 지어 갑자기 그에게 덤빌 때,
그는 그 방패로 그들을 변화시킬 수 있었다, 돌로,
또한 돌에서 흙으로, 흙에서 아무것도 아닌 것으로.
그리고 아주 거만한 자들이 깔보고 그에게 덤비면
그는 그들을 눈뜬장님으로, 또는 다른 형체로 만들어 버렸다.

36

이런 것들을 너무 믿기 어려운 일로 여기지 말라.
왜냐하면 그것을 만든 이는 그보다 훨씬 더 놀라운
일들을 시행했던 것으로 아주 잘 알려져 있었다.
바로 멀린인데, 일찍이 그는 마술적 주문의
힘에 있어서 살아 있는 모든 자의 능력을 넘어섰다.
방패와 칼과 갑옷, 모두를 그가 만들었던 것이다,
젊은 왕자가 무기를 잡을 나이가 되자, 그를 위해.
그렇지만 멀린이 죽었을 때, 선녀여왕은 그것을
선녀의 나라로 가져왔고, 거기서 그것을 찾으면 볼 수 있었다.

4 멀린(Merlin): 아서를 키우고 영국의 왕으로 만든 전설적 마법사.

37
점잖은 젊은이는, 그가 아끼고 사랑했던 시종이며
검은 흑단으로 만든 창을 등에 걸머지고 있었는데,
그 창의 예리한 머리는 세 번씩이나 불에 연단되어
각이 진 뾰족한 끝으로 수많은 가슴을 꿰뚫어 왔다.
착한 사람이었으며, 또한 대단히 잘 다룰 수 있었다,
사슬에 매인 둥근 재갈을 찬 기사의 고집 센 말을.
그런데 그 말은 땅을 쿵쿵 울리며 바람처럼 달렸다,
누구든 자기의 등에 앉아 있는 것이 불쾌하다는 듯이.
또한 그 말은 쇠로 된 재갈의 끝을 거품이 일도록 씹어댔다.

38
이 기사는 그 여인에게로 가까이 다가가게 되자
예의를 갖추어서 정다운 인사를 그녀에게 바쳤다.
하지만 그녀의 찌푸린 응답을 받고, 그는 알았다,
어떤 은밀한 슬픔이 그녀의 가슴을 사로잡은 것을.
몰아치는 그녀의 고통을 덜어주고 진정시키려고
그는 현명하게 다정다감한 말을 하기 시작했으며
적절한 주제를 만들어내고 그녀의 기분에 맞추어
왜 그렇게 슬퍼하는지 이유를 알아내려고 애썼다.
거기에 마음이 움직인 그녀는 이런 애처로운 말을 시작했다:

39
"세상의 어떤 기쁨이나 사람의 말이 주는 즐거움이
슬픔의 바다에 매우 깊이 빠져 있고 너무도 엄청난

불행에 뒤덮여 있는 마음에 다가올 수 있겠습니까?
얼어붙을 듯한 싸늘함이 스멀스멀 닥치기 시작하고
날카로운 그의 쇠 화살이 저의 심장을 찌른답니다,
저의 쓰라린 괴로움에 대하여 생각을 하기만 해도.
그렇게 어찌할 수 없는 괴로움은 감추어두는 것이
소용도 없이 마구 파헤치는 것보다 더 좋을 겁니다.
제게 남은 위안이란 제 불행을 흐느껴 우는 것뿐이랍니다."

40
"아, 다정한 여인이여", 그 고귀한 기사가 말했다,
"그대의 슬픔이 몹시 크다는 것은 나도 잘 알겠소.
엄청나게 큰 슬픔이 벌써 내 영혼에 울리고 있다오,
내가 이렇게 슬픔에 대한 그대의 말을 듣는 동안에.
그렇지만 슬픔에 빠진 여인이여, 부디 나로 하여금
그대 가슴에 있는 괴로움을 벗길 수 있게 해주시오.
불행한 일들은 사려 깊은 충고에 의해서 정복되며
상담으로 인하여 가장 커다란 괴로움도 완화된다오.
자기 상처를 내보이지 않는 사람은 도움을 찾지 못합니다."

41
"하나", 그녀가 말했다, "큰 슬픔은 말하지 못해요,
또한 생각하기는 말하는 것보다 훨씬 더 쉽답니다."
"맞습니다", 그가 말했다, "하지만 해 보지도 않으면
아무것도 못하게 되오. 의지가 있으면 능력도 생긴다오."
"슬픔은", 그녀가 말했다, "과시할 때 더욱 커지며

그랬다가 아무 도움도 받지 못하면, 절망을 낳습니다."
"절망은 없다오", 그가 말했다, "믿음이 굳건하다면."
"어떤 믿음도" 그녀가 말했다, "육신을 고칠 순 없어요."
"육신은 상해도", 그가 말했다, "이성은 다시 복구할 수 있소."

42

사리에 합당한 그의 이성과 사려 깊고 정당한 말은
고상한 그녀의 생각 안에 너무도 깊이 침투하여
그녀를 설득하여, 사랑과 운명이 그녀의 가슴속에
새기어 놓았던 바로 그 상처를 내보이도록 하였다.
그녀는 말했다: "선하신 분, 바라건대 어떤 행운이
기사님을 모셔와 제 슬픔의 비밀들을 묻게 했으며
기사님의 현명함으로 제 생각을 인도하여 주시고
기사님의 용맹함이 제게 구원을 주시기를 원합니다.
그러면 제가 간단히 말씀드리는 슬픈 이야기를 들어보십시오.

43

"버림받은 이 여자는, 기사님의 눈으로 보신대로
운명의 조롱을 받는 웃음거리의 본보기가 됐지만,
어느 제왕과 왕비의 슬하에 태어난 외동딸입니다.
사랑하는 부모님께서는, 정당한 운명이 제자리를
지키면서 순행하고 그분들이 받은 축복에 대하여
하늘이 호의를 가지고 시기하지 않는 동안까지는,
자신들의 통치 지역이 온 땅에 이르도록 뻗쳐서
피손강과 유프라테스강이 그 곁으로 흐르고

게혼강의 황금빛 물결이 항시 밀려오는 데까지 이르렀지요.

8~9 피손(Phison), 유프라테스(Euphrates), 게혼(Gehon): 《구약성서》의 "창세기"에 의하면 모두가 에덴동산에 있는 강 이름이다. 에덴을 흐르는 강은 네 줄기라고 하는데, 위의 셋을 제외한 나머지 한 강의 이름은 티그리스(Tigris)이다.

44

"그런데 그분들에게 잔인하고 저주스러운 원수인
끔찍한 모습을 하고 있는 무척이나 거대한 용이
더럽고 지긋지긋한 타타리 호수에서 자랐는데,
살인적 파괴력과 마구 삼켜대는 위력을 가지고
왕국을 망치고 그 나라를 아주 황폐케 하였어요.
그 놈의 입 속에 빠질까 봐 두려워하는 부모님을
강요하여 튼튼한 성안으로 피신하도록 하였지요.
거기 굳건하게 닫혀 있는 거대한 놋쇠 담장 안에,
그분들을 벌써 사 년째 가두고 있어요, 노예로 삼기 위해.

3 타타리(Tartary) 호수: 지하세계에 있는 지옥의 호수로서, 신들에게 죄를 지은 사람들이 죽어서 가게 되는 곳으로 알려져 있다.

45

"모험심이 많고 강건한 대단히 많은 기사님들께서
그 괴물을 무찌르기 위해 각고의 노력을 했습니다.
하늘이 닿는 끝에 이르기까지 모든 해안에서부터
고귀한 무사들이 무리를 지어 그곳으로 왔습니다,
이름을 날리게 될 그 어려운 과업들을 성취하려고.

하지만 아직 아무도 성취의 꽃다발을 얻지 못하고
다들 용기를 잃었으며 그놈은 더욱 위세를 떨쳤지요.
모두가 믿음이 부족했거나 죄악에 물들어 있어서
가엾게도 그놈의 격렬한 잔인함의 희생물이 되고 말았습니다.

46

"마침내 멀리서 들려오는 칭송의 소문에 의하면
날아오르는 듯한 명성이 온 세상에 널리 퍼져 있는
용맹스런 기사들을 선녀의 나라에서 키워냈다 하여—
처녀 지도자라고 불리는 저 고귀하신 분께서요—
저는 서둘러서 글로리안의 궁전으로 달려갔지요.
빛나는 영광의 위대하신 글로리안 여왕이 계셨고
왕국의 중심은 클레오폴리스라고 하는 곳이었는데,
거기서 참으로 꿋꿋하신 어떤 기사님을 구해서
사랑하는 부모님을 저 압제자의 위세에서 해방시키려 했습니다.

7 클레오폴리스(Cleopolis): 그리스어인 kleos(유명함)와 polis(도시)의 합성어로서, 선녀나라의 수도인데, 영국의 수도인 런던을 암시하고 있다. 글로리안은 물론 선녀여왕 글로리아나를 가리키는데, 처녀의 몸이었던 영국의 엘리자베스 여왕을 강하게 암시해준다.

47

"다행스럽게도 저는—저는 대단히 운이 좋았어요—
거기서 전투경력이 없는 젊은 기사님을 찾았는데,
그분의 사나이다운 손은 아직까지 한번도 죄악에
물든 피를 묻혀본 적이 없었고, 자신의 무력으로

불경스런 자들을 땅에 쓰러뜨린 적이 없었습니다.
하지만 그분은 그때 이래로 많은 끔찍한 싸움에서
(제가 그 증인이지만) 자신의 용맹성을 입증했어요.
패배를 당한 수많은 자들의 투덜거리는 유령들이
복수에 불타는 그분의 칼이 가하는 맹렬한 타격을 느꼈답니다.

48
"그런데 너희들, 내팽개쳐진 그분의 위력의 잔재들 —
에이도록 날카로운 그분의 칼과 집어삼킬 듯한 창아,
너희는 무시무시한 접전을 수없이 견디어 왔으니 —
말할 수 있겠지, 처음 너희를 지니고 잘 다루었던
그분의 용감함에 대해서. 이제는 너희를 여기에 두어
자기 자신의 가엾은 패배와 나의 구슬프고 엄청난
상실감을 보여주는 증거물이 되도록 하였단 말인가.
오, 선한 레드크로스 기사님의 구슬픈 증거물들이여,
너희들을 그토록 잘 다루었던 주인님을 어디에 두고 왔느냐?

49
"저는 크게 기대했으며, 출발은 아주 좋았습니다,
슬픔에 사로잡힌 저를 그분께서 구해주실 것이라고.
그런데 그분도 미처 모르는 사이에 악한 마법사가
그분의 감각을 악용해서 그분이 제 정절에 대해서
오해하도록 했어요. 실상은 그분이 본 것과 달랐는데,
그러한 치욕보다는 차라리 죽음을 택했을 것입니다.
모두를 옳게 심판하는 하늘이여, 심판하여 주소서,

내가 얼마나 그분을 사랑했고—지금도 사랑하는지.
저는 그분도 그럴 것으로 생각하고, 제 생각이 옳다고 믿어요.

50
“그때 이후로 그분은 저를 아주 홀로 버려두어서
거친 운명이 인도하는 대로 방황하게 하였습니다.
또한 그분 자신은 다른 샛길을 택해서 가셨는데,
살아있는 사람의 발이 한번도 밟아보지 못했으며
불쌍한 시체도 다시 되가져 올 수 없는 곳이었지요.
거기서 사악한 두엣사가 그를 우연히 만났는데,
제 최대의 적이며 제가 오직 죽음처럼 두려워하는
그녀는 자신의 마법과 거짓으로 꾸민 우아함으로
그분을 속여서 자신의 온당치 않은 욕구에 따르도록 했어요.

51
“마침내 간교한 술책으로 그녀는 그분을 배반하고
적에게 넘겨주었는데, 거대하고 키 큰 거인으로서,
그분이 무장도 없이, 무기력해져서, 당황할 때에
미처 모르게 기습했어요. 막대한 뭉치를 가지고
괴물은 인정사정없이 그분을 쳐서 넘어뜨렸는데,
이전에 그분은 넘어지는 것을 보인 적이 없었죠.
그리고 이제 어두운 지하 동굴 안에, 가엾은 노예로,
영원히 구원받을 수 없이, 그분을 잡아 두었습니다.
이것이 말보다는 실제가 훨씬 더 큰 제 슬픔의 원인이랍니다.”

52
말을 마치기도 전에 그녀는 정신을 잃기 시작했다.
그러나 그는 그녀를 위로해 주었고 정중히 말했다.
“그렇군요, 아가씨, 그것은 정녕 괴로울 큰 이유인즉
마음이 굳건한 사람조차도 몸을 떨 것으로 여겨지오.
하지만 기뻐하시오, 그리고 위안을 받아들이시오.
내가 사로잡힌 그대의 기사를 해방시킬 때까지는,
결단코 말하지만, 내 그대를 혼자 두지 않을 것이요.”
기쁜 그의 말이 상심한 그녀의 정신을 소생시켰다.
하여 그들은 나아갔다, 난쟁이가 항시 바르게 안내하는 대로.

제 8 칸토

아름다운 처녀는 자기 연인을 구하려고
아서를 싸움터로 데려간다.
그는 거인을 죽이고 짐승에게 부상을 입히고
두엣사를 발가벗겨 버린다.

1
오호라, 얼마나 많은 위험들이 에워싸고 있는가,
충직한 사람을 매일같이 거꾸러뜨리기 위해서.
천상의 은총이 계시어서 그 사람을 지탱해주고
불변의 진리가 모든 것에서 그를 구해주지 않는다면.
그녀의 사랑은 굳건했고, 보살핌은 변함이 없었다,
그렇게 자주 그가 자기 자신의 어리석은 자만이나
연약함 때문에 사악한 무리들의 노예가 되었어도.
아니면 레드크로스 기사는 사로잡힌 채 죽었으리라,
그를 구하려고 그녀가 그곳으로 이 왕자를 데리고 왔을지라도.

2
일행은 그처럼 침울하게 여행하여 드디어 다다랐다,
하늘 높이 우뚝 치솟아 있는 어느 성채 근방에.
그러자 난쟁이가 외쳤다, "보세요, 저기가 바로
제 주인, 제 군주께서 불행히 잡혀 계신 곳입니다,
저 거인의 밉살스러운 폭정 아래 노예가 된 채로.

그러니, 기사님, 기사님의 막강한 힘을 보여주세요."
숭고한 기사는, 높은 말 등에서 차분하게 내려서며
여인에게는 거기 그대로 머물러 있으라고 지시하고
그날 싸움에서 어떤 결과가 자신에게 닥칠지 시험해보려 하였다.

3

그래서 그의 위력을 존경하는 자신의 시종과 함께
그는 곧바로 그 성벽을 향하여 걸어서 나아갔다.
성문은 굳게 닫혀져 있고, 그 어떤 살아 있는 사람도
거기를 지키거나 방문객의 부름에 응답하지 않았다.
그러자 시종은 쇠뿔로 만든 작은 나팔을 꺼냈는데,
황금 사슬과 멋진 장식 술이 달린 채 그의 옆구리에
걸려 있던 것이었다. 바로 그 나팔이 지닌 위대한
위력에 대한 놀라운 이야기들은 널리 퍼져 있었고
수많은 경우를 통해서 그러한 소문들은 사실로 입증되었다.

4

이제껏 그 찢어지는 듯한 소리를 들어본 사람치고
떨리는 공포를 온 핏줄로 느끼지 않은 자 없었다.
반경 삼 마일 이내에까지 그 소리가 쉽게 들렸고
메아리가 다시 삼 마일에 걸쳐서 응답하여 울렸다.
어떠한 사악한 마법이나, 어떠한 거짓된 술책도
나팔의 울려 퍼지는 공포에는 잠시도 견디지 못해
모두 허사가 되어 황급히 도망칠 수밖에 없었다.
어떤 굳건한 대문이나, 강건하고 단단한 자물쇠도

꿰뚫는 듯한 그 소리로 열어젖히거나 부수지 못할 것은 없었다.

5
바로 그것을 그가 거인의 성문 앞에서 불어대니까
온 성이 모두 바닥에서부터 마구 떨며 흔들렸고
모든 문들이 하나도 빠짐없이 저절로 활짝 열렸다.
거인 그 자신도 그러한 소리를 듣고는 깜짝 놀라서
자신의 두엣사와 함께 사랑놀이를 하고 있다가
안쪽의 침실에서부터 화급하게 곧장 뛰쳐나왔는데,
기겁한 사람처럼 눈을 부라리며 굳은 표정을 하고
비틀거리는 걸음으로, 대체 어떤 갑작스런 소동이
생경한 공포를 일으키고 자신의 끔찍한 힘을 시험하나 보려 했다.

6
또한 교만한 두엣사가 그의 뒤를 따라서 나왔다,
머리가 많이 달린 그녀의 짐승 위에 높이 탄 채.
각각의 머리에는 타오르는 혀가 불을 뿜고 있었고
각각의 머리에는 정수리마다 왕관이 씌워져 있으며
최근의 잔인한 포식으로 입에는 피가 묻어 있었다.
기사는 그것을 보자, 즉시 자신의 막강한 방패를
사나이다운 자신의 팔에 고정시키며 고쳐 쥐고는
충만한 용기를 가지고 과감히 그에게 달려들었다,
상대방을 공격하려는 의욕에 넘쳐서 온몸을 부르르 떨면서.

7

그렇게 되자 거인은 그와 맞붙어 싸우게 되었는데,
대단한 거만함과 경멸하는 듯한 분노에 휩싸여서
거칠거칠한 가시들과 매듭이 있는 돌기로 무장 된
자신의 무시무시한 철퇴를 높이 쳐들어 올리면서
첫 번째 접전에서 그를 죽여 버리겠다고 마음먹었다.
하지만 고귀한 상대방은 현명하고 조심성이 있어
가볍게 몸을 날려 그처럼 무지막지한 타격을 피해
자신에게 가까이 접근해 왔던 폭력을 잘 모면했다.
그러한 번개에 맞선다는 생각은 대단히 무모한 것이었기에.

8

그런 엄청난 힘을 피함은 그에게 창피가 아니었다.
힘을 다해 격렬하게 마구잡이로 내질러진 타격은
그가 겨냥했던 목표물을 맞히지도 못하고 비껴나가
땅으로 떨어졌으며, 육중하게 휘둘러진 그 서슬은
진흙바닥을 밀어내고 너무나도 깊은 자국을 남겨서
삼 야드의 깊이로 파헤쳐져 이랑을 쌓아 올렸다.
가엾은 대지는 그토록 매서운 공격에 상처를 입어서
타격을 받게 되자 아주 구슬픈 신음소리를 내었으며
마치 지진이 났을 때 그런 것처럼 기이한 공포로 몸을 떨었다.

9

마치 전지전능한 조브가 격렬한 분노로 충만하여
용서받지 못할 인간의 죄악을 징벌하려는 마음으로,

죽일 듯한 적개심으로, 불꽃과 숨막히는 어두움에
온통 휩싸여 있는 천둥치는 화살을, 갈라진 구름과
녹아버린 하늘의 천공 사이로 과감하게 내지를 때—
무시무시한 창이 세 개 있는 무기가 휘둘러져 내려와
드높은 탑들과 키가 아주 큰 나무들 전부와, 또한
분노한 그의 진로에 거리끼는 것은 모두 갈라놓고,
땅에 내리꽂혀서 주변에 흙더미를 무성히 쌓아 올리는 것처럼.

10
거인의 엄청나게 큰 철퇴는 그와 같이 땅에 꽂혀서
그는 그것을 그다지 쉽사리 들어올릴 수 없었으며
오히려 기사는 거기서 자신에게 유리한 점을 찾아
거인이 묵중한 자신의 철퇴를 땅에서부터 빼내려고
애쓰는 동안에, 전체가 빛이 나며 불타오르는 칼로
그의 왼팔을 쳐서 베어내 버리자, 그 팔은 벽돌처럼
땅에 떨어져 버렸다, 원래의 힘이 전부 소멸된 채.
거대한 피의 물줄기가 그의 몸통에서 마구 뿜어져
나왔다, 마치 갈라진 바위에서 신선한 샘물이 솟아 나오듯이.

11
절망적으로 치명적 상처를 입은 것에 기겁하고
또한 전에 겪어 보지 못했던 고통을 견디지 못하여
짐승이 짖는 소리를 내며 그는 크게 울부짖었고,
온 들판에 그 소리가 다시 메아리쳐 울려 퍼졌다—
소리가 얼마나 컸던지 마치 심브리안 들판에서

야수적 분노에 자극 받은 한 떼의 황소들이
젖을 제공해줄 어미 소들이 없다는 것을 한탄하며
매우 거슬리는 울부짖음으로 들판을 가득 메울 때,
주변에 있는 숲이 공허한 웅얼거림으로 반향하는 것 같았다.

5 심브리안(Cymbrian) 들판: 덴마크에 있는 야만족이 거주하던 땅의 이름, 또는 영국의 웨일즈(Wales) 지방을 가리킴.

12
다정한 그의 두엣사는 그 소리를 들었으며 또한
자신의 처지를 위협하는 위급한 상황인 것을 알고
거인을 돕기 위하여 그녀는 성급하게 이끌고 갔다,
끔찍한 그녀의 짐승을. 최근에 먹은 피로 배불러 있던
그놈은 거만하고 위세 당당한 걸음으로 내달려 왔으며
수많은 머리들은 타오르는 횃불처럼 위협적이었다.
그러나 기사의 시종은 잽싸게 그를 물러서게 했다.
손에 단지 칼 한 자루를 쥐고 과감히 그를 공격하여
그렇게 상대방과 자기의 주인 사이에 옹벽처럼 버티고 섰다.

13
교만한 두엣사는 그처럼 제어를 당하게 되자
불타오르는 적개심과 격렬한 모멸감으로 가득 차,
있는 힘을 다해서 그녀의 자줏빛 짐승을 다그쳐
그러한 방해자를 쳐부수어 없애버리려고 하였다,
상대도 되지 않는 적이 가로막는 것을 비웃으며.
그렇지만 그 용기 있는 젊은이는 더더욱 그녀가

자신의 주인을 상대하러 가도록 내버려두지 않고
대단한 강타를 마구 퍼부어 그 짐승을 제압하면서
자신의 몸으로 막아서서 길을 둘로 갈라 통할 수 없게 하였다.

14
화가 난 마녀는 항상 지니고 다니던 황금잔을
꺼냈는데, 거기에는 마법의 술수가 가득 차 있었다.
많은 사람들이 그 잔으로 죽음과 절망을 마셨고
비밀스러운 독을 자신들의 내부로 들여보냈다,
상처받고 괴로운 가슴에 대한 영원한 재앙을.
그것을 가지고 주문과 마법의 말을 발설한 후에
그녀는 그것을 시종의 약한 부위에 가볍게 뿌렸다.
그렇게 되자 강건한 그의 용기는 곧 사그라들고
갑작스러운 두려움으로 그의 모든 감각이 무디어지게 되었다.

15
그리하여 그는 저 잔인한 짐승 앞에 쓰러져 버렸고
짐승은 피비린내 나는 앞발로 그의 목을 휘어잡아
헉헉대는 가슴이 거의 부서져 목숨을 잃을 듯했다.
그는 움직일 힘도 없었고, 일어설 의지도 없었다.
주의력 깊은 기사는 그러한 상황을 알아채게 되자
자신이 더불어 싸우고 있던 적에게서 재빨리 떠나
그 짐승을 상대로 자신의 공격을 펼치게 되었다.
엄청난 괴로움이 그의 마음을 휩쓸었기 때문이었다,
사랑하는 자신의 시종이 그렇게 사로잡히게 된 것을 보고는.

16
기사는 피에 굶주린 칼을 높이 치켜들고 달려들어
흉측한 머리 중의 하나를 매우 세차게 내리쳐서
그 짐승의 거만한 위세에 대하여 본때를 보여주었다.
짐승의 괴물 같은 두개골을 이빨 부위까지 쪼개서
가뜩이나 흉측한 모습을 더더욱 흉측하게 만들었다.
열린 상처에서부터 피가 바닷물처럼 마구 솟구쳐 나와
더러운 핏덩이로 화려한 마녀의 옷을 더럽혀 놓았다.
그리고 주변에 있던 모든 들판에 온통 흘러넘쳐서
기사는 신발 위로 넘쳐흐르는 피를 휘저으며 걸어야 할 정도였다.

17
그러자 그 짐승은 극심한 고통으로 울부짖었는데,
듣는 자에게 큰 공포심을 불러일으킬 정도였으며
처참해진 머리에서 오는 극도의 괴로움으로 인해서
자신의 긴 꼬리를 공허한 허공에 휘저었기 때문에
호사스레 그를 타고 있던 그녀는 드높은 자리에서
팽개쳐져서 더러운 진흙 구덩이에 떨어질 뻔하였다,
만일 거인이 그 즉시 그녀를 구해주지 않았더라면.
거인은 온몸이 고통과 미칠 듯한 노여움에 북받쳐
힘을 다해 격렬하게 돌진해 와서 기사를 뒤로 물러서게 하였다.

18
예전에는 두 쪽으로 분산되어 나뉘어져 있던 힘을
거인은 이제 홀로 남아 있는 한 손에 집중시켰는데

분노로 인해서 원래의 두 손을 쓸 때보다도 강했다.
그 힘으로 그는 무시무시한 자기 철퇴를 치켜들어
맹렬하고 가혹하게 자신의 적을 향해 내리쳤는데
가장 튼튼한 상수리나무라 해도 넘어질 정도였다.
그 타격은 너무나도 묵직하게 그의 방패를 때려서
그 힘으로 그는 땅바닥에 벌렁 나자빠지게 되었다.
어떤 유한한 인간이 그토록 끔찍한 타격을 견딜 수 있겠는가?

19
그리하여 그가 넘어지는데 그동안 덮여있던 방패의
덮개가 우연히 벗겨져 갑자기 훤히 드러나게 되었다.
거기서 발산되는 광채는 하늘의 불빛보다 더 밝아
너무나도 눈부신 빛을 공중으로 뿜어 보냈기 때문에
눈으로는 도저히 그것을 견디며 바라볼 수가 없었다.
거인은 그것을 보자 기겁하여 눈을 동그랗게 뜨고
자신의 팔을 힘없이 떨구고 자신의 거대한 무기를
스르르 거두어들였다, 공중에 높이 치켜 들리어져서
땅에 넘어져 있는 그 사람을 죽여 버리려 하였던 그 무기를.

20
또한 수많은 머리가 주렁주렁 달려 있는 그 짐승도
태양처럼 빛나는 방패에서 뻗쳐 나오는 광채에 놀라
눈이 아주 멀어버렸고, 온몸의 감각이 무디어져서
더러운 바닥으로 갑작스레 고꾸라져 넘어져버려서
마치 항복했다는 듯한 자세를 취하는 듯이 보였다.

교만한 여주인은 그가 넘어진다는 것을 알아채고
힘없는 짐승의 다리가 아직 몽롱하게 휘청거릴 때
커다랗게 소리 지르며 그 거인을 부르기 시작했다,
"오, 도와줘요, 오르고글리오, 도와주지 않으면 우린 모두 망해요."

21
그토록 애달픈 그녀의 비명에 마음이 크게 움직인
강건한 그녀의 수호자는 자신의 동료를 구하고자
흉맹한 자신의 무기를 또 다시 사용해보려 애썼다.
하나 모든 것이 허사였다. 그는 빛나는 방패에서
이미 자신의 최후를 읽었고 그의 모든 힘은 헛되이
소모되고 말았다. 그 찬란한 광채가 나타난 후로는
남을 해치거나 자신을 지킬 힘이 그에게 없었기에.
마치 전능하신 분의 번개 칼이 그 빛을 발하게 되면
눈이 놀라서 멍멍하게 되고, 감각이 무디어지는 것과 같았다.

22
왕자는 그가 자세를 고쳐 잡고 전투에 임하는 것과
무시무시하게 강타를 휘두르며 위협하는 것을 보고,
찬란한 자신의 칼을 자신의 머리 주위로 휘두르며
오른쪽 다리를 무릎에서부터 아주 잘라내 버리자,
거인은 고꾸라져 넘어졌다 — 마치 한 그루의 고목이
험한 바위 절벽 꼭대기에서 드높이 자라고 있다가
날카로운 칼에 의해서 심줄들이 거의 잘려 나가면,
반쯤 잘려진 거대한 나무둥치가 거칠게 쪼개지면서

바위들을 굴러 떨어뜨리며 무서운 충격과 함께 넘어지듯이—

1~2 이 장면은 18연에 나타난 장면, 즉 아서가 넘어지는 장면의 연속인데, 해밀튼에 의하면 아서가 방패의 힘으로서가 아닌 자기 자신의 힘으로 승리를 거두게 하기 위한 조치이다. 방패의 위력을 나타내는 19~21연은 순간적 광경에 대한 묘사이기 때문에 이 장면과 거의 동시에 일어났다고 봐야 할 것이다. 다시 말해서 방패가 빛을 발하는 것과 거인이 달려드는 것은 동시에 일어난 일이다.

23

아니면 드높이, 그리고 둥그렇게 세워진 성채가
교묘한 여러 가지 기구들과 사악한 마술에 의해서
가장 아래쪽 땅 밑에서부터 깎아내려지게 되고
그 성채의 기반이 파괴되면서 대단히 허술해져
급기야 무너져 내리는데, 드높이 쌓여졌기 때문에
급작스런 성채의 무너짐이 더욱 육중하게 되어서
성채 자체가 승리자의 위세에 굴복해버리는 것처럼—
이 거인의 무너짐이 바로 그랬는데, 마치 굳건한
대지조차도 두려움에 몸을 떨듯이 뒤흔들리는 것 같았다.

24

그러자 기사는 잽싸게 사냥감을 향하여 달려들어
치명적인 칼로 매우 심하게 그를 다시 내리치니
거인의 둔중한 몸뚱이는 머리를 잃고 넘어져서,
상처에서부터 그토록 엄청난 분량으로 흘러나왔던
자기 자신의 더러운 핏덩이에 나뒹굴게 되었다.
그러나 곧이어 호흡이 그의 가슴에서 떠나가자

거인이 유지하고 있었던 그 막대하게 큰 몸체는
아주 소멸해버리고, 또한 그 괴물 같던 덩치는
아무것도 남은 것이 없었다, 흡사 바람 빠진 오줌보처럼.

25
사악한 두엣사는 그가 처참히 쓰러지는 것을 보고
자신의 황금 잔을 땅바닥에 그냥 내팽개쳐 버리고
머리에 쓰고 있던 주교관을 거칠게 옆으로 던졌다.
뚫는 듯한 슬픔이 완고한 그녀의 가슴에 상처를 주어
애처로운 처지를 더 이상 참아낼 수가 없게 된 그녀는
모든 것을 뒤에 남겨 두고, 다만 도망치기 시작했다.
발 빠른 시종은 그녀가 가는 방향으로 재빨리 돌아가
거친 수단을 써서 그녀를 거기에 멈추어 서게 하고
자신의 주인에게 데려갔다, 그가 응당 받아야 할 노획물로서.

26
수심에 깊이 잠긴 채 슬픔과 혼란스러움 속에서
결과가 어찌될지 모르는 이런 전투 광경 전체를
멀리서 끝까지 지켜보고 있었던 왕족의 처녀는
기사의 승리를 축하하기 위하여 재빨리 달려왔다,
정신이 새로워지는 기쁨과 온화한 겸허함을 가지고.
달콤하고 흥겨운 환호와 함께 그에게 이렇게 말했다:
"귀한 가문의 준수한 후손이여, 기사도의 꽃이시여,
기사님의 진가를 발휘하셔서 세상을 놀라게 하셨으니
저를 위해 애쓰신 수고를 어떻게 해야 갚아드릴 수 있을까요?

27
“그리고 그대, 강건하게 솟아오르는 덕의 새순이여,
거의 죽음에 이른 것을 이 슬픈 두 눈이 보았는데
그대가 겪었던 위험에 대해서 가진 것 없는 처녀가
무엇으로 보상할 수 있겠어요? 그러니 받아주세요,
보잘것없는 제 마음과 앞으로도 영원할 제 헌신을.
그리하면 저 높은 곳에 앉아 계셔서 공정한 눈으로
모든 것을 보시며 각자의 값에 따라 갚으시는 분이
오늘 그대가 저를 위하여 하였던 일을 친히 보시고
제가 보상할 수 없는 것을 이자까지 쳐서 갚아주실 것입니다.

28
“여하든 하늘의 도우심과 기사님의 훌륭한 무예로
오늘 기사님께서는 전투 무대의 주인이 되셨으니
또한 단호한 행동으로 자기 운명의 주인이 되시어
잘 시작하신 일을 또한 모두 잘 끝내시기 바랍니다.
저 사악한 여인이 도망치게 내버려두지 마시옵소서,
그녀가 바로 제 주인님, 저의 사랑하는 기사님을
사로잡아 지하 동굴 깊은 곳에 가둔 장본인이에요.
거기서 그분은 젊음의 세월을 모두 허비하셨답니다.
오, 들어보세요, 얼마나 애처롭게 그분이 도움을 청하시는지.

29
그러자 아서는 그 진홍빛의 창녀를 주의 깊게
지키고 있으라는 책임을 자기 시종에게 맡겼다.

그리고 자신은 대단히 크고 격렬한 열정을 가지고
힘으로 밀어젖히면서 그 성안으로 들어갔는데
거기엔 살아있는 것이라고는 아무것도 볼 수 없었다.
그는 온 집안이 울리도록 크게 부르기 시작하였다.
하지만 아무도 그의 외침에 응답하려 하지 않았다.
숙연한 침묵이 그곳 전체를 온통 뒤덮고 있었는데,
침실이나 대청에는 아무 소리도 없었고, 아무도 보이지 않았다.

3 여기에 묘사되는 아서의 열정적 태도는 레드크로스가 오르고글리오를 대면할 때 보여준 나약하고 무기력한 태도와 대조를 이루기 위함이다. 6연의 8~9행에서도 아서는 과감하고 의욕에 넘치는 모습을 보여준다.

30

마침내 기어오다시피 절룩거리는 걸음으로 나왔다,
늙어빠진 사람 하나가, 눈처럼 하얀 수염을 하고,
휘청거리는 걸음으로 자신을 지팡이에 의지하면서.
걷는 모양새는 앞으로 왔다 뒤로 갔다 하였는데
왜냐하면 그는 옛날에 시력을 잃었기 때문이었다.
또한 그는 팔에 한 뭉치의 열쇠를 안고 있었는데
오랫동안 사용하지 않아서 온통 녹이 슬어 있었다.
그것들은 집안에 있는 모든 문의 열쇠들이었지만
사용할 수도 없었는데, 혹 필요할까 해서 아직 지니고 있었다.

31

하지만 보고 있노라면 참으로 기괴한 광경이었다,
노인이 얼마나 꼴사나운 걸음걸이로 걸어가는지.

그가 자신의 노쇠한 다리를 움직여 앞으로 가는데,
주름잡힌 그의 얼굴은 여전히 뒤로 돌려져 있어서
걸음을 걸을 때는 언제든지 발과 얼굴이 당연스레
한쪽을 향하게 되는 보통 사람들과는 사뭇 달랐다.
이 노인은 옛날부터 그 장소를 지키는 문지기였으며
이제는 죽어버린 거인의 의붓아비였던 것이다.
이그나로라는 그의 이름은 그의 본성을 나타내주고 있었다.

9 이그나로(Ignaro) : 무지(Ignorance)를 의인화한 것으로, 그는 아무것도 모르기 때문에 당연히 아무것도 말할 수 없다. 존 번연(John Bunyan)의 《천로역정》(*The Pilgrim's Progress*)에 나오는 이그노런스(Ignorance)와 같은 인물이나, 여기서는 특히 진정한 믿음에 대한 무지를 대변하고 있다.

32
그의 위엄 있는 수염과 성스러운 진중함에 대해서
기사는 대단히 존경스러워하며, 예의를 갖추어
온화하게 물어 보았다, 전에 그 웅대한 건물 안에
살고 있던 사람들이 모두들 어디에 있는 것인지.
노인은 매우 부드럽게 대답했다, 말할 수 없다고.
또 다시 기사가 물었다, 거대한 오르고글리오가
맹렬한 위력으로 사로잡아 노예로 삼은 그 기사가
누워 있는 곳이 어디냐고. 노인은 또 다시 말했다,
말할 수 없다고, 그러면서 아무런 다른 대답도 하지 않았다.

33
그러자 기사는 어느 길로 가야 하겠느냐고 물었다.

말할 수 없다고, 다시 한번 그 노인이 대답하였다.
그렇게 되자 예의를 차리던 기사는 기분이 나빠져서
말했다, "노인장은 그처럼 은빛 머리를 가지고서도
쓸데없이 조롱하거나 불필요한 조롱을 받는 것이
얼마나 나쁜 것인지 아직 깨닫지 못하시는 듯하오.
만일에 노인께서 자연의 손길이 그려낸 모습처럼
지긋한 나이가 되어 위엄을 갖추고 계신 분이라면
내가 노인께 묻는 말에 좀더 신중하게 답해주시길 바라오."

34
노인의 대답은 역시 전과 같았다, 말할 수 없다고.
그 자의 몰지각한 언어와 바보 같은 무식함에 대해
주의 깊게 살펴보고 마음에 새겨둔 고귀한 기사는
그의 얼굴 표정을 보고 노인의 본성을 짐작했으며
선한 절제심을 발휘하여 자신의 분노를 가라앉혔다.
그리고 노인에게 다가가, 손을 뻗어 그의 팔에서
열쇠들을 빼앗은 다음 거침없이 안으로 들어갔다.
아무 힘도 들이지 않고 그는 모든 문들을 열었다.
막아서는 빗장도 없었고, 그에게 도전해 오는 적도 전혀 없었다.

35
거기서 그는 방 안이 황제의 장식물들과 광채 나는
황금으로 온통 풍성하고 값지게 장식되어 있으며
가장 위대한 왕자의 궁성에서나 볼 수 있는 것들이
하나같이 넘치도록 쌓여 있는 것을 보게 되었다.

하나 바닥들은—너무 더러워 말할 수도 없었는데—
마치 제 무리를 벗어난 양처럼 그곳에서 살해당한
죄 없는 아기들과 진실하고 순진한 사람들의 피로
온통 더럽혀져 있었기에, 보기에도 끔찍하였는데,
성스러운 재가 그러한 것들 위에 새롭게 흩뿌려져 있었다.

36
대리석 바위 곁에 제단 하나가 세워져 있었는데
거기에는 간교하게 생긴 형상이 새겨져 있었다.
그 위에서 종종 진실한 기독교도들이 피를 흘렸고
성스러운 순교자들이 종종 살해를 당하곤 하였다,
잔인한 증오심과 세력이 강한 폭정으로 인해서.
축복 받은 그들의 영혼이 그 바위 아래에서부터
복수를 해달라고 계속해서 하나님께 울부짖었고
때때로 커다란 슬픔으로 신음하는 것이 들렸는데
가엾은 그 흐느낌을 들으면, 가장 강퍅한 가슴도 피를 흘렸다.

37
기사는 모든 방과 내실을 낱낱이 뒤지며 찾았으나
아무데서도 저 상심에 찬 포로를 찾을 수 없었다.
마침내 기사는 어느 철문 앞에 다다르게 되었는데
아주 튼튼하게 잠겨져 있었고, 더구나 그 문을 열
열쇠를 아무리해도 꾸러미에서 찾을 수가 없었다.
하지만 거기에는 조그만 쇠창살문이 달려 있어서
거기를 통해서 그는 자신의 목소리를 전달하려고

있는 힘을 다해서 커다랗게 불렀다, 혹시 그 안에
자신이 풀어줄, 어떤 살아 있는 사람이 잡혀 있는지 알아보려고.

38
그러자 한 공허하고, 지쳐서, 신음하는 목소리가
이와 같이 가엾은 호소와 비탄의 소리를 울려왔다.
"오, 내가 죽을 다행스런 기회를 가지고 오는 자는
누구시오, 이곳에 누워서 시시각각 죽어 가면서도
구슬픈 어두움에 묶여서 억지로 살아 있는 나에게?
지금까지 세 개의 달이 세 번이나 색깔을 바꾸었고
또한 세 번씩이나 땅 아래로 얼굴을 감추었다오,
내가 하늘의 생기 있는 얼굴을 바라보았던 그 이후로.
오, 어서 오시오, 그대, 진정한 죽음의 소식을 가져온 자여."

39
승리의 기사는 그 소리를 듣자, 예리한 동정심의
뾰족한 끝에 자신의 가슴이 찔리는 듯이 아팠으며
몸이 부들부들 떨리도록 증오심이 온몸을 감쌌다,
처참하게 버림받은 고귀한 기사의 애통함 때문에.
그것을 떨치고 나서, 그는 그 철문을 부수어 버렸다,
걷잡을 수 없는 위력과 맹렬한 분노심을 가지고.
안으로 들어서자 그의 발은 바닥을 찾지 못했는데,
온통 깊은 내리막으로서 그곳은 지옥처럼 어두웠고
더럽고도 또한 지독한 냄새를 쉬지 않고 뿜어내고 있었다.

40
그렇지만 음침한 어두움이나, 더러운 족쇄들이나,
코를 찌르는 냄새도 그의 의도를 억누르지 못했다—
완벽한 사랑은 더 말쑥한 손을 가지고 있는 법이다—
오히려 끊임없는 열정과 과감한 용기를 가지고서
오랫동안 고통을 겪으며 수많은 수고를 거듭한 끝에
그는 구속되어 있는 자를 일으켜 세우게 되었다.
연약한 그의 대퇴부는 그 자신의 바싹 마른 몸체를
버티어내지 못했고, 거의 빛을 쪼인 적이 없었던
유령처럼 절망적인 그 모습은 죽음이 드리워진 가엾은 광경이었다.

41
가엾고 밍칭한 두 눈은 공허한 구멍에 깊이 꺼져
익숙지 않은 태양을 보는 것을 견디어내지 못했다.
좋은 음식을 먹지 못해서 드러난 그의 여린 뺨과
당연한 자신의 몫을 빼앗겨서 퀭한 그의 옆구리는
돌심장이라도 그 운명을 슬퍼하게 만들 정도였다.
뼈가 앙상한 그의 두 팔은, 억센 근육으로 가득 차
한때는 강철 갑옷을 찢고 투구를 갈라놓곤 했는데,
이제는 모두 사라졌고, 생명력이 넘치는 모든 힘도
사그라졌으며, 그의 모든 피부도 시든 꽃처럼 오그라들었다.

42
그의 여인은 그를 보자, 기쁨을 못 이겨 그를 향해
성급하게 달려왔다. 그를 보게 되어 기쁘긴 했지만,

전에는 가장 신선한 젊음의 꽃으로 장식되어 있던
얼굴이 창백하게 여윈 것을 보고 그녀는 슬퍼했다.
하지만 눈물의 샘이 다 마르기를 기다린 후 그녀는
말했다, "아, 다정하신 임이시여, 어떤 악한 별이
당신께 얼굴을 찌푸려 나쁜 영향력을 쏟아 부었기에
이렇게 당신에게서부터 모든 것을 빼앗아 갔으며
사나이다운 모습을 이토록 처참한 모습으로 망쳐 놓았나요?"

43

"하나 반가워요, 슬플 때나 기쁠 때나 제 주인이신 분,
기사님은 너무 오랜 세월동안 제게서 떠나 계셨어요.
또한 피할 수 없는 나의 적, 운명에게 화 있으라.
운명도 이제 그들의 분노 어린 해코지를 누그러뜨리고
이러한 잘못들에 대해서 세 배의 보상을 해 줄 거예요,
세 배나 좋은 것으로. 악을 견디면 좋은 일이 생겨요."
하나 불행의 기습을 받아서 기쁨을 잃은 그 사람은
자신의 곤경에 대하여 이야기하고 싶어하지 않았다.
오랫동안 그가 겪어온 배고픔은 좀더 휴식이 필요했던 것이다.

3 운명(*Fortune*) : 42연에서 우나는 레드크로스를 비난하는 대신에 "악한 별"(*evil star*)을 탓했는데, 여기서도 그녀는 진정한 자신의 적인 두엣사 대신에 운명을 자신의 적이라고 부르고 있다.

44

"아리따운 여인이여", 하고 승리한 기사가 말했다,
"기왕에 저질러졌거나 겪어낸 비통스러운 일들을

상기시키는 것은 조금도 즐겁지 않다고 여겨집니다.
절망에 찬 귀를 즐겁게 하려면 음악이 제일이지요.
하지만 과거의 근심에서 생겨나는 유일한 좋은 점은
현명해져서 같은 일을 되풀이하지 않게 되는 것이오.
오늘 일어난 일들이 본이 되어서 이 간절한 교훈이
내 가슴 깊은 곳에 쇠로 만든 펜으로 새겨졌습니다,
유한한 인간의 세상에는 축복이 항시 머무를 수 없다는 것을.

45
"그러니까 기사님, 처음에 있었던 힘을 키우시고
인내의 힘을 가지고 이러한 불행을 극복하십시오.
보시오, 그대의 적이 괴물처럼 길게 널브러져 있소.
또 보시오, 저 사악한 여자가 그대 눈앞에 있는데,
그대의 모든 수고와 처참한 환란을 만든 장본인을
죽이든지 살리든지 이제 그대에게 달려 있습니다."
"그녀를 죽이는 건", 우나가 말했다, "경멸스럽고,
저렇게 나약한 적에게 복수를 하는 것은 창피합니다.
대신에 그녀의 진홍색 겉옷을 벗겨내고, 도망치도록 놔주세요."

46
하여 그녀의 말대로 그들은 마녀의 치장을 벗기고
풍성하고 호화롭게 나열되어 있는 여러 장식품들과
왕족의 겉옷들과 자주색 얼굴덮개를 모두 빼앗았다;
그들은 그녀의 옷을 하나도 남기지 않고 발가벗겼다.
또한 그들이 그녀의 의복과 머릿수건을 찢어 버리자

있는 그대로의 그녀를 그들이 직접 보게 되었는데,
여기저기 흉측한 그녀의 몸이 그들을 경악케 했다—
역겹고, 주름 가득한 할멈의 모습은 늙고 끔찍하여
기괴한 그녀의 역겨움을 설명하자니 점잖은 예절이 못하게 한다.

47
간교한 그녀의 머리에는 머리카락이 하나도 없고
명예스러운 노년기를 맞기가 혐오스럽다는 듯이
오물과 더러운 딱지들이 덕지덕지 뒤덮여 있었다.
이빨은 썩어 가는 잇몸으로부터 삐져나와 있었고
불쾌한 그녀의 숨에서는 구역질 나는 냄새가 났다.
말라비틀어진 젖가슴은 꼭 바람 빠진 오줌보처럼
축 쳐져 있고, 더러운 물질이 흘러나오고 있었다.
오그라든 피부는 단풍나무 껍데기처럼 거칠었는데
너무 딱지가 많아 모든 여성에 대하여 역겹게 느껴질 정도였다.

48
모든 여성들의 수치인 그녀의 아랫부분에 대해서는
말하기가 창피해서 내 순결한 뮤즈가 얼굴을 붉힌다.
그녀는 자신의 엉덩이에 여우 꼬리를 감추어 키우고
있었는데, 똥으로 온통 지저분하게 뒤덮여 있었다.
또한 그녀의 두 발은 보기에도 매우 괴상망측하였다.
왜냐하면 발 하나는 독수리의 갈고리발처럼 생겨서
탐욕스런 싸움을 위해 움켜쥐는 발톱으로 무장되고,
또 다른 쪽 발은 마치 곰의 거친 발바닥처럼 생겼다.

살아있는 그 누구도 그보다 더 흉측한 모습을 본 적은 없었다.

49
기사들이 그것을 보게 되자, 그토록 더럽고 흉측한
존재가 있다는 사실에 경악했고 이상히 생각하였다.
"그때도", 우나가 말했다, "그녀는 지금 같았어요.
이것이 바로 허위의 얼굴 모습이며 이런 것이 바로
사악한 두엣사의 모습이랍니다, 남에게서 빌려 온
광채가 떨어져 나가고 속임수가 백일하에 드러난."
그리하여 그들은 마녀의 옷을 모두 벗겨냄으로써
끔찍한 그녀의 모습을 전부 공개적으로 내보인 다음,
그녀를 마음대로 가게 하여 남모르는 곳에서 방황하게 하였다.

50
그녀는 빨리 도망쳤다, 하늘의 증오에 찬 얼굴과
자기 자신을 널리 드러내 보였던 이 세상에서부터.
빠른 걸음으로 신속하게 황량한 광야로 달아나서
드러난 자신의 수치가 사람들의 눈에 띄지 않도록,
오랫동안 발견되지 않고 바위와 동굴에 숨어 지냈다.
그러나 두 사람의 잘생긴 기사와 아리따운 우나는
그런 일이 있은 후에도 그 성채에 머물러 있으면서
휴식을 취하는 동시에 쇠진한 기력을 다시 키웠는데
그곳에 값지고 귀한 것들이 수없이 쌓여 있는 것을 발견하였다.

제 9 칸토

아서는 자신의 사랑과 가문을 이야기하고,
두 기사는 친구의 언약을 맺는다.
기사 트레비산은 디스페어로부터 도망하나,
레드크로스 기사는 그 자와 맞선다.

1
오, 훌륭한 황금 사슬이여, 그것을 중심으로 해서
여러 덕망들이 아름다운 모습으로 연결되어 있고
예부터 내려오는 고결한 마음들이 서로 연합하여
기사도에 맞는 모험을 용맹스레 추구하게 되도다.
아무도 다른 사람의 안전을 소홀히 여기지 않으며
어려운 처지에 있는 자에게는 도움을 아끼지 않고
각각 친구답게 상대방을 칭찬할 구실을 찾으면서
어떻게 서로에게 다정하게 접근할지를 고민하도다.
이 선한 왕자가 레드크로스 기사를 속박에서 구해준 것처럼.

2
그들은 오랜 고생으로 인하여 쇠약해진 원기를
적절한 휴식을 취함으로써 모두 되찾게 되었으며,
포로로 잡혔던 약한 사람도 다시 강건하게 되자
더 이상 거기서 한가롭게 지내는 것을 원치 않았고
자신들의 격렬한 모험을 찾아 여행길에 나섰다.

하지만 그들이 헤어지기 전에, 아름다운 우나는
낯선 기사에게 이름과 나라를 말해달라고 하였다,
기사가 그녀를 위해서 애쓴 그러한 위대한 선행이
아무도 모르게 사라지고 감사의 인사도 없이 묻혀 버릴까 봐.

3
"아름다운 아가씨", 왕자가 말했다, "그대는 내게
나 자신의 능력을 벗어나 있는 것을 요구하는구려.
내가 어떤 가문에서 태어났고 진정한 나의 부친이
누구인지는 아직도 내게 감추어져 있기 때문이오.
생명이 나를 처음 받아들여서 이 세상에 들여보내고
하늘의 광명을 내게 보여주기가 무섭게 그 즉시로
나는 어머니의 젖꼭지에서부터 억지로 떼어내진 후,
곧바로 어느 요정의 기사에게로 전달되게 되었고
고귀한 예절과 전투적 기량을 몸에 익히며 자라게 되었다오.

4
"그 사람은 늙은 타이몬에게로 나를 데려갔는데,
늙은 타이몬이 한창 젊음을 구가했던 시절에는
전투 기술에 있어서 그 어떤 사람보다도 능란했고
내가 아는 한 세상에서 가장 현명한 사람이었다오.
녹색 골짜기 나지막한 곳에 그의 거처가 있었는데,
고색창연한 이끼가 가득한 로란 언덕 기슭아래에,
그곳은 은처럼 맑은 디이 강의 구비치는 물결이
부드러운 함성을 지르며 흘러내리고 있는 곳이었소.

이제까지 거기서 그는 도덕적 학문으로 나를 훈련시켰소.

1 타이몬(Timon): 그리스말로 "명예"라는 뜻인데, 말로리(Marlory)의 《아서의 죽음》(*Morte d'Arthur*)에 의하면 아서의 친아버지는 우서 펜드래곤(Uther Pendragon)이지만 누군가에 의해서 엑터 경(Sir Ector)에게 맡겨져 성장하게 되었다. 아서를 데려간 "그 사람"은 다음 연에 등장하는 멀린(Merlin)이며, 멀린은 또한 아서를 교육시킨 장본인이라는 것이 일반적 해설이다. 여기 등장하는 타이몬은 엑터 경을 대신하는 인물로서, 스펜서 자신의 창작이다.

6~7 로란 언덕(Rauran)과 디이 강(River Dee): 로란 언덕은 영국의 웨일즈(Wales) 지방에 있는 지명으로서, 아서가 콘월(Cornwall) 지방보다는 웨일즈 지방과 연관이 있으며 그의 조상이 엘리자베스 여왕의 튜더(Tudor) 왕조와 관련이 있다는 것을 강조하기 위한 스펜서의 의도를 보여준다. 디이 강은 잉글랜드와 웨일즈의 경계를 나누는 강인데, 아서로 인하여 두 지역이 연합된다는 암시를 가지고 있다.

5

"그곳으로 저 위대한 마법사 멀린이 찾아왔소,
예전에도 나를 종종 찾아왔었던 것처럼 말이오.
나를 훈련시키는 계획을 그가 책임지고 있었기에
개인교습 훈련이 어찌되나 둘러보기 위해서였지요.
나는 개인적으로 그에게 되풀이해서 물어보았소,
내가 누구의 자식이며 어떤 가문에서 태어났는지.
그의 대답은 계속해서 내게 다짐만을 해주었다오.
바로 내가 어떤 왕의 아들이며 상속자라는 것인데
적절한 시기가 되면 그러한 진실이 밝혀질 것이라고 하였소."

6

"자격을 갖추신 왕자시며", 고귀한 여인이 말했다,
"또한 그러한 선생에게서 배울 만한 제자이십니다.

한데 어떤 모험을 통해서, 혹은 어떤 높은 뜻으로,
기사님께서 이곳 선녀의 나라에 오시게 되었나요?
말해주세요, 기사들의 지도자이신 아서 왕자님."
"무척 힘든 일이오", 그가 말했다, "하늘의 뜻이
가리키는 방향을 올바로 알아차리거나, 영원무궁한
권세가 의도하고 있는 은밀한 뜻을 이해하는 것은.
인간의 갈 길을 정하고 살아 있는 사람들의 생각을 다스리는 것이니.

7
"주께서 앞일을 예지하는 깊은 선견지명을 통해서
내가 추측 못할 어떤 이유로 나를 이곳에 보냈거나,
아니면 밤이고 낮이고 새로운 피를 흘리는 상처가
사랑이 하달하는 명령을 따라 격렬하면서도 힘차게
갈기갈기 찢겨진 나의 가슴을 끊임없이 괴롭혀서
아직 나도 모르는 방법으로 나를 이곳에 데려와서
도울 수 있었으니, 나는 내가 축복 받았다고 여기오."
"아, 친절하신 분", 그녀가 말했다, "어떤 비밀 상처가
땅 위에서 가장 온화하신 분의 마음을 슬프게 할 수 있는지요?"

8
"다정한 아가씨", 그가 말했다, "잠든 불씨를 깨우는구려.
날 괴롭혔던 불씨가 이제는 거대한 불꽃으로 자라
그 격렬한 분노가 절대로 잠잠해지지 않을 것이오.
살아 있는 물기가 그 연기 속으로 모두 흘러 들어가
소진된 생명이 재 속에 나지막하게 누울 때까지는.

하지만 침묵한다고 해서 내 불길을 줄일 수도 없고
불꽃에 대해 말하지 않으면 숨어서 불타게 될 테니까
내 그대가 그토록 원하는 것을 전부 밝혀드리리다.
아, 사랑아, 내가 숨을 고를 동안 그대의 화살을 내려놓아 주렴.

9
"그때는 갓 피어난 꽃다운 한창 젊은 시절이었소.
사나이다운 가슴에 처음으로 용기가 스며들 때면
가장 먼저 자연스런 열정을 일으키는 숯이 나타나
살아 있는 이의 가슴에 사랑의 불을 켜주게 되지요.
늙은 타이몬의 현명한 가르침은 제게 경고하기를
피어오르는 불꽃을 이성의 힘으로 억제하라고 했소,
그러한 격렬함이 너무도 커다란 불안으로 자라서
불쌍한 연인들이 애통해 했던 것처럼 되지 않도록.
고통은 계속 새로워지고 연인들은 고통 때문에 계속 늙어 가니.

10
"사랑이라는 그 허망한 이름과 연인으로서의 생을
시간의 낭비이며, 또한 도덕의 적이라고 여기면서
나는 항상 경멸했으며, 싸움을 일으키기를 즐겼소,
그 연인들의 애처로운 비극이 한창인 가운데에서 —
나는 웃곤 했다오, 그들의 우는 소리를 듣게 되면,
또한 불길을 불어대어 그들을 태워 재가 되게 했소.
그들의 신 자신도 나의 행동에 대해서 불쾌해 하며
험악한 의도를 품고 내게 수많은 화살을 쏘았지만

나는 신중한 자제력을 발휘하여 그것들을 모두 막아냈소.

11

"하지만 다 소용 없었지요. 아무리 강한 성채라도
아무리 튼튼하게 무장되었어도 인간의 가슴이란
오랫동안 공격을 받게 되면 결국에는 무너지거나
자신도 모르는 사이에 약점이 노출되게 마련이오.
세상에서 자라는 것은 아무것도 확실한 것이 없소.
또한 육체적 힘의 무장을 가장 신뢰하는 사람과
아름다움의 사슬에 묶이지 않았다고 뻐기는 사람이
가장 먼저 불행한 싸움에 말려 들어가게 되어서는
승리자의 심한 경멸 앞에 사로잡힌 자신의 목을 내놓게 된다오.

12

"그대의 불운한 애인을 그러한 표본으로 삼으시오,
이제 그대가 보듯 사랑에 사로잡힌 나도 그러하오.
저 교만하고 심술궂은 아이가 거만했던 내 허풍을
곧 잡아 떼어버렸고 내 자유에 재갈을 물려버렸소.
어느 날이었소, 거칠 것 없이 사는 생활의 기쁨과
대담한 열정의 부추김을 받으며 더욱 박차를 가하여
넓은 숲을 가로질러 자유롭게 준마를 달려가는데,
들판이나, 강물이나, 하늘이나 모두 한 마음으로
내게 미소를 보내며 나의 뜻에 호의를 표시하는 것 같았소.

13
"하고 있던 놀이에 대단히 지쳐버린 나는 가볍게
높은 말에서 내려왔고, 잠을 자려고 몸을 눕혔소.
신록의 잔디는 내가 잘 침소를 멋지게 꾸며주었고
나의 베개로는 아름답게 꾸며진 투구를 사용했소.
나의 모든 감각이 달콤한 기분과 부드러운 수면에
잠겨 있는 동안에, 나의 가슴은 몰래 빠져나갔고,
어느 왕족의 처녀가 내 곁에 누워 자신의 어여쁜
손발을 아주 부드럽게 늘어뜨리고 있는 것 같았소.
하늘 아래 그토록 아름다운 존재가 있었던 날은 결코 없었소.

14
"가장 좋은 즐거움을 주며 그녀는 내게 사랑스레
접근해 왔고, 내게로부터 간절한 사랑을 원했소.
분명코 그녀의 사랑은 내게로 기울어져 있었다오,
이제 옳은 때가 오면 모두 드러날 테지만 말이오.
꿈이 나를 속였든지 아니면 그것이 사실이었든지
기쁨으로 인해 그처럼 가슴이 뛴 적은 결코 없었고
살아 있는 그 어느 누구도 들은 적이 없었을 것이오,
그녀가 그날 밤새도록 내게 들려준 것 같은 말들은.
떠나면서 그녀는 자신이 선녀들의 여왕이라고 말해주었소.

15
"내가 깨어 일어나서 보니, 그녀의 자리는 비어 있고
그녀가 누웠던 곳에는 잔디가 눌린 자국만이 남아,

나는 처음에 내가 기뻐했던 것만큼이나 슬퍼했고
그녀가 있던 자리를 흘러 넘치는 눈물로 씻어냈소.
그 후로부터 나는 성스런 그녀의 모습을 사랑했소.
그 후로부터 나는 마음에 굳게 다짐을 하게 되었소,
오랫동안 노력과 수고를 해서라도 그녀를 찾아내고
내가 그녀를 찾아내기 전에는 결코 쉬지 않겠다고.
아홉 달이나 헛되이 찾아다녔으나 여전히 맹세를 깨지 않으려오."

16
이와 같이 말하면서 그의 얼굴은 창백하게 변했고
얼굴 색깔의 변화가 크나큰 열정을 나타내 주었다.
그러나 그는 아직도 내부의 고뇌를 숨기려 하였고
마음의 불길을 나타내주는 연기를 감추려 했기에
결국 온유한 우나가 그에게 이와 같이 말했다:
"오, 복도 많으신 선녀들의 여왕님은 찾으셨군요,
수많은 사람들 중에서, 자기 자신의 무용을 가지고
여왕님의 명예를 지켜내고 적들을 물리치실 분을.
진실한 사랑은 씨 뿌려지더라도, 땅 위로 자라는 경우는 드물지요."

17
"오 그럼 그대는", 고귀한 레드크로스 기사가 말했다,
"그 여왕님의 사랑 바로 다음에 자리 잡게 될 것이오,
오, 천상의 빛으로 가득한, 가장 아름다운 처녀여.
세속 인간의 경지를 넘어선 그대의 놀라운 믿음은
내가 그토록 심하게 대했어도 굳건히 자리를 지켰소.

또한 기사님, 나의 군주이시며, 생명의 은인이시여,
응당 받을 만한 위대한 여왕의 은총을 꼭 얻으소서.
오직 용기를 입증하신 기사님만이 그분의 사랑을—
살아 있는 사람이 그럴 자격이 있다면—받을 자격이 있습니다."

18
그렇게 서로 자신들의 사랑을 이야기하다 보니
황금빛의 태양이 찬란한 머리를 보이기 시작했고
구슬픈 기억이 이제 왕자의 마음에 불러일으켰다,
자신이 가야 할 길을 가야겠다는 새로운 욕구를.
또한 우나도 다시금 여행길에 오르기를 원했다.
그리하여 그 두 기사는, 굳센 우정으로 묶였으며
각자가 상대방에 대한 진정한 사랑을 갖게 되어서,
지극한 마음의 표시로서 좋은 선물을 주고받았고
또한 굳건한 맹세의 표시로서 서로의 오른손을 마주 잡았다.

19
아서 왕자는 흠 없는 다이아몬드 상자를 주었다.
황금과 굉장히 호화로운 장식으로 꾸며져 있었고
그 안에는 순전한 액체가 몇 방울 담겨져 있었는데
놀라운 가치가 있는 것이었고, 효능이 탁월해서
어떠한 상처라도 즉시 낫게 할 수 있는 것이었다.
그 보답으로 레드크로스 기사는 왕자에게 주었다,
한 권의 책을, 거기에는 그의 구주가 주신 언약이
풍성하고 대담하게 황금의 글씨로 씌어져 있었다;

그것은 놀라운 은총의 산물이며 영혼을 구원할 능력이 있었다.

20
그렇게 서로 헤어져, 아서는 자기 사랑을 찾아
갈 길로 가고, 다른 기사는 우나의 영토를 모두
약탈하였던 그녀의 원수와 싸우기 위해서 떠났다.
그렇지만 그녀는 이제 자신이 선택하였던 기사의
쇠약해진 모습과 축 늘어진 힘줄을 가늠해 보고는
한동안 갈 길을 따라 앞으로 나아가려 하지 않았다,
그가 예전에 지녔던 혈색을 모두 되찾을 때까지는.
무시무시한 싸움의 와중에 그를 데려가지 않으려고.
그가 아직은 허약하고 지쳐 있다는 것을 잘 알기 때문이었다.

21
그렇게 길을 가는데, 보라, 그들의 눈에 띈 것은
한 무장한 기사가 빠르게 말을 달려오는 것이었다,
마치 어떤 두려운 적으로부터 도망치고 있거나
다른 무서운 것으로 인해 공포에 떠는 모습으로.
계속 도망치면서도 그의 시선은 뒤를 향해 있었다,
두려운 그 무엇이 뒤에서 따라오고 있는 것처럼.
또한 그가 말 재갈을 꽉 죄고 있으니까 그의 말도
날개 돋친 뒷다리로 바람을 차고 나는 듯이 달렸다,
마치 제가 페가수스와 같은 종자의 새끼이기라도 하듯이.

9 페가수스(Pegasus): 그리스신화에 등장하는 날개 달린 말로서, 페세우스

(Perseus)가 괴물 고곤(Gorgon)을 죽였을 때 그 피에서 솟아 나왔으며 아무리 날아도 지치지 않고 바람처럼 빨리 달린다고 한다.

22
그가 가까이 다가오자, 그들은 알아차리게 되었다,
그가 투구도 쓰지 않았고 다듬지 않은 곱슬머리가
처음 당하는 두려움에 놀라 위로 뻗쳐 있다는 것을.
그의 얼굴 어디에도 핏기가 전혀 보이지 않았으며
사지에는 활력이 없었다. 그를 더욱 두렵게 하려고,
훌륭한 기사도의 지위에 대하여 모욕을 주려는 듯이
그 자의 목둘레에는 삼베 밧줄이 하나 둘려 있어서
찬란한 그의 갑옷과는 전혀 어울리지 않게 보였다.
하나 지금 그는 밧줄이고 갑옷이고 간에 아무 생각도 없었다.

23
레드크로스 기사는 재빨리 그에게로 마주 달려갔다,
대체 어떤 사람이 그토록 기겁했는지 알아보려고.
가보니 그 자는 정신이 하나도 없이 아연실색하여
자기 자신에 대해서도 두려워하고 있는 것 같았다.
그가 앞으로 달아나려는 것을 가까스로 잡아 놓고
기사는 그에게 다음과 같은 말을 할 수가 있었다:
"기사님, 그대를 이런 꼴로 만든 자가 누구이며
누구를 피해 이토록 성급히 도망치는지 밝히시오.
나는 그대처럼 꼴사나운 지경에 처한 기사를 본 적이 없소."

24

그는 아무 대답도 하지 않은 채, 처음의 놀라움에
새로운 두려움을 더 얹어서 — 돌처럼 굳은 두 눈을
커다랗게 뜨면서, 겁에 질려서 멍한 낯빛을 하고 —
기겁을 하여 경직된 채 서 있었다, 마치 쇠사슬에서
풀려 나온 지옥의 악귀들을 우연히 보았던 사람마냥.
온유한 기사는 그래서 그에게 다시, 그리고 또다시
말을 시켰지만, 그는 아무런 대답도 하지 않은 채
사지를 벌벌 떨면서 마음속으로 전율하고 있었다.
마침내 그는 더듬거리는 말투로 떨어내듯 이러한 말을 하였다:

25

"신의 지극한 사랑으로, 기사님, 날 붙잡지 마시오.
보시오, 그가 와요, 날 잡으려고 달려오고 있다오."
그는 또다시 뒤를 돌아보며 도망치려고 애를 썼지만
기사는 그 자를 강제로 머무르게 하였고, 그 자신을
혼비백산하게 만든 비밀스런 이유를 다 말하라고 했다.
하지만 기사의 과감하고 용기 있는 말에도 불구하고
피가 얼어붙은 그의 가슴은 대담해질 수가 없었으며
기사의 과감함은 오히려 두려움만을 불러일으켰다.
그러나 계속 강요를 받자, 이윽고 그는 갑자기 침묵을 깼다.

26

그가 말했다, "정말 이제는 날보고 억지로 죽으라고
강요하는 그 자로부터 내가 확실히 벗어난 것이지요?

그러면 이제는 죽음의 겨냥이 내게서 벗어났으니까
내가 이처럼 불운한 과거사를 이야기해도 되겠지요?"
기사가 말했다, "두려워 마오, 아무 위험도 가까이 없소."
"그렇다면 한 가엾은 이야기를 그대에게 해드리리다",
그가 말했다, "얼마 전에 운 없는 이 눈이 직접 보았고
만일 크나큰 은총이 나를 거기서 구하지 않았더라면
나 역시 그런 지경에 빠질 수밖에 없었을 그런 경우를 말이오.

27
"최근에 우연히 — 그런 우연이 없었으면 좋았을 것을 —
어느 준수한 기사 한 사람과 동행을 하게 되었는데,
그는 터윈 경이라는 이름으로, 모든 일에 적극적으로
가담하고 나섰으며 과감하면서도 자유 분망하였지만
마땅히 행복해야 할만큼 그는 행복해 하지 않았소.
마치 운명처럼 그는 한 귀족 여인을 사랑했는데
그녀 쪽에서는 그를 눈곱만큼도 사랑하지 않았다오.
왜냐하면 그녀는 교만했고 너무도 야망이 컸으며
자신을 사랑하는 이가 수척해지고 흐느끼는 것을 보고 즐겼소.

3 터윈(Terwin): 지침이나 피곤함을 뜻하는 Terwyn에서 나온 말이거나, 또는 Ter+won(세 번+정복되다)에서 만들어진 말일 수도 있고, 겨울을 나타내는 winter의 변형어일 가능성도 있다.

28
"그녀에게서 되돌아오면서, 구슬피 위안도 없이
두 사람이 함께 길을 가고 있던 중에 그 악당을

만나게 되었소—주여 저를 그에게서 지켜주소서!—
내가 좀 전에 도망쳐 나온 바로 그 저주받을 자는
자신을 디스페어라고 불렀는데, 지옥에서 왔다오.
처음에 그 자는 우리에게 인사하고 나서, 공손하게
기이한 소식들과 희귀한 모험들을 이야기해 주었소.
그렇게 풀숲에 숨어 있는 뱀처럼 가까이 다가오며
우리들의 처지와 우리들의 기사적 업적에 대해서 탐문했다오.

5 디스페어(Despair): 의인화된 절망은 칸토 4에 등장하는 7대 죄악의 경우처럼 자신의 이름을 그대로 지닌 채 등장한다.

29
"그런 것들을 다 알고 나서, 우리들의 약한 가슴이
고통과 매섭게 쏘는 슬픔에 잠겼다는 것을 알아채고—
사랑이 자신의 치명적 화살을 거기 명중시켰으니—
상처를 주는 말과 끔찍한 모독의 언어를 사용하여
처음부터 휘청대는 삶을 사랑하도록 우리를 지켜준
평안에 대한 희망을 우리에게서 모두 뽑아내 버렸소.
그리고 나서 구제불능으로 잔혹한 그 간교한 도적은
모든 번민을 끝내고 죽어버리라고 우리를 설득했다오.
그는 내게 밧줄을 빌려주었고, 동료에게는 녹슨 칼을 하나 주었소.

30
"죽음을 급히 재촉하는 그 비참한 도구를 가지고
더 이상 빛을 보기를 혐오하던 그 가엾은 연인은
제 몸에 넓게 길을 열어 생명의 숨을 몰아냈다오.

나는, 겁이 많았거나 운이 더 좋은 사람이었던지,
끔찍하게 변형된 그의 그러한 모습에 경악하여
재빨리 도망쳤소, 죽는 게 두려워 반쯤 죽은 채로.
그런 약점을 가지고 똑같은 경우를 만나게 된다면,
그대라 해도 산다는 보장이 없을 거요, 기사님.
주께서 그 자의 간교한 말을 그대가 듣지 않도록 해주시기를."

31
"사람이 어떻게", 기사가 말했다, "헛된 말 때문에
자기 안위의 성채를 망치도록 놔둘 수가 있습니까?"
"최근의 경험에서 배웠듯이", 그가 말했다, "나는
세상 재물을 다 준다 해도 그의 말을 듣지 않을 것이오.
그 자의 간교한 언어는 마치 뚝뚝 떨어지는 꿀처럼
가슴속으로 녹아 내리고 모든 핏줄에 스며들어서,
본인이 미처 알아채기도 전에 그 은밀한 술책에 의해
자신의 힘을 빼앗기고 결국 연약함만이 남게 된다오.
오, 절대로 그 자의 간교한 술책을 시험해보려고 하지 마시오."

32
"단언컨대", 기사가 말했다, "이제부터 쉬지 않겠소,
내가 그 자의 간악한 계교를 듣고 시험해보기 전까지는.
그대, 기사시여 — 그대의 이름을 말해주시길 바라오 —
나를 그 자의 거처로 안내해주는 은혜를 베풀어주시오."
"나는 트레비산이라고 하는 사람인데", 그가 말했다,
"싫기는 하지만, 그대의 호의를 위해서 되돌아가겠소.

하지만 금이나 다른 어떤 번쩍이는 것을 준다 해도
일단 거기에 도착하면 그대 곁에 머무르지는 않겠소.
죽음 같은 그 자의 얼굴을 보느니 나는 차라리 죽음을 택하려오."

5 트레비산(Trevisan) : 어원이 확실치 않으나 터윈과 비슷한 피곤함을 의미하거나, "두려워서 도망하다"라는 뜻의 그리스어에서 온 말이라고 추측된다.

33

머지않아 그들은 그 사악한 인간이 머무는 곳에
다다랐는데, 텅 빈 동굴 안 쪽 나지막한 곳으로서
울퉁불퉁한 절벽의 아주 아래쪽에 자리 잡았는데,
어둡고 음울하며 황량하여, 죽은 짐승의 시체를
끊임없이 탐내고 있는 탐욕스런 무덤과도 같았다.
꼭대기에는 항시 흉측한 올빼미가 살고 있었는데
끔찍한 소리로 비명을 질러서, 언제나 다른 모든
명랑한 새들을 위협하여 소굴에서 멀리 쫓아냈다.
방황하는 유령들이 주위에서 가득히 흐느끼고 비명을 질렀다.

34

주변에는 또한 오래된 나무둥치와 그루터기들이
과일이나 잎사귀는 하나도 없이 발가벗은 채로
거친 바윗돌의 틈바구니에 여기저기 걸려 있었다.
많은 불쌍한 사람들이 그 위에다 목을 매었기에
그들의 시체가 초록의 잔디 위에 널브러져 있었고
절벽 주변에도 내던져져 있었다. 그곳에 도착하자
맨 머리의 기사는 두려움과 메어오는 슬픔 때문에

감히 가까이 가려 하지 않고 도망치려고 했지만,
다른 기사가 억지로 잡아두고 무서워하지 않도록 위로하였다.

35
그들이 어둠침침한 동굴로 들어가 보니 거기에는
저주받을 그 자가 땅바닥에 나지막하게 주저앉아서
울적한 마음으로 침통하게 생각에 푹 잠겨 있었다.
길게 길러서 묶지도 않은 그 자의 잿빛 머리타래는
둥그런 그의 어깨까지 무질서하게 드리워져 있어
얼굴을 가리고 있었다. 그 사이로 그의 퀭한 두 눈이
죽은 듯 멍청하게, 놀란 듯이 앞을 응시하고 있었다.
광대뼈가 튀어나온 뺨은 궁핍과 배고픔으로 인해
턱에까지 움푹 패여, 마치 그가 아무것도 먹지 않은 것 같았다.

36
그 자의 의복이라고는 누더기 뭉치에 불과했는데
가시로 꿰매서 여기저기 엮어 기운 것이었으며
그것을 자신의 벌거벗은 옆구리에 두르고 있었다.
또한 그 바로 곁에는, 잔디 위에 눕혀져 있었다,
이미 생명이 몸에서 떠나버린 한 가엾은 시체가,
아직까지 따뜻한 자기 자신의 피에 흠뻑 젖은 채.
상처에서는 아직 새 피가 솟고 있었다, 가엾어라.
시체에는 녹슨 칼 하나가 깊이 단단히 꽂혀 있어
솟구쳐 나오는 피가 홍수를 이루며 철철 흘러내리고 있었다.

37
트레비산이 말해주었던 그 애처로운 이야기가
사실이라는 것을 증명해주는 가엾은 그 광경을
직접 대면하게 되자, 고귀한 레드크로스 기사는
대담한 용기를 가지고 타오르는 격정을 불태웠다,
피가 차가워지기 전에 그의 복수를 해주겠노라고.
그리고 악한에게 말했다, "그대, 저주받을 자여,
우리가 여기서 보고 있는 이 행태의 장본인이여,
과연 어떤 심판이 네게 합당한 재판일 수 있는가?
네 피로 여기 눈앞에서 흘려진 피를 보상하는 것 외에는."

38
"어떤 심한 광기가", 그 자가 말했다, "어리석은 그대를
혼란시켜 그처럼 성급한 심판을 내리게 하였는가?
살 가치가 없는 자는 필히 죽어야 한다는 것 외에
어떤 다른 심판을 정의가 가르쳐 주고 있단 말인가?
절망에 빠진 이 자를 죽음으로 몰고 간 것은 바로
죽어 마땅한 자신의 죄책감 말고는 아무것도 없었다.
그렇다면 각자에게 그의 몫을 할당해주는 것이,
즉 살아 숨쉬는 것을 역겨워하는 자를 죽게 해주거나
여기서 힘들게 사는 자를 편안히 죽게 해주는 것이 죄란 말인가?

39
"피곤에 지쳐 방랑길을 따라 여행하고 있는 자가
바라마지 않는 자신의 집으로 성급히 돌아가려는데,

자기 길을 가로막아 흐르고 있는 강물을 만났다면
그를 도와 건너가게 하거나, 진창에 단단히 박힌
발을 빼주는 것이 큰 은혜를 베푸는 것이 아닌가?
시기심이 많아, 이웃의 잘됨을 속상해 하는 자여,
또한 어리석구나, 괴로움을 가지고도 즐거워하니;
왜 강둑에 오래 서 있는 사람이 강을 건너가도록
도와주지 않으며, 또한 그대 자신은 왜 건너가지 않는 것인가?

40
"지금 그는 저기서 영원한 휴식과 행복한 평안을
즐기고 있는데, 그대도 그것을 바라고 추구하면서
매일 거기서부터 더 멀리 떨어져 방황하도다.
길목에 작은 고통이 있어서 약한 육체가 따끔한
그 물결을 무서워한다 한들 그게 대수란 말인가?
짧은 고통이 긴 편안함을 가져오고, 영혼을 눕혀
고요한 무덤에서 재워 준다면 견딜만하지 않는가?
수고 후에 오는 잠, 폭풍의 항해 후에 맞는 항구,
전쟁 후에 오는 평안함, 삶 후에 오는 죽음은 매우 즐겁다네."

41
기사는 그 자의 날카로운 재치에 저으기 놀라면서
이렇게 말했다, "생명의 기한은 지정되어 있어서
사람이 그것을 늘이거나 줄일 수는 없는 것이다.
병사는 보초를 서는 곳에서 움직여서도 안 되고
상관이 명령할 때까진 초소를 떠나서도 안 된다."

"절대적 운명에 의해서 생명을 제한시킨 그 분이",
그가 말했다, "제정된 기간을 가장 잘 알고 있지;
또한 보초병이 있어야 할 장소를 명령한 사람이
아침 북소리가 들리면 그가 떠나도 좋다는 허가를 해준다네.

42
"그가 하는 행동은 어떤 것이든 간에 하늘과 땅에
있는 것이 아니던가? 그가 창조한 모든 것은 다시
죽지 않는가? 시작된 것은 모두 끝나게 마련이지.
모든 것의 기간은 그의 영원한 운명의 책에 반드시
기록되어 있고, 특정한 자기 기한이 있는 법이다.
그렇다면 그 누가 꼭 필요하다고 해서 애를 쓰는가?
언제나 변화하고 있는 이 세상을 정지시키려 하며
혹은 운명에 의해서 지목 받은 죽음을 피해 보려고.
죽음의 시간이 다가오면, 아무도 어째서, 혹은 왜냐고 묻지 말라.

43
"나는 알지, 오래 살면 살수록 더 많은 죄를 짓고
죄가 크면 클수록 그 처벌도 커지게 마련인 것을.
악전고투 끝에, 피를 흘려 가며, 원한을 맺으면서
이겼다고 그대가 자랑하는 모든 대단한 전투들을,
지금은 칭송하나 앞으로는 무척 후회하게 되리라.
생명은 생명으로, 피는 피로만 갚을 수 있으니까.
사악한 인생을 이미 낭비한 것만으로도 부족한가?
왜냐하면 일단 옳은 길을 놓치고 지나친 사람은

더 멀리 가면 갈수록, 더욱 더 방황하게 되기 때문이다.

44
"그러니 더 이상 가지 말고, 더 이상 방황하지 말고,
여기 이곳에 길게 누워서 휴식을 취하도록 하여라,
살아 있으면 따라오게 마련인 죄악을 막기 위해서.
인생에 있어서 우리가 무엇인가를 사랑하게 된 후
다시 그것을 버려야 하지 않는 것이 어디 있는가?
두려움, 병, 늙음, 잃어버림, 노동, 슬픔, 싸움,
고통, 배고픔, 추위는 모두 가슴을 전율하게 한다.
또한 언제나 변덕스러운 운명은 미쳐 날뛰고 있다.
이런 모두가, 또 수천 가지가 더, 인생을 끔찍하게 만드나니.

45
"가엾은 자여, 가장 죽음이 필요한 자는 그대이다,
만일에 자신의 상황을 진정한 저울로 달아본다면.
이제까지 과감히 전투를 치렀던 기사 중에 그대보다
더 불행한 재난을 당한 자는 결코 없었기 때문이지.
지하 감옥을 기억해 보라, 최근에 그대의 삶이 거기에
갇혀 있었을 때 그토록 자주 죽음이 오기를 원했었다.
비록 행운이 그대의 생명을 연장해주기는 했지만.
그렇다 하더라도 죽음이 미리 막아줄 수 있으리라,
앞으로 그대가 빠져들게 될지도 모르는 그러한 온갖 재난들을.

46

“그렇다면, 오 죄 많은 인간이여, 그대는 어찌하여
그대의 삶을 마지막에까지 끌고 가기를 원하는가?
죄에 대해서 그대가 그 동안에 쌓아올린 분량이
이미 거대한 죄악의 뭉치가 되어 드높이 쌓여 올라
마지막 심판 날에 그대를 덮칠 만큼 되지 않았는가?
아직도 부족한가, 터무니없는 거짓으로 여기 있는
너무나 온유한 여인에 대한 그대의 믿음을 져버리고,
자기 자신을 팔아 사악한 두엣사에게 봉사하면서
그녀와 함께 악행을 저질러 그대 자신을 온통 더럽히고도?

47

“가장 높은 하늘에서 이 모든 것을 내려다보시며
공정한 눈을 가지고 계신 분은 정의롭지 않으신가?
그분이 그대의 죄악들을 모두 홀로 알고 있으면서
불경스런 그대의 죄를 뒤집어 쓸 것이란 말인가?
그분의 율법이 “죄인들은 모두 다 죽게 될 것이며
모든 육신은 죽으리라” 아닌가? 어차피 그렇게 될
필요가 있는 일이라면, 모래시계가 다 떨어질 때까지
머뭇거리지 말고, 자진해서 죽는 게 낫지 않겠는가?
죽으면 괴로움이 끝나느니. 어서 죽으라. 오, 선녀의 자손이여.”

48

기사는 그 자의 연설에 대단히 마음이 움직였으며
그의 말은 마치 칼끝처럼 기사의 심장을 꿰뚫어

비밀스러운 상처를 기사의 양심에 남기게 되었다—
그 말이 모두 사실이라는 것을 잘 알고 있었으니—
또한 다시금 그의 기억 속에 새롭게 되살아났다,
자신이 저질렀던 해괴한 죄악의 흉측한 광경들이.
그래서 그의 사나이다운 힘은 모두 흩어져버리고
마치 그 자신이 마법의 주문에 현혹당한 것처럼
때로는 몸을 벌벌 떨다가, 또 때로는 혼절하곤 하였다.

49
그 악당은 기사가 그러한 경악스러움에 사로잡혀
힘이 빠지고 연약해져서 비틀거리며, 한편으로는
떨려오는 공포감이 그의 양심을 압박하고, 또한
시옥 같은 빈민이 그의 영혼을 위압하는 것을 보고,
절망으로 그를 몰아넣고 아주 멸망시키기 위하여
선명하게 그려진 그림을 기사에게 보여주었는데,
거기엔 고통 속에서 슬피 우는 저주받은 혼령들과
영원토록 소모되지 않는 불과 유황으로 그들을
끊임없이 괴롭히고 있는 수천의 악귀들이 그려져 있었다.

50
거기에 있는 그 광경에 그는 너무도 크게 놀라서
죽음 말고는 아무것도 그의 눈에 보이지 않았으며,
전능자의 율법에 따른 공의로운 판결문에 따라서
영원히 불타는 분노가 눈앞에 있는 것을 보았다.
그러자 악당은 그 때문에 기뻐서 날뛰기 시작하며

칼, 밧줄, 독약, 불, 그리고 그를 영원한 파멸로
이끌어 갈 수 있는 것을 모두 그 앞에 가져다 놓고,
어떤 죽음을 원하는지 그에게 선택하라고 하였다.
하나님의 진노를 불러일으킨 자는 마땅히 죽어야 한다면서.

51
하지만 기사가 아무것도 집어들지 않는 것을 보자
날카롭고 예리한 단검 하나를 그 자가 직접 집어서
그의 손에 쥐어주었다. 기사의 손은 떨리고 있었고
마치 녹색의 포플러 잎사귀처럼 부들부들 떨었으며,
걱정 어린 핏기가 창백한 그의 얼굴에 나타났는데
심장에서 온 소식을 가지고 왔다 갔다 하고 있었다,
마치 뛰어다니며 소식을 전하는 전령이기라도 하듯.
마침내 자신의 마지막 고통을 겪어내기로 결심하고
기사는 손을 높이 쳐들었고, 손은 다시 내려오기 시작했다.

52
우나가 그것을 듣게 되자, 온몸의 핏줄을 통해
선뜻한 차가움이 그녀의 생명의 샘으로 몰려들었다,
마치 기절할 때처럼. 하나 곧 다시 정신을 차리고
그녀는 그의 손에서 저주스런 단검을 낚아챘으며,
마음 깊이 분노하여 땅바닥에 그것을 팽개치면서
그에게 말했다, "에잇, 에잇, 마음이 약한 기사님,
이처럼 부끄러운 싸움으로 무엇을 어쩌자는 건가요?
이것이 바로 그대가 저 불 뿜는 입을 가진 끔찍하고

영악한 용과 싸우겠다고 호언장담하던 그런 전투란 말입니까?

53
"어서 빠져 나와요, 약하고, 힘없고, 육신적인 분,
허황된 말에 사나이다운 마음을 사로잡히지 말고
악마 같은 생각에 확고한 정신을 빼앗기지 마세요.
기사님 자신이 천상의 은총의 일부가 아니던가요?
그렇다면 어찌하여 선택받은 그대가 절망합니까?
정의가 자라는 곳에는 또한 더 큰 은총이 자라고
그러한 은총은 지옥 같은 고뇌의 불길을 식혀주며
저주스러운 심판의 글자들을 지워 없애버립니다.
일어나세요, 기사님, 일어나서 이 저주받은 장소를 떠나요."

54
그러자 그는 벌떡 일어났고 곧바로 말에 올랐다.
야비한 자는 그것을 보고는, 또 자신의 방문객이
모든 간교한 술책에도 불구하고 안전하게 떠나자,
여러 가지 있는 것 중에서 교수형 밧줄을 선택하여
자신의 목을 매달았다, 기도도 없이, 축복도 없이.
하나 그는 그렇게 해서 죽음에 이를 수가 없었다.
수천 번이나 그는 그런 식으로 죽으려고 애썼지만
끝내 그것은 그에게 죽음을 가져다주지 못했으니,
결국 그는 마지막 죽음, 즉 영원한 죽음을 기다리게 되었다.

제 10 칸토

아름다운 우나는 그녀의 충직한 기사를
성스러움의 집으로 데리고 간다.
거기서 그는 회개에 대한 가르침을 받고
천상의 축복에 이르는 길도 배운다.

1
과연 그 어떤 사람이 자신의 육체적 위력과
유한한 인생이 주는 허황된 보장을 자랑삼는가?
정신적 적들을 상대로 싸움을 하기가 무섭게
그러한 것들은 모두 하나하나 굴복하고 말거나
가장 비열하게 싸움터에서 도망치게 마련인 것을.
인간이 자신의 재주 덕분으로 여기지 않게 하라,
은총으로 인하여 승리를 얻게 되었을 뿐이니.
우리에게 능력이 있다면, 악을 행할 능력뿐이며
모든 선함은, 그 힘과 의지 또한, 하나님께 속한 것이다.

2
최근에 일어난 일들을 통해서, 우나는 알게 되었다,
자신의 이 기사가 너무나 연약하고 힘이 없으며
그의 모든 힘줄은 약해지고 부실해졌다는 사실을.
또한 오랫동안 지속된 감옥살이와 힘겨웠던 억압의
어려움을 최근에 그가 힘을 다해 견디어 내었기에

아직 그는 저 피어린 싸움에는 적합치 않다는 것을.
그리하여 좋은 음식으로 그의 힘을 북돋우기 위하여
그녀는 그가 활기를 되찾을 장소로 그를 데려가서
최근에 그가 겪은 참담함에서 벗어나게 할 계획을 세웠다.

3

거기서 멀지 않은 곳에 한 오래된 집이 있었다.
그 집을 다스리고 언제나 한결같이 인도하는 것은
한 엄숙하고 머리가 희끗희끗한 부인의 지혜인데,
그녀는 성스러운 학문과 순전하고 흠 없는 생활로
온 세상에 알려져 있었으며, 사람들은 말하기를
그녀의 유일한 기쁨은 불쌍한 영혼들을 물질로써
구제하고 무력한 빈민들을 돕는 것이라고 하였다.
그녀는 밤마다 묵주를 세며 기도하면서 지새웠고
낮에는 종일토록 선하고 신앙심 깊은 행동을 하며 지냈다.

4

사람들은 그녀를 실리아 마님이라 불렀다, 분명코
하늘에서 내려왔거나 그곳에 오르리라고 여겼기에.
또한 딸을 셋 두었는데, 모두들 훌륭하게 자랐다,
훌륭한 예절을 갖추고 신앙심 깊은 훈련을 받으며.
위의 두 딸은 대단히 근실하고, 정결하며, 현명한—
피델리아와 스페란자라고 하는—처녀들이었는데,
배우자가 정해졌으나 아직 혼례는 치르지 않았다.
그렇지만 아름다운 카리사는 한 사랑스러운 짝과

맺어져 있었으며, 그와 더불어 많은 사랑의 결실을 낳았다.

1 실리아(Celia): 천상적(*heavenly*)이라는 뜻으로 도덕의 어머니인 하늘나라의 은총을 의미한다.

6 피델리아(Fidelia)와 스페란자(Speranza): 각각 믿음(*faith*)과 소망(*hope*)이라는 뜻이다.

8 카리사(Charissa): 자선(*charity*)의 뜻으로서 《신약성서》에서 "믿음, 소망, 사랑은 항상 있을 것인데, 그 중에 제일은 사랑이라"(And now abideth faith, hope, charity, these three; but the greatest is charity) (I Corinthians 13:13)의 사랑에 해당한다.

5

그들이 그곳에 도착하니, 문이 굳게 잠겨 있었다.
수많은 적들에 대한 두려움으로 밤낮으로 신중하게
경계하고 있었기에. 그러나 그들이 문을 두드리자
문지기가 지체 없이 그들을 위하여 문을 열어주었다.
그는 머리가 온통 희끗희끗한, 나이가 많은 이로서
눈을 언제나 내리깔고 걸음걸이가 매우 느렸으며
연약한 자신의 발걸음을 지팡이에 의지하곤 했는데,
휴밀타라 불리었다. 그들은 낮게 숙이고 지나갔다,
왜냐하면 그 사람이 안내해 준 길이 좁고 험했기 때문이었다.

8 휴밀타(Humilta): 이탈리아어의 어원을 가진 겸손(*humility*)이라는 뜻.

6

무릇 좋은 것은 처음에 시작하기가 가장 어렵다.
하지만 일단 들어가니 널찍한 정원이 보였는데
평평하여 그 안에서 거닐기에 좋은 곳이었으며,

거기서 수려하고 자비로운 땅주인이 그들을 맞아
예의 바르고 정중한 흥겨움으로 모두를 환대하였다.
그의 이름은 지일이었는데, 그에게 잘 어울렸다,
왜냐하면 말을 하거나 행동을 하는 데 있어서 그는
열정을 나타내 보이기 위하여 열심히 노력하였으며
그들이 저택에 도착할 때까지 기꺼이 그들을 안내하였다.

6 지일(Zeal) : 종교적 열정, 또는 열심을 뜻한다.

7

거기서 한 점잖은 시종이 그들을 잘 맞이했는데,
온유한 태도와 보기 드문 예의를 갖추고 있었고
점잖게 어두운 색의 의복으로 말쑥하게 차려입고
말이나 행동에서 대단한 겸손함을 보여주면서
각계각층에 걸맞은 처신이 무엇인지를 알았으며
레버런스라 불렀다. 그는 그들과 대화를 나누며
극진히 대접하였다. 예의를 갖추는 섬세함이 아닌
단순한 진실과 또한 꾸밈이 없는 부드러움이어서
아주 고귀한 사람들을 접대하는 시종으로서 꼭 들어맞았다.

6 레버런스(Reverence) : 존경을 뜻하며, 그는 이름이 주는 첫인상과는 달리 나이 지긋한 노인이 아니라 일개 시종(*Squire*)으로 등장하고 있는 점이 특이하다.

8

그런 다음에 그는 그들을 여주인에게 인도하였고
그곳의 주인은 바로 나이가 지긋한 한 여인인데,

이제까지 내내 묵주를 세며 기도하느라 바빴었다.
기도를 마치고 그녀는 매우 우아하게 일어서서
대단히 여주인다운 걸음걸이로 그들 쪽으로 왔다.
그녀가 다가와서 그토록 아리따운 우나를 보고는
그녀가 천상의 가문에서 태어났다는 것을 알았고
즐거움으로 인해서 전에 없이 가슴이 부풀었다,
마치 늘그막의 나이에 놀랍도록 큰 위안을 느끼는 것처럼.

9
하여 그녀를 껴안으며 말했다, "오 복된 땅이여,
그대의 순결한 발이 그 위를 항상 딛고 다니니.
천상의 가문에서 태어난 가장 덕이 높은 처녀여,
가없은 그대 부모님들의 옥체를 폭군의 흉맹함과
끊임없는 죽음의 위협에서부터 구원해 내기 위하여
이제까지 수많은 날들을 세상에서 방황하였구나.
하나 지친 그대 발걸음을 멈추지 않고 인도하여
이제 어떤 은총이 그대를 이곳으로 데려왔으며
연약한 그대의 발길이 어쩌다가 이곳으로 옮겨지게 했는가?

10
"이상한 일이로다, 여기 이러한 곳에서 편력기사를
만나게 된다는 것이, 또한 그 어느 누구라 할지라도
이쪽으로 발걸음을 옮기는 이가 있다니. 좁은 길을
택하거나 옳은 것을 추구하는 사람이 너무도 없어.
모두들 넓고 큰 길을 선택하고 즐거움에 빠져버려

차라리 많은 사람들과 함께 방황하기를 선택하며,
그들의 사악한 궁리에 대해 동조자가 되어 버리고
소수의 사람들과 함께 옳은 길을 가려하지 않는구나.
어리석은 사람들아, 어찌하여 자신들의 파멸을 재촉하는가?"

11

"오 지혜로운 분이시여", 우나가 말했다, "저는
당신을 뵈옵고 지친 육신을 쉬려고 이리 왔으며,
이 선한 기사님은 하늘에 이르기까지 퍼져 있는
당신께 대한 칭송과 널리 빛나는 명성에 이끌려
저와 함께 이 길로 왔습니다." 그 연로한 부인은
가장 겸손한 태도로 그에게 다정하게 인사하였고
최고의 손님들에게 걸맞게 두 사람을 환대하였다,
그녀가 생각해낼 수 있는 모든 예의를 다 갖추어,
자신의 관대함과 현명함을 보여주기에 전혀 부족함이 없도록.

12

하여 그들이 여러 가지에 관하여 이야기를 하는데,
보라, 대단히 아름다운 두 처녀가 그곳으로 왔다.
사랑한다는 몸짓으로 서로 상대방의 팔을 낀 채
진지하게, 그리고 겸손하고 정숙한 표정을 담고서
그들은 서로 똑같은 걸음으로 발을 맞추어 왔다.
그 중 나이가 많은 처녀는 피델리아라고 했는데,
수정 같은 그녀의 얼굴은 해 같은 빛을 발하여
성급하게 바라보는 사람의 눈을 멀게 할 정도였고,

그녀의 머리 주변은 천상의 광채처럼 둥그렇게 빛나고 있었다.

13
그녀는 온통 백합처럼 하얗게 차려입고 있었으며
오른편 손에는 황금으로 된 잔이 들려 있었는데,
거기엔 물과 포도주가 철철 넘치게 채워져 있었고
그 안에는 독사 한 마리가 똬리를 틀고 있어서
그것을 바라보는 모든 사람에게 두려움을 주었다.
하나 그녀는 한결같은 표정을 전혀 바꾸지 않았다.
또한 그녀가 다른 한 손에 꼭 붙잡고 있는 것은
책이었는데, 그 책은 피로 서명되어 봉해져 있고
속에는 어두운 것들이 쓰여 있어서, 이해하기가 어려웠다.

14
스페란자라는 이름으로 불렸던 그녀의 동생은
푸른색 옷을 입고 있었는데 대단히 잘 어울렸다.
그녀는 바라보기에 매우 즐겁게 생기지는 않았다,
언니만큼은. 그녀의 가슴속에 어떤 공포나 고뇌가
깃들어 있는 것인지 아닌지 판단하기가 어려웠다.
그녀의 팔 위에는 은으로 만든 닻이 놓여져 있어
꼭 맞춘 것처럼 그녀는 항시 거기 기대어 있었다.
또한 그녀는 언제나 기도를 드리면서 하늘 쪽으로
굳건히 그녀의 두 눈을 향했으며, 다른 쪽은 쳐다보지도 않았다.

15
우나를 보자 그들은 그녀 쪽으로 오기 시작했고
그녀 역시 상응하는 예의를 갖추어 그들을 맞았다.
그들은 서로 간에 다정한 대화들을 많이 나누었고
서로를 만나 보게 된 것에 대하여 매우 기뻐하였다.
그리고 나서 겸손한 수줍음을 머금은 채 기사에게로
몸을 돌려서, 우나가 부드럽게 요청했기 때문에,
분위기에 어울리는 기쁨으로 그에게 인사를 하였다.
최대의 경의로써 그는 정중히 그들에게 답례했으며
여러 가지 위대한 무용담을 재미있게 이야기하기 시작하였다.

16
그러자 우나가 말했다, "그런데 그녀, 다정한 동생
친애하는 카리사, 그녀는 대체 어느 곳에 있는지요,
혹시 건강이 좋지 않거나, 다른 바쁜 일이 있나요?"
"아니에요", 그들이 말했다, "단지 나올 수가 없어요;
얼마 전에 그녀는 뱃속에 가졌던 아이를 해산하여
이 세상에 아들을 한 사람 더 증가시켰기 때문에
그녀를 만나게 되면 오히려 부담이 되실 뿐이에요."
"정말", 그녀가 말했다, "그리하면 심히 힘들겠군요,
하지만 주님께 감사해요, 그녀가 그토록 계속 번성하는 것을."

17
그러자 늙은 실리아가 말했다, "다정하신 아가씨,
그리고 그대, 선한 기사님, 내가 알기로 두 분께선

이곳으로 오시느라고 오랜 노력과 수고를 하셨기에
두 분 다 매우 지치셨을 것이오; 그러니 잠시 동안
침소로 들어가서 쉬도록 하는 것이 어떨까 하오."
그리고서 그녀가 내관 하나를 부르니 그는 기사를
안내하여 한 훌륭한 침실로 모시고 간 후에 그의
억센 갑옷을 벗기고 편안한 침대에 눕도록 하였다.
그 내관의 이름은 오비디언스였는데 과연 꼭 맞는 이름이었다.

9 오비디언스(Obedience) : 복종을 의인화한 이름.

18
이제 그들의 지친 팔 다리가 자연스러운 휴식으로,
또한 그들의 육체가 좋은 음식으로 활기를 되찾자
아리따운 우나는 어여쁜 피델리아에게 부탁하여
자신의 기사로 하여금 그녀의 배움의 집에 들어가
거기서 그녀가 소유한 하늘나라의 지식을 맛보고
그녀의 성스런 말에 담겨 있는 지혜를 듣도록 하였다.
그녀는 승낙했으며, 그 기사에게 큰 호의를 베풀어
천상의 법도가 무엇인지를 그에게 가르쳐줌으로써
둔한 그의 눈을 뜨게 하여, 두 눈에서 광채가 나게 해주었다.

19
그리고 피로 쓰여져 있는 그녀의 성스러운 책은
그녀가 가르쳐주지 않으면 아무도 읽을 수 없는데,
그녀는 그 책을 그에게 낱낱이 밝혀 보여주었으며

거기에 담긴 하늘나라의 원리를 잘 설명해 주었다,
약한 인간의 지혜로는 다다를 수 없는 것으로서—
하나님에 대해, 은총에 대해, 자유의지에 대해.
훌륭한 그녀의 말을 듣는 것은 경이로운 일이었다.
그녀는 자신의 말로써 사람을 죽일 능력도 있었고
자신이 꿰뚫은 심장을 다시 살려낼 수도 있었기 때문이었다.

20
또한 그녀가 더 큰 영력을 쏟아내려고 마음먹으면
그녀는 성급한 태양에게 멈추라고 명령을 내리거나
하늘 높은 데서 태양의 길을 뒤로 돌릴 수도 있었다.
때로 그녀는 많은 무리의 사내들을 기겁하게 하고
강물을 둘로 갈라 마른 땅으로 건너갈 수도 있었다.
또한 그녀는 거대한 산들에게 원래 있던 자리에서
떠나가라고 명령을 내려 무시무시한 굉음을 내면서
격랑이 이는 바다에 내던져지게 할 수도 있었다.
전능하신 신께서 그런 힘과 거대한 능력을 그녀에게 주셨다.

21
충직한 기사는 성숙함을 이제 거의 다 이루었는데,
그녀의 말과 그녀의 동생의 지식을 얻게 됨으로써
모든 천상의 은총이 갖는 완전함에 이를 정도여서
그는 천박한 세상을 끔찍하게 여기기 시작했으며,
유한한 인생을 버려야 할 것으로 여기며 미워하였고
악했던 자신의 행적에 대한 기억 때문에 슬퍼하고,

죄악에 대한 괴로움 때문에 너무도 가슴 아파하며
자신의 가엾은 인생을 끝내 버리기를 원할 정도였다.
죄악에 대한 죄책감의 화살은 그토록 심하게 영혼을 괴롭힌다.

22
하지만 현명한 스페란자가 다정하게 위로하고
그에게 가르쳐 주었다, 어떻게 하면 신앙의 은 닻을
만나게 될 때, 그것을 굳건히 붙들 수 있는지를.
그렇지 않았더라면 너무도 크고 많은 그의 죄들이
피델리아가 말해준 모든 것을 잊게 했을 것이다.
이처럼 끔찍한 괴로움으로 고통받고 있는 그를
사랑하는 그의 우나가 바라보게 되었을 때—
삶을 경멸하고, 죽으러 가기를 원하는 것을 보고—
그녀는 커다란 비통함 속으로 온통 빠져 들어가게 되었다.

23
그래서 괴로움을 호소하러 실리아에게로 갔는데
그녀는 죄의 끔찍함이 상처받은 마음을 움직이는
그러한 일반적 경우에 대해서 잘 알고 있었기에,
있는 힘을 다해서 현명하게 우나를 위로하였다,
훌륭한 도움말과 올바른 권유의 말을 해줌으로써.
그리고 사려 깊은 부지런함으로 즉시 의사 한 분을
모셔왔는데, 그는 대단한 식견을 가지고 있었다,
슬픔에 빠진 양심으로 인해 생기는 질병에 관해서.
또한 그 병을 치료할 수도 있었다. 그의 이름은 페이션스였다.

9 페이션스(Patience): 기독교적 인내, 즉 신의 자비에 대한 지속적 믿음을 뜻한다.

24

그 의사는 영혼이 병들어 있는 기사에게로 와서
그로 하여금 자신의 괴로움을 말하도록 설득했다.
그것을 알고, 또한 그의 우울한 정신을 괴롭히는
원인을 다 찾아낸 후에, 즉시 치료에 착수했다,
대단히 커다란 위력이 있는 약과 처방을 사용해서.
그리고 거기에 놀라운 힘이 있는 말을 덧붙였다.
그렇게 그는 기사를 빠르게 다시 회복시켰으며
그의 처지에 대한 격렬함을 많이 완화시켜 주어서
이제는 자신의 고통이 조금 가벼워져 견디어낼 만하게 하였다.

2 공개적이든, 개인적이든, 어떤 형태이든지 간에 고백은 회개의 과정에 꼭 필요한 단계이며, 인간의 구원에는 반드시 고백이 있어야 한다는 것은 중세 가톨릭 신학자들이나 르네상스의 개신교 학자들이 모두 공통적으로 주장하는 사항이었다.

6 놀라운 힘이 있는 말(*words of wondrous might*): 사제가 죄를 사해주는 것(*absolution*)을 가리킨다.

25

하지만 아직 그의 모든 병의 뿌리이며 근원이 되는
내부적 부패와 이미 거기에 물들어 버린 죄악은
정화나 치유가 되지 않고 여전히 거기 남아 있었다.
또한 헐어빠진 상처는 여전히 속으로 곪아 터져서
뼈와 살 사이에서 은밀하게 스멀거리고 있었다.
그것들을 뿌리 채 제거하기 위하여 의사는 기사를

한 어둡고 낮은 곳의 깊숙한 곳에 비밀히 눕히고
그곳에서 자신의 치료를 실행하려고 마음을 먹고
음식의 엄격한 조절을 통해 그의 끈질긴 병을 고치려고 하였다.

26
그 기사를 재 속에 앉게 하고 그의 말쑥한 몸에다
마대를 걸쳤다, 교만한 욕정들을 약화시키기 위해.
그리고 매일 금식을 시킴으로써 음식조절을 했다,
그의 상처들이 부어오르는 것을 억제하기 위해서.
또한 일찍부터 늦게까지 기도를 드리도록 하였다.
그리고 부어오른 살이 썩게 되면 그때마다 매번
아멘드먼트가 바로 곁에서 항시 준비하고 있다가
불타는 듯 뜨거운 집게를 가지고 그것을 집어내어
곧 그에게는 부패한 부분이 조금도 남아있지 않게 되었다.

7 아멘드먼트(Amendment) : 자기쇄신(*Self-reformation*) 또는 교정.

27
또 냉혹한 페넌스가 쇠로 만든 채찍을 들고서
하루에 한번씩 매일 매일 그를 바로잡아 주었다.
또 예리한 리모스는 그의 가슴을 찌르고 뜯어
거기서 핏방울이 샘물처럼 방울방울 흘러나왔다.
그리고 슬픈 리펜턴스는 상처로 가득한 기사의
육신을 쓰라린 소금물에 목욕시키곤 함으로써
죄악의 더러운 상처가 씻겨 없어지도록 하였다.

그렇게 그들은 짧은 기간에 건강을 되찾게 했다,
전에는 살려는 의지도 없이 죽음의 문턱에 누워 있었던 사람을.

1~5 페넌스(Penance), 리모스(Remorse), 리펜턴스(Repentance) : 각각 속죄, 후회, 회개를 의인화한 것이다. 해밀튼에 의하면 속죄는 현재의 죄악에 대한 처벌로서 후회를 이끌어내고, 후회는 과거의 죄악에 대하여 슬퍼하는 것으로 회개를 불러내는데, 회개는 앞으로 더 이상 죄를 짓지 않겠다는 결심이다.

28
그러는 동안에 때때로 그는 고통이 너무도 커서
마치 사자와도 같이 울부짖었고 포효하였으며
자신의 살을 찢고, 자신의 힘줄을 씹곤 하였다.
사랑하는 그의 우나는, 애처로운 그의 비명과
신음소리를 듣게 될 때마다, 마구 쥐어뜯었다,
죄 없는 그녀의 의복과 자신의 금빛 머리카락을,
그의 고통과 쓰라린 괴로움에 대한 동정심으로.
그런데도 그녀는 모든 것을 인내로 견디어 냈다.
그밖에는 그의 죄가 결코 사해지지 않는 것을 잘 알았기에.

29
현명한 인내에 의해서, 그리고 진실한 회개를 거쳐
그렇게 회복된 기사를 그들은 우나에게 데려왔다.
치유된 그의 마음을 보고서 그녀는 기쁨에 넘쳐
그에게 정답게 입을 맞추고, 또 어떻게 해서든지
그를 즐겁게 만들 방법을 찾아, 쓸데없는 생각을
신중한 그의 마음에서 모두 없애 버리려고 애썼다.

그즈음에 최근에 아이의 출산 때문에 안에 있었던
카리사가 다시 건강을 되찾아 산실에서 나왔다.
아리따운 우나는 이 낯선 손님을 그녀에게로 데리고 갔다.

30
그녀는 마침 절정의 나이에 이른 여인이었는데,
놀라울 만큼 아름답고, 보기 드문 박애심이 있으며
선한 자비로움과 온순한 성품을 가지고 있었기에
이 땅에서는 어느 누구와도 비교하기가 어려웠다.
커다란 사랑이 가득했지만, 큐피드의 헛된 덫을
지옥처럼 미워하였고, 의지와 행동이 정결하였다.
그녀의 목과 가슴은 언제나 열려 드러나 있어서
그녀의 아기들은 항상 양껏 젖을 빨 수 있었다.
그 밖의 부분은 온통 노란 겉옷으로 얌전히 치장하고 있었다.

31
수많은 아기들이 그녀 주위에 매달려서 장난치며
놀고 있어서, 바라보는 그녀를 즐겁게 하였는데,
그녀는 그들이 연약하고 어릴 때에는 먹여주지만
나이가 들어감에 따라 그들을 앞으로 밀어내었다.
또한 그녀는 머리에 황금의 머리장식을 썼는데
뛰어나게 아름다운 주옥들과 보석으로 장식되어
그 놀라운 값어치는 얼마라고 말하기도 어려웠다.
그리고 그녀의 곁에는 온화한 산비둘기 한 쌍이
앉아 있었으며, 그녀는 상아로 만든 의자에 앉아 있었다.

32
기사와 우나는 들어가, 그녀에게 잘 인사하고
다복한 그녀의 자손들에 대하여 축하를 하였다.
그녀는 적절한 예의를 갖추고 그들에게 답하였고
친근하고 즐거운 분위기로 그들을 기쁘게 하였다.
그런 다음에 우나는 그녀에게 간절히 청하기를
그녀의 덕 있는 규율로 기사를 가르쳐 달라고 했다.
이제 그는 자신의 모든 고통을 잘 버티어 냈으며
저 침울한 속죄의 집에 머무르면서 그의 영혼은
지옥과도 같은 고통과, 길고 긴 인내의 밤을 겪어냈으니.

33
우나의 합당한 요청에 그녀는 매우 기뻐하였다.
그리고 그 선녀의 아들의 손을 잡고 데리고 가서
선한 것 모두에 대해 그에게 가르치기 시작했다.
사랑과 정의로움에 대해, 또한 옳은 행동에 대해,
또한 분노와 미움을 현명하게 피하는 법에 대해.
그것들은 신의 분노와 미움을 인간에게 불러와서
많은 영혼들을 비참하게 파괴시키기 때문이었으니,
그러한 것들을 그에게 잘 가르쳐주고 나서 그녀는
거기서부터 하늘나라에 이르는 쉬운 길을 그에게 알려주었다.

34
방황하는 그의 연약한 발걸음을 인도하기 위하여
그녀는 어느 나이 많은 부인을 모셔오도록 했는데

부인의 침착한 표정에는 지혜가 잘 드러나 있었다.
그녀의 이름은 머시였는데, 자애로우면서도
또한 동시에 개방적이라고 널리 알려져 있었다.
그녀는 그 부인에게 그를 보살필 책임을 맡겼다,
그를 바르게 인도하여, 그가 결코 넘어지지 않고
이 넓디넓은 세상의 파도를 모두 다 헤쳐 나가
마침내 머시가 정의로운 그의 영혼을 구원할 수 있도록.

4 머시(Mercie) : 자비의 의인화이지만, 은총 또는 친절, 용서 등으로도 번역할 수 있겠다.

35
신앙심이 돈독한 그 부인은 그의 손을 붙잡고서
그녀가 있는 곳을 떠나 좁은 길로 데리고 갔는데,
가시덤불과 거친 찔레나무가 흐트러져 있었으나
그녀는 그가 가는 길 앞을 계속 치워 없앰으로써
그의 길목에는 아무것도 남아있지 않도록 하였다.
그리고 그의 두 발이 머뭇거리거나 움츠러들거나
아니면 바른 길에서 벗어나 방황하게 되면, 매번
그녀는 그를 꼭 붙잡아 굳세게 바로 세워주었다,
마치 사려 깊은 유모가 종종 넘어지려는 아기를 잡아 일으키듯.

36
얼마 가지 않아 그녀는 길 곁에 자리잡고 있는
어느 거룩한 은신처로 기사를 데리고 갔는데,
거기에는 일곱 기도자가 있어, 모두 서원하기를

드높은 하늘의 구주께 평생을 바치기로 하였고
선한 봉사를 수행하면서 나날을 보내고 있었다.
그들은 언제나 모든 이에게 문을 열어 놓고서
힘겨운 길을 여행하고 있는 사람들을 맞이했고
한 사람은 항시 맨 앞에 앉아서 내다보고 있었다,
도움이 필요한 곤궁한 여행자들을 안으로 불러들이기 위해.

3 일곱 기도자(*seven Bead-men*) : 기도하는 일곱 사람이라는 뜻이지만 실제로 그들의 역할은 다른 이들의 기도를 들어주는 것이다. 이들의 선행은 3연에 등장하는 실리아(Celia)의 삶을 충족시켜준다. 이들은 전통적으로 자비, 즉 머시(*mercy*)의 일곱 가지 유형을 대변하고 있는데, 스펜서는 전통적인 일곱 선행 중에서 배고픈 자를 먹이고 목마른 자에게 물을 주는 처음 두 유형을 합쳐서 하나로 묘사했고, 고아들을 돌보는 선행을 별도로 추가하였다.

37

그 중에서 첫 번째는 가장 훌륭하고 나이가 많아
온 집안에 대해서 책임을 지고 다스리고 있었다,
나머지 사람들의 보호자로서, 그리고 집사로서.
그가 하는 일은 그곳에 오가는 모든 사람들을
맞아 접대하고 숙소를 제공해주는 일이었는데—
그가 자신들에게 제공해 준 것에 두 배로 보답하여
다시 그에게 갚아줄 수 있는 사람들이 아니라
쉴 곳이 필요한 그런 사람들로만 한정하였다.
하나님을 위하여 그런 이들을 접대하는 것이 그의 임무였다.

38

두 번째는 그곳에서 구호물을 분배하는 자였다.

그의 직책은 배고픈 사람들에게 먹을 것을 주고
목마른 이에게 마실 것을 주는 자비로운 일이었다.
그는 결코 자기 것이 부족할까 봐 불안해하거나
자신의 식구들을 위해 따로 비축하려 하지 않았다.
그는 항시 하나님의 은총을 가득 가지고 있어서
그것을 자산으로 자식들에게 남겨 두었던 것이다.
충분히 가졌는데, 더 이상 무엇이 필요하겠는가?
덜 가졌더라도, 그는 무엇인가를 가난한 이에게 주었으리라.

39
세 번째는 그곳 사람들의 옷장을 관할하였는데
거기에는 값비싼 천이나 호화로운 의상도 없고
교만스런 모자장식이나 허영에 찬 치장도 없이
다만 살을 에는 추위를 쫓아버리기에 적합하고
있는 그대로의 알몸을 알맞게 감싸줄 옷들이었다.
그것으로 매일 헐벗고 불쌍한 이들을 입혀주었다,
하나님의 형상을 따라 흙으로 만들어진 그들을.
만일 그에게 나누어줄 옷이 더 이상 없었더라면
자신의 옷이라도 잘라서 기꺼이 나누어주었을 것이다.

40
네 번째가 자신의 직책으로서 부여받은 일이란
자비로운 도움으로 가엾은 죄수들을 풀어주거나
몸값을 주고 인질들을 다시 찾아오는 것이었다,
그들을 가두고 있는 터키인이나 사라센인으로부터.

비록 인질들에게 죄가 있지만, 그가 판단하기엔
사로잡히게 된 그들보다도 훨씬 더 죄가 많은
우리를 하나님은 매시간 용서하신다는 것이었다.
또한 그는 험악한 지옥과 치열한 싸움을 벌여
거기에서 죄 많은 영혼들을 천상의 자기 침소로 데려갔다.

41
다섯 번째는 병자들을 돌보는 책임을 맡았으며
또 죽음의 문턱에 누워있는 이들을 위로해 주었다.
그들에게는 최후의 순간에 위로가 가장 필요한데,
바로 그때 죄와 지옥과 죽음이 이제 막 떠나가는
연약한 영혼을 가장 두려워하게 만들기 때문이다.
우리가 살아서 쌓은 모든 것은 수포로 돌아간다,
만일에 우리가 죽는 날에 잘 마무리하지 못하면.
오 사람아 마지막 쓰라린 고통을 염두에 둘지어다.
나무가 쓰러지듯 영원히 그렇게 누워 있을 것이기 때문이다.

42
여섯 번째는 막 죽은 사람들을 책임지고 있어서
그들의 시체를 각자의 처지에 알맞게 묻어주고
예쁜 꽃들로 그들이 누울 신부의 침대를 꾸며
온화하고 영광스런 천상의 신랑이 그들의 영혼을
구원할 때 그분 앞에 나타날 수 있도록 하였다.
인간은 하나님의 형상대로 지어진 놀라운 작품으로
모든 짐승들이 그 모습을 두려워하며, 그의 손에

모두를 붙였으니 죽었더라도 예우해야 할 것이다.
아, 사랑하는 주님, 제가 죽은 후에 더럽혀지지 않도록 하소서.

43
일곱 번째는, 사람이 죽은 후 장례도 치른 다음에
죽은 사람의 어린 고아들을 돌보는 책임을 지고
과부들을 도와서 그들이 해를 입지 않도록 했다.
법정에서 그는 그들의 권익을 호소하곤 했는데
그들을 보호하는 데 있어서 힘있는 사람들의 위력을
두려워하지도 않았고, 황금이나 뇌물에 현혹되어
그들의 올바른 소송들을 짓밟아 버리지도 않았다.
그리고 가장 필요한 처지에 그들이 처해 있을 때
그들이 필요한 것을 공급해 주었고 또한 언제나 거저 주었다.

44
바로 그곳에 선녀의 기사가 도착하게 되자,
손님을 환영하는 직책을 맡은, 첫 번째이며
일곱 중의 가장 높은 이가 그에게 다가왔다.
그리고는 언제나 기사의 발걸음을 지켜주고
인도해주는 머시를 보자, 지극한 경의로써
깊이 고개 숙여 겸손하고 온유하게 인사했고
그녀의 위치에 어울리는 환영을 준비하였다.
서열에 있어서는 그녀가 그들의 보호자였기에.
물론 카리사가 그러한 조직의 설립자이기는 하지만.

45

머시는 기사를 잠시 거기서 쉬게 함으로써
나머지 갈 길을 그가 좀더 잘 가도록 하였다.
그러는 동안에 온갖 자선금과 자비를 베푸는
신성한 작업들과 선한 행동에 관하여 그녀는
굉장한 부지런함을 가지고 그에게 가르쳤다.
그리하여 그는 곧 완전한 사람으로 변화하여,
처음 단계에서부터 마지막 단계에 이르기까지
유한한 자신의 일생이 아무런 흠이나 잘못 없이
온통 성스런 공의로움으로 가득해야 한다는 것을 배웠다.

46

거기서 그들은 힘든 길을 따라 앞으로 나아가서
어느 가파르고 드높은 언덕에 이르게 되었는데,
그 꼭대기에는 성스러운 교회당이 하나 있었고
또한 그 곁에는 한 자그마한 은신처가 있었다.
그 안에는 어느 나이가 지긋한 성인이 기거하며
낮이나 밤이나 간에 헌신적으로 기도만 하면서
다른 어떤 세속적 일도 상관하지 않고 있었다.
그의 이름은 천상에 관한 콘템플레이션이었는데,
그가 하는 깊은 생각은 모두 하나님과 선함에 대한 것이었다.

8 콘템플레이션(Contemplation) : 명상. 나이 많은 성인인 콘템플레이션은 사이비 은자로 등장하는 아키마고와 여러 면에서 대조된다. 아키마고의 거주지가 계곡에 낮게 자리잡고 있다면(칸토 1을 참조할 것), 콘템플레이션이 사는 곳은 언덕 꼭대기라는 사실도 주목할 만하다.

47

그 노인은 위대한 은총을 하사받은 분이었다.
비록 그의 육체적 눈은 침침하고 나빠졌으며
나이가 많아 원래 타고난 시력을 잃어버렸지만,
종종 하늘 높은 곳에서 하나님을 보았기 때문에
그의 정신만은 놀라울 정도로 빠르고 날카로워
마치 태양을 쳐다볼 수 있는 독수리의 눈 같았다.
그러한 언덕을 그들은 모든 힘을 다해 올랐기에
기사의 연약한 두 다리는 거의 기진하고 지쳐서
쓰러질 뻔했으나, 그녀의 도움으로 결국 꼭대기에 이르렀다.

48

그곳에서 그들은 그 신성한 노인을 만났는데
눈처럼 흰 머리타래가 그의 어깨를 덮고 있었다,
마치 반쯤 죽은 상수리나무의 이끼 낀 가지를
새하얗게 반짝이는 서리가 장식하고 있는 듯이.
각각의 뼈들이 온몸에 앙상하게 드러나 있었고
힘줄이 다 드러나 보였는데, 오랜 단식 때문이었다.
그는 오랫동안 굶은 육신을 전혀 괘념치 않았다.
그의 마음은 정신적 음식에만 팔려 있었으며
자신의 몸을 겸손하고 정결하게 간수하기 위해 육체를 굶겼다.

49

그런 그가 이 두 사람이 다가오는 것을 알아채고
처음에 그들이 나타나자 대단히 못마땅해하였다,

하늘나라에 대한 자신의 명상을 방해받았기 때문에.
또한 그가 깍듯한 경외심을 가지고 사모하였으며
지극히 존경하고 있던 그 부인이 거기 없었더라면
그 기사를 위해선 조금도 움직이려 하지 않았으리라.
그들은 멀찌감치 선 채로 그에게 인사를 하였다.
그들을 매우 환영하면서 그는 겸손하게 응답하였고
어쩐 일로 그들이 그 힘겨운 꼭대기까지 올라왔는지 물었다.

50
"모든 사람들이", 그녀가 말했다, "자신의 행적을
드높은 하늘에 남기기를 원하는 그러한 목적 외에
어떤 다른 이유로 우리가 이런 고통을 겪겠습니까?
여기서부터 곧장 나가면 저 지극히 영광스런 집,
영원한 화염과 타오르는 별들로 인해 밝게 빛나는
그곳으로 곧바로 이르는 길이 시작되지 않습니까?
또 현명한 피델리아가 그곳의 열쇠들을 그대의
손에 맡기지 않았습니까? 그분께서 그대에게 청컨대
그 길을 이 기사님이 바라는 대로 보여주시라고 하십니다."

51
"세 배나 복 있는 사내로다", 진중한 노인이 말했다,
"그의 휘청대는 걸음을 그대의 참한 손으로 인도하여
죄 많은 그의 영혼이 구원받을 수 있는 길을 보여주니.
수천의 천사들이 빛을 발하는 하늘나라의 옥좌에서
태어나고 자란, 그대 자신보다 하늘에 이르는 길을

더 잘 가리켜 줄 수 있는 사람이 누구더란 말이오?
그대는 구원받은 자들이 드리는 신실한 기도들을
저 위대하시고 거룩하신 분 앞에 가져다 드리고는
그분의 격렬한 분노를 완화시켜 관대함으로 변하도록 하십니다.

52
"그렇지만 그대가 명하시니, 뜻대로 되어지리다.
그러면 이리 오라, 그대 지상 사람아, 그리고 보라,
이제까지 선녀의 자손은 그 누구도 보지 못했으며
통행자들을 한 번도 갓길로 방황하게 만들지 않고
다만 오랫동안의 수고와 애타는 기다림을 거친 후에
그들에게 즐거운 휴식과 한없는 축복을 주는 길을.
그러나 먼저 그대는 얼마간 금식과 기도를 통해서
그대의 영혼이 그녀의 보살핌에서부터 놓여나고
하찮은 나약함에서 벗어나 그녀만큼의 힘을 회복해야만 한다."

53
그런 다음, 그는 기사를 가장 높은 산으로 데려갔다.
그곳은 담장처럼 앞을 가로막고 있는 핏빛 물결을
자기 자신의 지팡이를 가지고 양쪽으로 갈라놓아서
자신의 군대가 발을 적시지 않고 그리로 지나가게 한,
바로 저 권세 있는 하나님의 사람이 사십 일을 지냈던
그곳과 같은 산이었다. 거기서 그는 전달해 받았다,
하나님의 손에 의해서 핏빛 글자로 바위에 새겨진
애달픈 울부짖음과 죽음에 이르는 쓰라린 심판을.

그러는 동안 타오르는 불길이 그 주위를 맴돌며 비추고 있었다.

6 그곳과 같은 산: 이스라엘 사람들을 이끌고 이집트를 탈출하면서 홍해를 가른 모세가 십계명을 받았던 시나이 산(Mt. Sinai)을 가리킨다(《출애굽기》 24장 및 34장을 참조할 것).

54

또는 올리브 열매로 그 주변이 온통 둘러싸인 채
머리를 매우 높이 쳐들고 있는 저 성스런 언덕이 —
곧잘 그곳에 계시곤 했던 사랑하는 구주에 대한
영원한 기억으로 과거에도 그러했듯이 — 지금까지도
항상 피어오르는 화관을 쓰고 있는 그곳과 같거나,
아니면 유명한 시인들의 시구를 통해서 어디에서나
항시 잘 알려져 있는 저 즐거움의 산과도 같았는데,
그 산 위에는 셋의 세 곱절이 되는 지혜로운 여인들이
천상의 음률을 연주하고 수많은 사랑스런 노래를 지어내었다.

1~5 《신약성서》에 나타나는 올리브 산(*the Mount of Olives*).

6~9 즐거움의 산(*that pleasant mount*): 아홉 명의 뮤즈가 살고 있는 파르나서스 산(Mt. Parnassus)을 가리키는데, 이로써 스펜서는 구약에 등장하는 산과, 신약에 등장하는 산 다음에 시인의 산을 등장시키고 있다.

55

그곳에서 그는 기사에게 멀리 길게 뻗은 경사진
어느 좁다란 길이 하나 있는 것을 보여주었는데,
따라가 보니 어떤 훌륭한 도시에 시선이 멎었다.
그 도시의 벽과 탑들은 진주와 고귀한 보석으로

높고 견고하게 세워져 있어서 이 세상의 말로는
그려내거나, 인간의 지혜로는 설명할 수도 없었다—
나의 소박한 노래로 부르기엔 너무 높은 대상이니.
그곳은 마침 위대한 왕의 도시라고 불리고 있었고
영원무궁한 평화와 행복이 그곳에 머무르고 있었던 것이다.

56
기사가 거기 서서 바라보니, 축복 받은 천사들이
드높은 하늘에서부터 보기 좋은 무리를 이루며,
이리 저리로 내려와서, 대단한 기쁨에 겨워서
마치 친구가 친구에게 대하듯이 서로 친숙하게
그 도시 안으로 들어가는 것을 볼 수 있었다.
그러한 광경에 그는 무척 놀라, 묻기 시작했다,
높다란 탑들이 별들이 박힌 천체에 닿을 정도로
높이 뻗쳐 있는 그 웅대한 건물은 과연 무엇이며
어떤 알려지지 않은 나라가 그곳에 자리잡고 있는 것인지.

57
"선한 기사여", 그가 말했다, "저곳은 예루살렘이다.
저 새로운 예루살렘을, 하나님께서 지으셨도다,
선택받은 사람들이 거기에서 살도록 하기 위하여.
그분께서 택하신 이들은 저주스런 나무 위에 흘려진
귀한 피로 인하여 사악한 죄에서 용서를 받았는데,
그 피는 바로 온 세상에 있는 모든 죄를 대신하여
죽임을 당하신 저 흠 없는 양의 피였던 것이니라.

이제 저들은 바로 저 도시에 함께 사는 성인들이며
엄마에게 아기가 귀한 것보다 더욱 하나님께 귀한 이들이다."

58
"이제껏", 기사가 말했다, "저는 확신했었습니다,
저 위대한 클레오폴리스—저도 그곳에 있었지만—
지극히 아름다운 선녀여왕께서 거주하시는 그곳이
사람이 볼 수 있는 가장 아름다운 도시일 것이라고.
그리고 모두 투명한 수정으로 지어진 저 빛나는 탑,
판테아가 세상에서 가장 밝은 것처럼 보였습니다.
한데 이제 보니 그렇지 않다는 걸 알게 되었습니다.
이 위대한 도시가 그 도시를 훨씬 능가하고 있고
이 빛나는 천사들의 탑이 그 유리탑을 도리어 어둡게 만듭니다."

2 클레오폴리스(Cleopolis) : 명예의 도시, 혹은 영광의 도시로서 영국의 런던에 상응하는 선녀나라의 수도.
6 판테아(Panthea) : 영국의 역대 왕들과 위인들이 묻혀있는 웨스트민스터 사원(Westminster Abbey)에 상응하는 선녀나라의 지명.

59
"지당한 말이다", 그렇게 거룩한 노인이 말했다.
"그러나 속세에 있는 것으로서는 클레오폴리스가
사람의 눈으로 볼 수 있는 가장 아름다운 작품이다.
그리고 고귀한 이름을 지니고 있는 모든 기사들은
자기 자신의 이름을 영원무궁한 영예의 책 속에
영구히 남기기 위하여, 그곳을 찾아 몰려와서는,

저 고귀하신 여왕께 충성을 다해 봉사하며 또한
그 보상으로 그들에게 합당한 명예를 얻게 된다.
그녀는 천상에서 났고 천상에 산다고 해야 마땅하기 때문이다.

60
"또한 그대, 고운 젊은이여, 영국인으로 태어났지만
지금은 선녀의 아들이라고 일컬어지고 있는 자여,
그대가 비참하고 가엾은 처지에 있는 처녀를 돕는
그 충성심은 여왕의 은총을 얻을 가치가 충분하다.
그렇지만 그대가 위대한 승리를 쟁취하게 되어서
모든 기사들보다 그대의 방패를 더 높이 걸게 되면,
그때부터는 지상의 정복을 추구하는 일을 외면하고
피어린 전장의 죄악으로부터 그대의 손을 씻으라.
피 흘림은 죄악일 뿐이며, 전쟁이란 오직 슬픔만을 낳는 것이니.

61
"그런 후에 내가 그대에게 보여주는 이 길을 찾으라,
이 길이 결국 그대를 하늘나라로 인도해 줄 것이다.
그렇게 되면 그대의 괴로운 순례의 길은 평안하게
저기 있는 저 예루살렘 쪽으로 향하게 될 것인데,
그곳은 그대를 위해 축복된 목적지로서 마련된 것이다.
그대 자신도 지금 보고 있는 저 성인들 중에 끼어서
성인이 될 것이고, 또 그대의 고국에 대해 친구이자
수호자가 될 것이다. 그대는 성 조지라고 불리며
승리의 상징, 행복한 땅 영국의 성 조지라고 일컬어질 것이다."

8 성 조지(Saint George) : 잉글랜드(England)의 전설적 수호성인.

62
"큰 은총을", 기사가 말했다, "받을 자격이 없는 제가,
감히 어떻게 그러한 영광을 얻을 생각을 하겠습니까?"
"그러한 영광을 가지고 있는 이 사람들도 그대처럼",
그가 말했다, "타락했고, 그러한 고통 속에 살았었다."
"그러면 저는 결국 무사로서의 행위를 기꺼이 버리고
그토록 귀하게 얻은 숙녀의 사랑에서 떠나야만 합니까?"
"항시 평화가 머물고 있어 싸워야 할 전쟁이 없는데"
그가 말했다, "대체 무슨 무력이 필요하다는 말인가?
안이한 사랑놀이란 헛된 것이고 흔적도 없이 사라지는 것이다."

63
"오 그렇다면", 기사가 말했다, "즐거움이 그토록
무가치한 저 세상으로 저를 다시 내보내지 마소서.
차라리 제가 이곳에서 영원히 평화롭게 지내거나
아니면 곧바로 저 아름다운 마지막 여행길에 올라
제가 지금 지닌 희망을 망치지 않도록 해주십시오."
"그럴 수는 없다", 그가 말했다, "또한 그대는 아직
저 왕족의 처녀가 지니는 고통을 외면할 수도 없다,
자기 탄원을 오로지 그대의 두 손에 맡기고 있으니.
저주스런 그녀의 원수로부터 그녀를 완전히 해방시켜주기 전에는."

64
"그렇다면 저는", 기사가 말했다, "하나님의 은총으로
위로 받을 길 없는 저 처녀의 탄원을 해결하겠습니다.
그리고는 지체하지 않고 이곳으로 다시 되돌아와서
검소한 순례자의 신분으로 이 길을 걷도록 하겠습니다.
하지만 이제 말해주소서, 노인이시여, 어찌하여 방금
그대는 제가 영국의 혈통에서 태어났다고 하셨습니까?
모두들 저를 선녀의 아들이라고 부르고 있는데요."
"그 말은 내가", 그가 말했다 "확실히 해명해 주리라,
그대는 자신이 태어난 출생 내력에 대해서 알지 못하고 있으니까.

65
"나는 잘 안다, 그대는 색슨의 왕들을 배출해 낸
오랜 가문에서 태어났고, 그 종족은 막강한 힘으로
수많은 피어린 전투들을 영국 땅에서 치름으로써
고귀한 왕위를 브리튼족의 땅에 드높이 올리고
그들을 무찔러서 저항할 수 없도록 만들어 버렸다.
거기에서부터 한 요정이 남몰래 그대를 훔쳐냈다,
그대가 포근한 강보에 싸인 채 잠들어 있는 사이에.
대신 자신의 천한 꼬마요정을 거기에 남겨 두었지.
요정의 도둑질로 바뀐 그런 아이를 바뀐 아기라고 부른다.

1~5 색슨족(Saxon)과 브리튼족(Britane): 앵글스(Angles)족과 색슨(Saxons)족은 약 450년 경 북부지방에서부터 브리튼족이 살고 있던 영국 땅에 용병으로 왔다가 눌러앉아 1066년 노르만 정복(*Norman Conquest*) 때까지 영국 땅을 지배해 온 종족으로서, 오늘날에는 대체로 앵글로색슨(Anglo-saxon)족으로 불린다.

9 바뀐 아기(*Changelings*): 바뀐 아기는 유아세례를 받기 전에 뒤바뀐다는 민간 속설은 왜 레드크로스가 반드시 세례를 받아야 하는지 설명해 준다.

66

"거기서 그녀는 그대를 이 선녀의 나라에 데려왔고
그대를 둔덕이 높이 솟은 어느 밭이랑에 숨겼는데,
마침 함께 일하는 동료들과 그쪽으로 지나가게 된
어느 농부가 거기서 아주 우연히 그대를 발견했고
그대를 농부의 신분에 알맞게 살아가도록 키웠으며
그때부터 그대에게 조르고스라는 이름을 주었다.
자신의 힘에 대한 자부심과 용기가 충천해지자
그대는 명예를 좇아서 선녀의 궁전으로 찾아왔고
그대에게 가장 잘 어울리는 용맹무쌍한 무력을 증명했던 것이다."

6 조르고스(Georgos): 그리스어로 "농부"(*farmer*)라는 뜻. 레드크로스의 이름이 된 조지(George)는 흙 또는 땅이라는 뜻의 어원을 가지고 있다.

67

"오 거룩하신 분", 기사가 말했다, "어떻게 하면
제가 받은 수많은 호의를 되갚을 수 있겠습니까?
제 이름과 나라에 대해서 올바로 이야기해 주시고
하늘나라로 향하는 길에 대해서 가르쳐 주셨으니."
그렇게 말하고, 그는 아래쪽 땅을 내려다보았다,
되돌아가기 위해서; 그러나 엄청난 빛으로 인해서
두 눈이 부셨는데, 그 빛은 그의 연약한 감각을
어리둥절하게 할 정도로 너무도 지나치게 빛났다.

거룩한 존재들에 비하면 지상의 무리들은 그토록 어두운 것이다.

68

마침내 그가 다시 자기 정신을 되찾게 되었을 때
그는 자신을 수습하여 우나에게 되돌아왔는데,
그녀는 아직도 걱정하면서 그를 기다리고 있었다.
헤어지며 그는 자신에게 베풀어준 수고의 보답으로
많은 감사와 좋은 선물들을 선한 현자에게 주었다.
우나에게로 오니, 그녀는 그를 보고 즐거워했고
잠시 휴식을 취한 후에 그에게 원하기 시작하였다,
이젠 그녀의 문제에 대하여 그가 신경을 써줄 것을.
그리하여 그들은 실리아와 그녀의 세 딸들에게 작별을 고했다.

제 11 칸토

기사는 저 늙은 용과 더불어
이틀 동안 쉬지 않고 싸운다.
사흘째 날에 그를 쓰러뜨리고,
가장 영예로운 승리를 얻는다.

1
이제는 무르익기 시작했다, 아름다운 우나가
포로로 잡혀 있는 다정스런 부모님을 생각하고
황폐해진 그들의 왕국을 복구해야 할 시간이.
그들이 이제 그곳에 가까이 접근해 갔을 때
그녀는 격려의 말로 기사의 용기를 북돋아줬고
가장 겸손한 태도를 취하며 다음과 같이 말했다:
"그 어떤 기사보다도 더욱 내게 다정하신 기사님,
저를 위해서 이러한 모든 괴로움을 당하시다니
드높은 하늘이 기사님께서 저를 위해 겪는 노고를 보고 계십니다.

2
"이제 우리는 제 고향 땅에 도착하게 되었습니다,
우리가 겪을 모든 위험이 도사리고 있는 그곳에.
이곳에 저 악마가 나타나 매일 약탈을 자행합니다.
그러므로 이제부터 기사님은 경계를 단단히 하시고
기사님의 흉포한 적을 맞을 준비를 하고 계십시오.

이제 숭고한 용기의 광채가 일깨우고 부추깁니다,
훌륭하신 기사님께서 탁월함을 더욱 발휘하시도록.
그럼으로써 기사님은 영원토록 유명해질 것입니다,
이제까지 전투를 치렀던 이 땅의 다른 모든 기사들 보다 더욱."

3

또 앞을 가리키며 그녀는 말했다, "보세요, 저기가
황동의 탑인데 그 안에는 제 사랑하는 부모님께서
저 거대한 악마에 대한 두려움에 사로잡혀 있어요.
저는 멀리 성벽에 나타난 그분들을 볼 수 있는데
그 모습이 걱정에 찬 제 영혼을 매우 기쁘게 합니다.
또한 저는 볼 수 있어요, 그 중의 가장 높은 곳에서
파수꾼이 기쁜 소식을 들으려고 기다리고 있는 것을.
오 제 부모님, 부모님의 불행을 덜어드릴 수 있는
바로 그 소식을 다행히 제가 가져다드릴 수 있게 되었습니다!"

4

그때에 그들은 어떤 끔찍한 포효 소리를 들었는데,
그 소리는 온 대기를 온통 두려움으로 가득 메우고
굳건한 대지를 불안하게 마구 뒤흔드는 것 같았다.
곧이어 그들은 저 무시무시한 용을 보게 되었는데,
그는 거대한 언덕의 한 양지쪽에, 마치 그 자신이
거대한 언덕 그 자체인 것처럼, 길게 누워 있었다.
그러나 그가 멀리서 그 광채가 하늘을 가득 채우는
기사의 빛나는 갑옷을 보자마자, 전혀 망설이지 않고

눈 깜빡할 새에 자신의 몸을 일으켜 그들 쪽으로 달려들었다.

5
그러자 기사는 자기 숙녀에게 이르기를 멀리 가서
거기 있는 한 언덕에 몸을 숨겨 피하라고 하였는데,
그녀가 그곳에서 전투가 어찌 되는지 볼 수는 있으나
위험으로부터는 안전하게 거리를 두도록 한 것이다.
그녀는 그의 말에 순종하여 몸을 돌려 옆으로 갔다.
이젠, 오 그대 거룩한 뮤즈, 가장 지혜로운 여인,
피버스와 그의 나이든 신부의 아름다운 딸이여,
시간과 영원무궁한 영예를 보살피는 양육자이시며
영원불멸의 이름으로 전쟁의 영웅들을 고매하게 기리는 이여.

6~7 거룩한 뮤즈(*sacred Muse*): 역사의 뮤즈인 클리오(Clio)를 가리키는데, 그녀는 7행에 등장하는 태양의 신 피버스(Phoebus)와 "그의 나이든 신부"(*his aged bride*), 즉 기억의 여신 메모신(Mnemosyne)의 자식이다.

6
오, 나의 연약한 가슴 안으로 사뿐히 들어오소서.
엄청난 분노를 가지고 오지 말고, 부드럽게 오소서.
그러한 분노를 가지고 전투부대를 흉폭하게 만들고
위대한 영웅들의 가슴을 격분으로 가득 차게 만드시면
어느 것도 그들의 불타는 용기를 식힐 수가 없습니다.
그대의 무서운 나팔이 소리를 내기 시작하면 곧이어
흉맹스러운 무기를 지닌 채 아주 깊이 잠들어 있는
전쟁의 신을 그대가 깨워 일으키게 될 것이며 또한

지엄한 공포를 가지고 두려움에 떠는 국가들을 놀라게 합니다.

7

어여쁜 여신이여, 그런 사나운 기분은 비껴 두소서,
내가 전쟁과 피로 물든 마르스에 대하여 노래하여
브리튼의 들판이 온통 사라센인의 피로 물들고
저 위대하신 선녀여왕과 이방인의 왕 사이에서
그 공포가 하늘과 땅을 울린 것을 묘사하기 전에는—
그런 일에는 오랜 수고와 끝없는 칭송이 따릅니다.
그러나 지금은 그러한 드높은 음조는 잠시 제쳐 두고
그대의 화음의 곡조를 나의 음계에 맞추어 울려서
내가 이 하나님의 사람이 가진 훌륭한 무예를 칭송하게 하소서.

2 마르스(Mars): 전쟁의 신. 스펜서가 "월터 랄레이 경에게 보내는 편지"에서 설명한 것처럼 전쟁과 피로 물든 마르스에 대한 노래는 "정치적 덕목"에 대한 이야기를 말하는 것인데, 현재의 시는 "개인적 덕목"에 대한 이야기이다.
3 브리튼(Briton): 영국
4 이방인의 왕(*Paynim king*): 역사적 알레고리로서 이방인의 왕은 가톨릭 국가인 스페인의 왕 필립 2세(Philip II)를 의미한다. 필립 2세는 영국의 엘리자베스 여왕의 가장 큰 적이었으며, 결국 1588년에 무적함대(Armada)를 동원하여 영국을 공격하였으나 패배하여, 이후로 영국이 유럽의 패권을 쥐는 데 크게 공헌하였다.

8

그즈음에 저 끔찍한 짐승은 매우 가까이 다가왔다.
반쯤은 날고 반쯤은 달려서 아주 급히 다가왔는데
제 몸집의 거대함으로 땅의 넓은 면적을 뒤덮었고
엄청나게 큰 허리 아래로 드넓은 그림자를 남겼다,

마치 산이 그림자를 골짜기에 뒤덮으며 드리우듯이.
가까이 다가오면서 그는 앞으로 높이 들어올렸다,
자신의 기괴하고, 무시무시하며, 거대한 몸체를.
그의 몸은 놀라운 위력을 더욱 증대시키기 위해서
분노와, 독과, 그리고 처참하게 엉긴 핏덩이로 부풀어올랐다.

9
또한 등 뒤에는 마치 철판으로 가득 덮인 것처럼
황동의 비늘로 무장되어 있는데, 너무 촘촘히 엮여져
그 누구도 칼로 가격하거나 뾰족한 창을 내질러서
그것을 꿰뚫거나, 그의 몸에 해를 입힐 수 없었다.
먹이가 나타난 것을 보고 가벼운 깃털을 곤두세우고
가장 흉포한 사세를 취하는 한 마리의 독수리처럼,
그가 제 몸을 부르르 떨자 무서운 소리가 들렸다.
왜냐하면 마치 빛나는 갑옷이 서로 부딪치는 듯이
그의 곤두선 비늘에서 나는 소리를 기사 쪽으로 보냈기 때문이었다.

10
그가 휘장 같은 두 날개를 앞으로 휘저어 보이자
그 날개는 마치 미세한 바람을 하나 가득 모아서
빠르게 나아가게 만드는 두 개의 돛과도 같았다.
그리고 또한 그 깃털들을 받치고 있는 깃대들은
펄럭이는 천으로 엮어져 있는 깃 폭들과 같아서,
그가 자신의 두 날개를 가지고 허공을 강타하며
강제로 새로운 통행로를 확보하려 할 때마다

그 앞에 있던 구름은 엄청난 두려움에 물러나고
온 하늘 전체가 그의 위협에 경악하여 잠잠히 서 있었다.

11
거대하고 긴 그의 꼬리는 수백 번 꼬여 올라가
황동비늘로 덮인 기다란 등 위에 퍼져 있었고,
그가 똬리를 틀고 있는 자신의 꼬리를 펴서
두껍게 엉켜진 매듭을 풀어 늘어뜨릴 때마다—
그것은 검고 붉은 방패들처럼 얼룩져 있었는데—
뒤에 있는 드넓은 땅을 온통 뒤덮어 버렸으며,
그 길이가 칠백 야드가 약간 못 될 정도였다.
그리고 그 끝에는 두 개의 침이 달려 있었는데
둘 다 치명적 날카로움이 가장 예리한 강철보다 훨씬 더했다.

12
하나 침이나 예리한 강철보다 훨씬 더 예리한 것은
잔혹하게 찢어발기는 그의 발톱의 날카로움이었다.
무엇이든지 간에 그의 탐욕스런 앞발이 건드리거나
그의 발이 닿는 거리 안으로 일단 끌어들여지면
죽을 수밖에 없었으니, 필연적 죽음을 당했다.
게다가 가장 흉측한 그의 머리에 대해 말하려 하니
내 혀가 떨리도다. 그의 집어삼킬 듯이 깊숙한 턱은
징그러운 지옥의 아가리처럼 넓게 벌려져 있었고
그것을 통해서 희생자들이 모두 캄캄한 심연으로 빠져들었다.

13
그리고 더더욱 놀라운 것은 그의 양 턱에 각각
강철같은 이빨이 세 줄씩 자리 잡고 있었으며,
최근에 잡아먹힌 육체에서 흘러나오는 선혈과
살점들이 아직도 거기에 드러나 있었기 때문에
그 광경은 얼어붙는 듯한 공포를 불러일으켰다.
공포를 증가시키고 모든 상대를 당장에 죽이려고,
숨막히게 하는 연기와 타오르는 유황의 구름이
악취 나는 그의 뱃속에서부터 계속 뿜어져 나와
그 주변의 모든 대기를 연기와 악취로 가득 메우고 있었다.

14
밝게 빛나는 두 방패처럼 번쩍이는 그의 두 눈은
분노로 타올랐고 살아 있는 불처럼 불꽃이 튀었다.
마치 탁 트인 들판에 설치된 거대한 두 개의 횃불이
멀리 있는 모든 마을 마을에 불빛을 전달함으로써,
적들이 그 지방을 습격해 오려고 불과 칼을 가지고
역모를 꾸미고 있다는 경고신호를 보내주는 것처럼,
그렇게 그의 두 눈은 원한의 울분과 격노로 불탔다.
그러나 마치 텅 빈 그루터기 속처럼, 안쪽에 깊숙이
번쩍이는 두개의 등불이 자리잡아, 끔찍한 그림자를 지어냈다.

15
그처럼 끔찍하게 그는 기사를 향해서 다가왔다,
얼룩덜룩한 제 가슴을 앞으로 높이 치켜들고서.

또한 때때로 뭉개진 풀섶을 짓밟고 뛰어오르며
마치 손님이 새로 나타난 것을 크게 기뻐하는 듯이.
곧이어 그는 거만한 머리를 내지르기 시작했다,
마치 성난 멧돼지가 자신의 앞이빨을 치켜올리듯.
그리고 비늘을 흔들며, 전투태세를 갖추는 것이—
그래서 레드크로스도 거의 두려움에 떨 정도였는데—
마치 가까이 있는 적에게 대담한 경멸을 표시하는 것 같았다.

16
기사는 자신의 묵중한 창을 비스듬히 꼬나쥐고서
혼신의 힘을 다하여 그를 향해 맹렬히 달려들었다.
날카로운 창끝은 거칠게 용의 몸에 도달했지만
더 견고한 그 가죽을 꿰뚫거나 상처를 내지 못했고
도리어 옆으로 미끄러져 그냥 비껴 지나가 버렸다.
그렇지만 그처럼 강력한 타격으로 기분이 상해서
분노에 찬 그 짐승은 재빨리 그 주위로 돌아서서
그 곁으로 지나가면서 자신의 긴 꼬리로 맹렬하게
기사를 덮치는 바람에 기사와 말은 땅바닥으로 곤두박질하였다.

17
말과 기사는 둘 다 가뿐하게 다시 일어서서는
또다시 그 용을 향하여 새롭게 싸움을 걸었다.
하나 공허한 가격은 번번이 그냥 튕겨져 나왔고
그 치명적 창끝은 머무를 곳을 찾지 못했다.
흉포한 그 짐승은 넘쳐 오르는 분노로 불타올라

제가 받은 심한 경멸에 대하여 보복하려 하였다.
철통같은 그의 가슴은 결코 겪은 적이 없었다,
산 사람의 손에서 그처럼 큰 힘이 나오는 것을.
이제까지 수많은 편력기사들의 위력을 시험해 보았음에도.

18
그러자 넓게 펼쳐진 자신의 양 날개를 휘적이며
용은 자신의 몸을 땅에서부터 높이 들어 올렸고
힘차게 날아오르며 유순한 대기를 갈라놓았는데,
대기는 자신의 유동적 분자들과 허약한 요소가
그처럼 육중한 무게를 견뎌내기는 어려울 정도로
힘이 없음을 발견해야 했다. 용은 넓은 두 날개로
대기를 가르며 기사의 주위로 돌면서 올라갔다가
마침내 감당할 수 없는 힘으로 낮게 내리 닥치며
말과 기사를 둘 다 잡아채서는 그대로 데려가 버리고 말았다.

19
용은 아래의 평지로부터 멀리 그들을 들어올려서
주목 활로 화살을 쏘아 올리는 높이만큼 갔는데,
그들의 강력한 몸부림으로 인하여 급기야 그는
다 가기도 전에 그들을 떨굴 수밖에 없게 되었다.
흡사 형편없는 야생의 매가 자신의 힘을 능가하는
굳센 날짐승과 겨루어 보겠다는 헛된 생각을 품고,
제가 차고 날기에 너무 무거운 먹이를 움켜쥐려고
나약한 발톱을 헛되이 사용하는 것과 같았는데,

땅으로 끌려온 그 매는 한바탕 싸움을 겪고서야 풀려나게 된다.

20
그처럼 용은 자신이 꽉 움켜쥔 것을 놓쳐 버렸고
기사는 또 다시 자신의 예리한 창으로 공격하였다,
황동으로 덧입혀진 용의 몸을 향하여 달려들면서.
그리고 그 타격에 세 사람분의 힘을 쏟아 부었다.
그러자 그 꼿꼿한 창은 두려운 듯이 부르르 떨면서
비늘로 가득 덮인 용의 목을 스치고 미끄러져 가서
드넓게 펼쳐져 있는 그의 왼쪽 날개 아래로 향했다.
날카로운 창은 그곳에 아주 넓은 상처를 새겼는데
일찍이 겪어 보지 못한 아픔으로 그 괴물은 크게 소리 질렀다.

21
그는 울부짖었다, 성난 바다가 으르렁대는 것처럼,
겨울폭풍이 분노하여 그를 파멸시키려고 위협할 때.
넘실대는 파도는 바위투성이의 해변으로 몰아치고
마치 육지를 제 자리에서부터 어깨로 밀어내려는 듯,
또한 탐욕스런 바다가 입을 쩍 벌리고 복수를 하려고
자신과 이웃하고 있는 대지를 잡아먹기나 하려는 듯.
그러면 몰아치는 광풍이 거세게 위협하기 시작한다,
흡사 온 세상을 그 굳건한 축에서부터 옮겨내려는 듯.
그리고 서로에게 앙갚음하려고 난폭한 싸움을 거는 것 같았다.

22
강철 창끝은 여전히 살 속에 단단히 박혀 있었는데,
결국 용은 자신의 흉포한 발톱으로 그 대를 잡아채
짓밟아 부수어 버렸다. 거기서 계속 뿜어져 나오는
검고 끔찍한 피는 홍수를 이루며 앞으로 흘러나와
그가 서 있는 대지 전체를 그 속에 잠기게 하였으며
거기서 흐르는 핏물로 물방아를 돌릴 수 있을 정도였다.
격분해 있는 용의 분노심은 세 곱절이나 증가되었다,
제 몸에 깊이 뿌리내린 상처로 인한 쓰라림 때문에.
하여 그는 자신의 커다란 콧구멍으로부터 화염을 뿜어내었다.

23
그 다음에 그는 흉측한 자신의 꼬리를 두루 휘둘러
그것으로 거품을 물고 있는 말의 유연한 뒷다리를
확 휘감았는데, 굳센 용맹함으로 가득 찬 그 말은
자신을 꼭 감고 있는 그 매듭에서 풀어나려 애쓰며
너무 성급히 굴다가 더욱 심하게 얽혀들게 되었고
그 바람에 어쩔 수 없이 자신의 주인을 땅바닥으로
내동댕이치기에 이르렀다. 기사는 재빨리 일어났다,
더러운 피로 온통 물들어 있는 대지를 박차고서.
그렇게 부끄럽게 넘어지는 것은 매우 치욕스러웠기 때문이었다.

24
그리고는 자신의 날카로운 칼을 단호히 손에 쥐고
그것을 가지고 너무도 맹렬하고 과감하게 내리쳐

아무것도 그 위력을 견디어 낼 수 없을 것 같았다.
용의 머리 위로 그처럼 강한 쇠가 떨어져 내렸지만
그보다 더욱 강한 머리는 너무도 잘 무장되어 있어
칼은 거기에 더 이상 깊은 흠집을 낼 수가 없었다.
그렇지만 그 타격은 그를 심히 놀라게 했기 때문에
용은 그때부터 그러한 타격을 받지 않으려고 했고
그러한 타격이 다가오는 것을 보면 계속해서 그것을 피했다.

25

기사는 자신의 타격이 빗나가는 것을 보고 노해서
더더욱 맹렬한 힘을 더해서 또다시 타격을 가했다.
그러나 강철은 불꽃을 튀기면서 다시 튕겨져 나왔고
그가 때렸던 곳에 아무런 상처도 남기지 못했다.
마치 그 칼로 굳건한 바위덩이를 내리쳤던 것처럼.
자신이 받은 쓰라린 상처와 과격하고 심한 타격을
더 이상 도저히 견디어낼 수 없게 되자 그 짐승은
제 날개를 이용하여 땅 위로 날아오르려 생각했다.
그러나 좀 전에 입은 상처로 날개가 쓸모 없게 된 것을 발견했다.

26

그렇게 되자 슬픔과 극심한 괴로움으로 가득 차서
그는 결코 들어보지 못한 소리로 크게 울부짖었고,
삼킬 듯 넓은 화로 같은 입에서부터 불길의 섬광을
내뿜었는데, 그의 수염에서 번쩍이는 불길 때문에
기사는 매우 놀랐고 거의 두려움에 떨 정도였다.

타는 듯한 불꽃이 그의 얼굴을 온통 그을렸으며
갑옷을 통해서 그의 몸이 온통 지글지글 타올라서
그처럼 지독한 경우를 도저히 참아낼 수 없었기에
그는 갑옷을 벗어 던지고 투구를 끌러 버리려 했을 정도였다.

27

유명한 시인들의 시구들이 그토록 높이 추켜올리며
그가 행한 열두 가지의 위대한 과업을 매우 칭송했던,
고대 세계의 저 위대한 승리자, 바로 그 영웅을
켄토의 피와 피맺힌 주문에 의해서 마술에 걸린
독 묻은 의복이 마법의 함정에 빠지게 만들었을 때,
수많은 악귀들과 매서운 광기가 그에게 달려든 것도,
일만 이천 고통이 이 기사에게 닥친 것 같지는 않았다.
처음에 그를 지켜주었던 갑옷이 이젠 타는 횃덩이였고
처음엔 그를 잘 무장해 주었으나, 이젠 그를 가장 해치게 되었다.

1~6 그리스신화에 등장하는 영웅 허큘리스(Hercules)는 인간의 힘으로는 불가능하다고 여겨진 열두 가지의 위대한 과업을 성공적으로 수행하였으나, 아내의 배반으로 독 묻은 겉옷을 입고서, 살이 타들어가 결국 엄청난 고통 속에서 죽었다. 켄토(Centaur)는 그리스신화에 등장하는 반인반마의 괴물을 가리키며, 그의 피는 독이 묻어 있어 그것이 몸에 닿으면 살이 타들어가 죽게 된다. 켈로그에 의하면 여기서 레드크로스 기사가 겪는 고통은 십자가에서 죽은 그리스도의 고통을 반영하고 있는 것이며, 중세와 르네상스시대에서 허큘리스는 그리스도를 상징하는 하나의 전형(*type*)으로 여겨졌다는 것이다.

7 일만 이천 고통(*twelve thousand dolours*): 허큘리스가 열 두 가지 시련을 겪은 고통에 대한 비유로서, 레드크로스 기사는 열 두 가지 시련을 지금 한꺼번에 겪고 있는데, 그 고통이 천 배나 증가되었다는 의미이다.

28
열기, 고통, 상처, 무기들, 시련과 내부의 불로 인한
혼미함, 피곤함, 쓰라림, 뜨거움, 슬픔, 불탐 따위의
재앙들이 그처럼 괴롭혔던 사람은 이제껏 없었다—
차라리 죽는 게 더 좋을 듯하여, 그는 죽음을 바랬다.
그러나 죽음이란 필요할 때에는 결코 찾아오지 않는다.
기사가 그렇게 정신없는 것을 그의 적이 보게 되자,
그에게 고통을 덧씌워서 더더욱 쉬지 못하게 하려고
용은 막강한 꼬리로 그 주변을 휩쓸 듯이 내둘러서
매우 힘차게 기사를 가격하였기에 그는 땅에 넘어지고 말았다.

29
그런데 마침 다행히도—아주 좋은 일이 생겼는데—
그가 서 있던 곳 그의 등 뒤에는 그 자신도 모르는
아주 옛적부터 샘물이 솟구치는 샘이 하나 있어서,
거기서 은빛 물결이 빠르게 솟구쳐 나오고 있었고
그 물은 고결한 덕으로 가득 차 좋은 약으로 쓰였다.
저 저주받을 용이 그 행복에 넘치는 땅을 정복하여
순진한 사람들의 피로 그 성스러운 물결을 완전히
더럽히기 전까지는, 그 장소는 그에 걸맞게 불렸었다,
생명의 샘이라고, 그런데 아직도 고결함을 잃지 않고 있었다.

30
왜냐하면 그 물은 죽은 자를 다시 살릴 수도 있었고
악한 죄의 허물을 깨끗이 씻어줄 수 있었기 때문에.

그 물은 또한 질병에 아주 심하게 감염된 사람들을
치유할 수도 있었고, 오랫동안 노쇠한 늙은 사람을
바로 그날 태어난 사람처럼 젊어지게 할 수 있었다.
그 물은 실로와 요단강의 물보다 효험이 좋았고
영국의 바스물이나 독일의 스파보다도 나았으며
세파이즈나 헤브러스도 이 샘에 견줄 수 없었다.
그런데 바로 그곳으로 기사가 내팽개쳐져 자빠졌던 것이다.

6~9 실로(Silo)는《신약성서》에서 예수가 한 장님에게 가서 눈을 씻으라고 일러주어 눈을 뜨게 했던 실로암을 가리키며, 요단강은《구약성서》에서 나만이 문둥병을 치유한 곳이다. 바스(Bath)와 스파(Spau)도 역시 치유하는 힘을 가진 샘물, 즉 온천으로 유명한 곳이다. 세파이즈(Cephise)는 정의의 신 테미스의 신전에 흐르는 그리스의 강이고, 헤브러스(Hebrus)는 중세에 전통적으로 예수의 전형으로 여겨지는 오르페우스의 머리가 던져졌던 강 이름으로서, 요단강과 마찬가지로 세례의 장소로 여겨져 왔다. 이러한 지명은 모두가 병의 치료와 새롭게 하는 능력을 지닌 강, 또는 샘물이다.

31

이제 황금빛 피버스는 자신의 타오르는 얼굴을
서쪽의 물결들 속으로 잠그려고 기울어져 가면서,
피곤한 자신의 말들이 깊은 대양에서 물을 마시며
그날 하루 동안의 노동에 대한 휴식을 취하게 하자,
지옥에서 온 그 괴물은 지쳐 버린 자신의 상대를
그 생명을 주는 샘 속으로 집어던지고 난 후에
흉악한 표정을 한 채 얼룩진 자신의 넓은 가슴을
평소에 하고 다니던 것보다 더 높이 치켜올리고
강철 날개를 퍼덕여 솟구쳐 오르며, 승리자로 행세하였다.

32
생각이 깊은 처녀가 멀리서 그 광경을 보았을 때,
그 싸움이 슬프게 끝났다고 생각하였기 때문에
커다란 근심과 두려움이 그녀의 영혼을 엄습했고
가장 높으신 하나님께 성심껏 기도하기 시작했다,
그처럼 두려운 운명이 그녀를 비껴가게 해달라고.
두 손을 모으고 지극히 겸손하게 무릎을 굽힌 채
그녀는 밤새도록 지켜보면서, 슬픔과 고단함에도
결코 가냘픈 자신의 손발을 떨구어 누이지 않았고
줄곧 기도하며 깨어 있었으며 그동안 내내 흐느끼고 있었다.

33
다음날 아침은 일찍이 그 모습을 나타내기 시작했다,
타이탄이 그날 하루의 경주를 하려고 일어났을 때.
그렇지만 준수한 타이탄의 이슬에 젖은 얼굴이
다음날 아침에 바다 위로 솟아오르기 전에 일찍이
고귀한 처녀는 자신이 있던 자리에서 일어나서는
주변을 모두 둘러보았다, 혹시 볼 수 있을까 해서,
사랑하는 기사가 사내다운 발걸음을 내딛는 것을.
간밤에 그가 그의 적 앞에서 넘어지는 것을 본 후로
그녀는 그의 안위에 대해서 크게 염려하고 있었기 때문이었다.

1 타이탄: 태양의 신인 피버스, 즉 아폴로를 지칭하는 것이다.

34
마침내 그녀는 그가 용감히 뛰쳐나오는 것을 보았다,

그 속에 그가 빠져 흠뻑 젖어있었던 그 샘에서부터.
흡사 대양의 물결에서 이제 방금 뛰쳐나온 독수리가
잿빛으로 하얗게 센 자신의 옛 깃털을 거기 남겨 두고
젊음의 활기찬 새 깃털로 자신의 몸을 온통 감싼 채,
새로 솟아난 자신의 날개 깃털을 시험해 보기 위해서
막 깃털이 난 젊은 매처럼 하늘로 높이 날아오를 때
날면서도 줄곧 제 자신에 대해서 신기해하는 것처럼.
새로 태어난 기사는 새로운 전투를 위해 그처럼 새롭게 일어났다.

35
저주스런 악마는 그처럼 새로워진 그를 보게 되자,
그가 과연 최근에 자신과 싸웠던 적인지, 아니면
새로 등장한 또 다른 기사인지 의심스러워하면서
그 광경에 놀라는 것은 오히려 너무나 당연하였다.
기사는 이제 새로워진 자신의 힘을 증명하기 위해
이슬에 아롱져 빛나는 자신의 칼을 높이 휘두르며
용의 벼슬이 달린 머리를 너무도 힘차게 내리쳐서
그 칼로 그의 두개골에 크게 벌어진 상처를 남겼다.
치명적인 그 상처는 둔중한 그의 감각을 온통 헤집어 놓았다.

36
나로서는 알 수 없는 일이다, 복수에 불타는 칼이
그 속에 그가 빠졌었던 저 성스러운 샘물로 인해
더 견고해졌는지, 또는 날이 더욱 날카로워졌는지,
아니면 그의 세례 받은 팔이 이제 더욱 강해졌거나

또는 다른 비밀스러운 효력이 달라붙게 되었는지.
그렇지 않고서는 그 어떤 육체적 무력의 힘이나
주조된 쇠도 그의 피를 흘리게 할 수는 없는 것이다.
그때까지는 누구도 그를 해치지 못했기 때문이다,
계략이나, 기교나, 힘이나, 또는 강력한 마술에 의해서라도.

37
끔찍한 상처는 그를 너무도 지독히 화나게 만들어
그는 엄청난 고통 때문에 크게 소리를 내질렀는데,
마치 잡아 삼킬 듯한 배고픔이 그들을 엄습할 때에
백 마리의 사자들이 날뛰며 울부짖는 것만 같았다.
그러자 그는 길게 드리워진 꼬리를 높이 치켜들고
그것으로 부드러운 허공을 매우 세차게 휘몰아쳐
그 위력으로 대지를 억지로 굴복시키기 시작했다.
그의 막강한 타격 앞에는 아무것도 견딜 수 없어서
높은 나무들이 넘어지고 바위들도 조각조각 부서져 나갔다.

38
그러한 꼬리를 제 머리 위로 높이 치켜올려 뻗으며
날카롭게 뻗친 침으로 너무 세차게 기사를 강타하여
그를 땅에 쓰러뜨렸다, 마치 일격에 죽은 사람처럼.
어느 누구도 그가 살았을 것으로는 생각하지 않았다.
치명적인 그 침에서부터 쏘아 낸 분노 어린 바늘은
기사의 방패를 꿰뚫고 나가 그의 어깨에 꽂혀서
거기에 단단히 박혀, 무엇으로도 빼낼 수가 없었다.

그로 인한 고통은 그를 무척이나 아프게 괴롭혔으며
무엇으로도 사무치는 고통을 가라앉혀 참아내게 할 수 없었다.

39
그러나 아직은 자신을 괴롭히는 처참한 고통보다도
자신이 소중히 여기는 명예를 더욱 크게 여겼기에,
그는 더러운 땅을 박차고 가볍게 일어설 수 있었고
깊이 들어가 박혀 있는 침을 빼내 보려고 애썼지만,
그가 아무리 애를 써도 아무런 소용이 없게 되자
그는 분노로 불타올라, 격노한 자신의 칼을 쳐들어
몹시도 세차게 내리쳐서 용의 거대한 꼬리 중에서
매듭져 있는 부분을 산산조각으로 베어내 버렸는데;
꼬리의 접합점을 다섯 군데나 베어 내고, 둥치만 달랑 남겨 놓았다.

40
사람의 마음으로서는 생각조차도 할 수 없었다,
지옥에서 자란 그 짐승이 어떤 격분과 울부짖음을
더러운 먹구름과 타는 불길에 섞어 하늘에 내던져
하늘을 온통 지독한 어두움으로 가득 뒤덮었는지.
그렇게 한 후에는 원한과 격렬한 분노로 가득 차서
용은 모든 것을 단번에 복수하려고 마음을 먹고,
불안정한 날개를 가지고 진창에서부터 벗어나려고
몸을 웅크렸다가, 해처럼 빛나는 기사의 방패 위로
맹렬하게 덮쳐왔다, 그리고는 그 방패를 단단히 움켜쥐었다.

41

그 손아귀에 잡힌 기사는 너무도 당혹스러워했다,
그 앞발에 사로잡힌 무기를 잃어버릴까 두려워서.
어찌 해야 그의 발톱을 젖힐 수 있을지도 모르는 채.
세버러스의 탐욕스런 턱 안에서 한 개의 뼈다귀를
끄집어내는 것이 그의 잔혹한 발톱에 쥐어져 있는
전리품을 억지로 빼앗는 것보다 어렵지 않았으리라.
기사는 세 번이나 그의 발에서 방패를 빼내려 했는데
빼내려고 애썼던 시도는 세 번 다 헛수고일 뿐이었다.
그에게서 먹이를 강탈하려는 생각은 아무런 소용도 없는 일이었다.

3 세버러스(Cerberus) : 하데스(Hades), 즉 지옥을 지키는 무서운 개의 이름. 허큘리스(Hercules)는 힘으로 싸워 이겨서 그를 통과했고, 올페우스(Orpheus)는 음악으로 그를 잠재우고 통과하여 지옥으로 갔다.

42

아무런 힘도 소용이 없다는 것을 알아차리게 되자
그는 마지막 수단으로 자신의 충직한 칼을 불러냈고,
그것으로 기사는 격렬하게 그의 적을 공격하였으며
용맹무쌍한 기세로 이중의 타격을 그에게 가하자
마치 육중한 망치들을 철괴 위로 마구 내리칠 때에
걸핏하면 모루에서 불꽃이 튀어 날아오르는 것처럼
그 칼에서부터 번뜩이는 불꽃이 비껴 오르며 춤췄다.
그렇게 하여 그는 마침내 움켜쥔 용의 발 하나에서
억지로 빠져나왔고, 그때부터 자신을 방어할 수 있게 되었다.

43

다른 발 하나는 기사의 방패를 움켜쥐고 있었는데,
어떠한 힘이나 타격으로도 그것을 놓게 할 수 없고
전투에 임하는 불굴의 투지를 꺾을 수도 없었지만,
그가 온몸에 있는 힘을 다하여 그것을 내리쳤을 때
아무것도 그처럼 놀라운 힘에 견딜 수 없을 정도였다.
다행스럽게도 그 강철은 관절 부분에 적중하였으며
그 발을 아예 그대로 두 동강이로 잘라 버리고 말았다.
그러나 발톱은 아직도 움켜쥔 힘이 줄어들지도 않고
처음에 그랬던 것과 마찬가지로 방패에 그대로 매달려 있었다.

44

그로 인한 괴로움과 악마다운 경멸감이 치밀어서
용은 자신의 지옥 같은 용광로에서부터 뿜어내었다,
거대한 불길을. 그래서 온 하늘을 어둡게 만들었다,
어둠침침한 연기와 시퍼런 유황으로 온통 둘러싸서—
마치 타오르는 애트나가 끓어오르는 가마솥에서
여러 조각으로 부서진 바위들과 불꽃을 뿜어내고
산등성이를 새로 녹여 거친 둔덕을 만들어 내면서
칠흑 같은 검은 구름과 더러운 연기로 온통 휩쓸어
온 대지를 악취로 또한 온 하늘을 공포로 숨막히게 하듯이.

5 애트나(Aetna) : 시실리 동부에 있는 유럽에서 가장 높은 화산의 이름. 그리스인들은 이 화산을 제우스가 괴물 타이페우스(Typhoeus)를 그 산 아래 가두어 두었다고 설명하였고, 로마사람들은 이 화산이 대장장이의 신 벌칸(Vulcan)의 대장간이라고 설명하고 있다.

45

거기서 뿜어져 나오는 열기와 몸에 해로운 독성이
너무 심하게 기사를 괴롭혔기에, 그는 할 수 없이
최선을 다해 자신을 방어하려고 약간 뒤로 물러났다,
지옥과도 같은 내장으로부터 용이 마구 내뿜어대는
타는 듯한 불길로부터 자신의 몸을 구하기 위하여.
그런데 마침 — 영원한 신께서 그런 우연을 마련하셨다 —
그가 주춤주춤 뒤로 물러나던 중에, 진흙탕 속으로
거의 탈진한 상태에 있었던 그의 다리가 미끄러져
그는 넘어져서 빠졌다, 심한 두려움과 창피함을 가득 안은 채.

46

거기 그의 곁에는 훌륭한 나무가 자라고 있었는데,
흡사 순전한 진홍색에 흠뻑 물든 것처럼 보이는
장밋빛 붉은 색의 과일과 사과가 가득 열려 있었고
거기에는 어디든지 온통 훌륭한 덕들로 충만했다.
그것들을 따먹는 사람은 누구든지 행복한 인생과
또한 영원무궁한 생명을 가지게 되는 것이었다.
위대한 신께서 그 나무를 그 복된 땅에 심으셨다,
전지전능하신 손으로, 그리고 그것을 이름하여
생명의 나무라고 했으니, 바로 우리 첫 조상이 타락한 죄였다.

9 생명의 나무(*Tree of Life*) : 《구약성서》의 "창세기"에 의하면 선악과(*the tree of knowledge of good and evil*) 곁에 또 하나의 나무가 있었는데, 그것이 생명의 나무이다. 아담의 타락으로 인해 인간은 죽음을 맞게 되고, 그 때문에 아담의 죄악은 바로 생명의 나무를 잃게 된 것을 의미하기에, 생명의 나무가 아담의 타락이라는 죄와 동격으로 쓰인 것이다.

47
온 세상 어디에도 그와 같은 곳은 찾을 수 없었고
그 땅에서는 모든 좋은 것들이 자라고 있었으며
비옥한 땅에서부터 자유로이 뻗어 나오고 있었다,
흡사 타락하지 않은 자연이 씨 뿌려 놓은 것처럼.
저 무서운 용이 모든 것을 뒤엎어 놓기 전까지는.
곁에는 똑같이 아름다운 나무가 자라고 있었는데
그 과실을 먹는 사람은 곧바로 선과 악을 함께
이해하게 되는 것이었다. 오 서글픈 기억이로다!
한 사람의 잘못으로 그 나무는 우리 모두에게 죽음을 주었으니.

48
그 첫 번째 나무에서부터는, 마치 샘물에서와 같이,
가장 숭고하고 고귀한 향기로 넘치는 물줄기가
흘러나왔는데, 그것이 땅 위에 계속해서 떨어져
비옥한 그 땅 전체에 온통 흘러넘치고 있었다.
마치 적절한 시기에 단비가 와서 적셔주는 것처럼.
은혜가 넘치는 그 향유는 생명과 오랜 건강을 주고,
치명적 상처도 치유하고, 다시 살릴 수도 있었다,
무덤으로 갈 준비가 다 되어 있는 무감각한 시체도.
바로 그곳으로 그가 빠졌는데, 그곳이 그를 죽음에서 구해주었다.

49
영원한 저주를 받은 그 짐승은 감히 그 근처로는
다가서지 못했다, 그는 죽음으로 만들어져 있어서

생명을 가진 모든 것을 끔찍이 싫어했기 때문에.
하지만 그곳을 침범해 보려는 시도는 여러 번 했었다.
이제는 떨어지는 한낮의 빛이 사그라들기 시작하고
뒤따라오는 음울한 밤에게 자신의 자리를 양보하자
밤은 자신의 검은 망토를 가지고 뒤덮기 시작했다,
대지의 얼굴과 활기 있는 사람들의 사는 모습들을.
그리고 타오르는 자신의 횃불을 하늘 높이 밝게 고정시켰다.

50
정숙한 우나가 자신이 사랑하는 기사의 두 번째
넘어짐을 보았을 때, 그는 오랜 싸움에 지치고
피를 많이 흘려 어지러워져, 전혀 움직이지 않고,
마치 심오한 즐거움의 꿈속에 있는 듯이 누워서
진귀한 향유에 흠뻑 젖은 채, 그 치유하는 힘으로
상처를 치료하고, 타는 듯한 열기를 식히고 있었다—
또다시 그녀는 가슴 저미는 두려움에 사로잡혔고
그의 안전을 위해 경건하게 기도하기 시작했으며
위험스런 그 밤을 지켜보면서, 즐거운 낮이 오기를 기다렸다.

51
즐거운 낮은 일찌감치 모습을 보이기 시작했으며
아리따운 오로라는 몸을 일으키기 시작하였다,
나이 많은 타이톤의 이슬이 맺힌 침대에서부터
부끄러워서 붉게 달아오른 장밋빛 뺨을 지닌 채.
그녀의 금빛 머리타래는 서두르는 바람에 늘어져

두 귀를 덮고 있었다; 그때 우나는 그녀를 보았다,
드높은 하늘에서 침울한 어둠을 쫓아내기 위해서
그녀가 꽃으로 가득한 자신의 마차에 오르는 것을.
날아오르는 종달새가 즐거운 음률로 커다랗게 그녀에게 인사했다.

52
바로 그때에 용맹스러운 기사는 활기차게 일어났다,
넓게 벌어진 상처와 아픈 곳들을 모두 치료한 후에.
또한 스스로 전투에 임할 만반의 준비를 갖추고서.
부지런한 그의 적은 날이 밝는 것을 보자마자 즉시
그를 집어삼키려고 주변에서 기사를 기다리고 있다가
마치 최근의 싸움에서 전혀 해를 입지 않았다는 듯이
이제 그가 그처럼 활기차게 떨쳐 일어나는 것을 보자,
경악하며, 제 운명에 대해서 두려워하기 시작하였다.
그렇지만 그는 기왕의 분노를 발하며 기사에게로 달려들었다.

53
그리고 그는 첫 번째 결전에 임해서, 입을 크게 벌리고,
기사를 단번에 삼켜 버리겠다고 마음에 다짐을 하고는
무시무시한 자신감을 가지고 그에게로 달려들었다.
기사는 솟구쳐 오르는 매처럼 용맹스럽게 그를 맞아
강제로 그를 물러서게 하였다. 그의 빛나는 무기는
용의 입이 벌려져 있는 순간을 절호의 기회로 삼고
엄청나게 커다란 힘으로 그의 입을 관통해 들어가서
어두컴컴하고 텅 빈 그의 뱃속을 깊이 꿰뚫어 버렸다.

그런 후에 되돌아 나왔다, 그의 생명의 피를 모두 뽑아내면서.

54
그렇게 그는 넘어졌다, 그가 생명의 숨을 불어내자
그 숨은 잽싸게 연기와 구름 속으로 사라져 버렸다.
그렇게 그는 넘어졌다, 그 밑에 자리 잡았던 대지는
신음했다, 그처럼 큰 무게를 견디기가 힘겹다는 듯.
그렇게 그는 넘어졌다, 마치 거대한 바위 절벽이
밀려오는 파도가 그 부실한 터전을 씻어내게 되면,
막대한 제 무게를 이기지 못해 대륙에서 떨어져나와
굴러 무너지면서, 위대한 넵튠을 놀라게 하듯이,
그렇게 그는 넘어졌다, 그리고 첩첩이 쌓인 산처럼 넘어져 있었다.

55
기사 그 자신조차도 그가 넘어질 때 몸을 떨었다.
그것은 그토록 거대하고 끔찍한 덩어리로 보였다.
그리고 그것을 모두 바라본 그의 사랑하는 처녀는
필요 이상으로 겁에 질려 감히 다가서지도 못했다.
하지만 그러다가 마침내 그녀가 그 흉측한 악마가
꼼짝도 않는 것을 보고, 헛된 두려움을 떨쳐 버리자,
그녀는 가까이 다가와서 기쁜 결말을 보게 되었다.
그러자 신을 찬양했고 충직한 기사에게 감사했다,
그 자신의 힘으로 그처럼 위대한 승리를 쟁취한 것에 대하여.

제 12 칸토

아리따운 우나는 기쁨에 겨워하며
레드크로스 기사와 정혼하게 된다,
비록 악한 두엣사가 그것을 막으려고
자신의 거짓된 계교를 동원하지만.

1
보라, 하늘나라가 거의 다가온 것이 보이도다,
내 힘겨운 항해의 목표를 그쪽으로 잡고 있으니.
주요 돛을 펼쳐 내리고, 육지를 향하여 나아가라,
저 앞에 있는 곳은 보기에 아름다운 곳 같으며
위협해 오는 폭풍으로부터 안전한 곳처럼 보인다.
그곳에 그 동안의 여행에 지친 이 아리따운 처녀가
상륙하여야 한다, 이제 여행길의 마지막에 이르러.
그곳에 또한 내 연약한 작은 배도 잠시 머무르리라,
쾌적한 날씨와 바람이 다시 그곳을 떠나가라고 부를 때까지.

2
어둠침침한 동쪽에 머물러 있던 피버스가 미처
불타는 발을 가진 말들에게 고삐를 채우기도 전에,
또한 타오르는 투구를 대지 위로 올리기도 전에,
마지막 죽음의 연기는 높이 흘러 솟구쳐 올라가
용이 마지막으로 숨을 토해냈다는 생명의 표시가

성벽 마루에 서 있던 감시병의 눈에 띄게 되었다.
그는 그로써 저 악한 짐승이 죽었다고 여기고는
큰 소리로 자신의 영주와 부인을 부르기 시작했고
어떻게 용이 넘어져 최후를 맞는 것을 그가 보았는지 말했다.

3

기쁨에 벅차서 날렵한 속도로 떨치며 일어났다,
그 모든 땅의 주인이었던 나이가 지긋한 그 분은.
그리고 그러한 소식이 과연 자신이 알아들은 대로
진실인지 아닌지를 확인하기 위하여 수소문하였다.
조사해 본 후 그것이 모두 사실인 것을 알게 되자
그는 그동안 오랫동안 잠겨 있었던 황동의 성문을
활짝 열도록 하라고 지시했다. 그리고 그 즉시
온 나라 전체에 기쁨과 평화가 왔다고 선포하였다.
최근까지 그들을 침범했던 원수가 이젠 죽었기 때문이었다.

4

그러자 승리를 알리는 트럼펫 소리가 높이 울려서,
오랫동안 자신들을 괴롭히고 억압했을 뿐 아니라
점령당한 성채 안에 자신들을 꼼짝 못하게 가두었던
그 용을 물리친 행복감과 그들이 또 다시 찾게 된
기쁨의 소식을 하늘로 보내어 메아리치게 하였다.
그런 후에 모든 사람들은 성스러운 축제에서처럼
하나의 무리를 이루며 다함께 그에게로 몰려들어
저 거대한 짐승의 무너짐에 대하여 경축하였는데

이제 그들은 그 자의 영원한 멍에로부터 풀려난 것이었다.

5

옛 영주와 나이가 많은 여왕이 앞으로 나아왔다,
바닥에까지 길게 드리워지는 고색창연한 겉옷과
보기에 대단히 아름다운 검은 의상을 차려입고서.
고귀한 사람들이 그들 주위에 대기하고 있었는데
모두 점잖게 차려입은 현자들과 근엄한 이들이었다.
그들보다 훨씬 앞에 잘생긴 젊은이들이 멋진 대열로
행진하고 있었다, 그들은 모두 전투에 능했지만,
지금 그들은 손에 월계수 가지를 들고 있었다—
그 나라에 가득히 찾아온 승리와 평화에 대한 기쁜 표시로서.

6

저 용감무쌍한 정복자에게로 그들 모두는 다가왔고
그 앞에서 자신들의 몸을 땅바닥에 낮게 엎드린 채
그가 자신들의 군주요 수호자라고 크게 공표하고
그들이 가져온 월계수 가지를 그의 발아래 던졌다.
곧 그들의 뒤를 이어서 모두 한 줄로 서서 춤추면서
꽃다발로 장식을 한 온순한 처녀들이 나아왔는데,
아침 이슬이 그 꽃들의 잎사귀 위에서 반짝일 때
초원의 꽃들이 초록의 빛을 발하는 듯이 신선했다.
또한 그들은 손에 고운 소리 나는 탬버린을 높이 들고 있었다.

7

그리고 그들 앞에는 나이어린 아이들 한 무리가
천진난만한 기쁨으로 장난스럽게 놀이를 하면서,
그 처녀들이 만들어내는 탬버린 소리에 맞추어
화음이 잘 맞는 곡조로 즐거운 시구를 노래하며
시종일관 듣기에도 즐거운 음악을 만들어 내면서,
그 아름다운 처녀가 서 있는 곳에까지 다가왔다.
마치 아름다운 다이애나가 상큼한 여름날에
요정들이 숲 그늘에 흩어져 노는 것을 바라보듯이—
몇몇은 씨름하며, 뛰며, 또는 수정 같은 냇물에서 목욕하는 것을—

8

그렇게 그녀는 그 처녀들의 유희를 보고 있었다,
기쁜 눈빛을 하고. 그들은 그녀에게로 다가가서
우아하고 겸손하게 몸을 숙여 땅에 엎드리고는
영예로운 칭호로 그녀를 부르면서 경배하였는데,
영원무궁한 그녀의 명성을 하늘에 퍼지게 하였다.
또한 그들은 그녀의 머리에 녹색 화환을 씌우고
반은 장난 삼아 반은 진심으로 여왕으로 섬겼다.
원래 그녀 자신의 모습이 대단히 매력적이어서
있는 그대로 선한 처녀여왕이신 그 분처럼 보였던 것이다.

9

그리고 뒤를 이어서 온갖 평민들 무리가 달려왔다,
한 떼를 이루어 마구 법석이며 서로 서로를 밀치며,

저 승리한 사람의 얼굴 모습을 직접 보기 위하여.
모두들 하늘에서 내려온 사람인 양 그를 경애하며
놀라운 표정으로 입을 벌린 채 그를 바라보았다.
그러나 그들이 저 죽은 용이 누워 있는 곳에 이르자,
굉장히 넓은 자리를 차지하고 땅에 널브러져 있는
그 광경에 그들은 어안이 벙벙할 만큼 놀라워했고
만져 보거나 건드려 보려고 감히 그리로 가까이 가지도 못했다.

10
몇은 두려워 도망쳤고 또 몇은 두려움을 잘 숨겼다.
다른 모든 사람들보다 현명한 듯했던 어떤 사람은
그를 만지지 말라고 주의를 주었다, 어쩌면 아직도
어떤 생명이 텅 빈 그의 가슴에 남아 있을지도 모르고,
혹은 그가 풍성히 낳은 수많은 새끼용들의 둥지가
그의 뱃속에 여전히 도사리고 있을지도 모르기에.
또 한 사람은 말하기를 그 용의 두 눈에는 아직도
반짝이는 불길이 남아 있다며 그것을 주의하라 했고,
또 다른 이는 그의 눈이 실제로 움직이는 것을 보았다고도 말했다.

11
어떤 엄마는 자신의 겁 없는 어린아이가 그에게로
아주 가까이 다가가서 그의 발톱을 가지고 놀자
두려움에 질려 반쯤 죽은 채 아이를 꾸중하였고,
자신의 수다쟁이 동료들에게 상의하듯이 말했다.
“내가 어떻게 알겠어요, 그 발톱들이 지금까지도

내 아들을 할퀴거나 그 연약한 손을 찢지나 않을지?"
그처럼 여러 가지로 그들은 공연히 두려워했으나
남들보다 대담한 몇몇은 그에게 가까이 다가섰다,
그가 얼마나 넓은 면적의 땅을 차지하고 있는지 측정해 보려고.

12
그처럼 모든 사람들이 그의 주위에 몰려들었는데,
그 즈음에 저 나이든 왕이 자신의 신하들과 함께.
강건한 승리의 기사가 자신의 적을 무찌른 후에
머무르고 있는 그 장소에 다다르게 되었고, 즉시
그를 매우 반갑게 맞이하였고 아주 잘 대접하였다,
상아와 황금으로 만든, 왕자에게 어울리는 선물로.
그리고 그의 모든 노고에 대해 천 번이나 감사했다.
그리고 나서 자신의 사랑하는 딸을 대면하게 되자
그녀를 다정스럽게 품에 안고서 몇 번이고 입을 맞추었다.

13
그런 후에 그는 그들을 자신의 왕궁으로 데려갔다,
달콤한 클라리온을 오보에와 트럼펫과 함께 울리며.
또한 기쁨에 겨운 사람들은 가면서 내내 노래하고
자신들의 옷가지들을 가지고 포장된 길을 덮었다.
그곳에 올라갔을 때, 그들은 거기에서 발견하였다,
황제의 궁성에 어울리는 물자들이 다 있는 것을.
그리고 그들의 발밑에 펼쳐져 있는 마루바닥에는
대단히 유명하고 값비싼 주홍빛 천이 깔려 있었고

그 위에 그들은 겸손하게 앉아서 온화한 대화를 나누었다.

14
그 잔치와 훌륭한 식탁을 설명할 필요가 있겠는가?
거기엔 거칠거나 허황된 것이 아무것도 없었는데.
근사한 식기들과 정중한 접대나 궁중의 시종들을
묘사하기 위해 무슨 생각을 짜낼 필요가 있겠는가?
내 비좁은 책갈피에 모두 담을 수는 없는 것이다,
고귀하신 왕자의 지위에 걸맞은 거창한 설명들을.
하나 그때 그들의 예절은 격식이 없이 평이했는데
옛날의 세상은 과도함과 교만을 미워했기 때문이다.
그러한 교만과 사치스런 과시는 최근에야 부풀어오른 현상이다.

15
그들이 온갖 종류의 고기와 마실 것을 가지고서
드디어 자신들의 왕성한 식욕을 다 채우고 나자,
나이가 많은 영주는 시의적절한 기회를 틈타서
그 기사가 여행을 하는 도중에 그에게 닥쳐왔던
여러 가지 신기한 모험과 무서웠던 순간들에 대해서
이야기해 달라고 그 고귀한 손님에게 부탁하였다.
그러자 그는 침통한 표정을 짓고 무거운 말투로
기왕에 모두 알려진 것처럼, 조목조목 상세하게,
영주의 요청에 따라 자신의 기나긴 여행에 대해 이야기했다.

16

동정 어린 태도가 뒤섞인 커다란 기쁨을 나타내며
그 경건한 왕과 왕비는 연민의 정을 보여주었다.
그들이 기사의 가엾은 모험 이야기를 듣는 동안
때때로 그들은 기사의 불운한 처지를 슬퍼하다가,
그처럼 수많은 분노의 상처를 그에게 안겨주었던
너무나도 무정한 운명을 원망하기도 하곤 하였다.
이제껏 그 어떤 고귀한 기사도, 그가 겪은 것처럼,
운명의 잔혹한 변덕에 휩쓸린 적이 없었기 때문에.
그리고 줄곧 짜디짠 눈물이 그 말을 듣는 이들의 뺨을 적셨다.

17

그런 후에 왕가의 후예는 정신을 수습하고 말했다:
“친애하는 젊은이여, 그대가 최근에 처음부터 끝까지
견디어낸 어려운 일들은 너무도 가혹한 것이어서,
칭송과 동정, 어느 쪽을 더 해야 할지 나도 모르겠소.
살아 있는 사람은, 내가 알기로, 아무도 그리 심하게
죽음의 위험이 가득한 바다에 던져진 적이 없었기에.
하지만 이제 그대는 안전하게 해안에 이르게 되었고
잘 당도하였으니 — 높으신 하나님은 칭송을 받으시라 —
우리 함께 편안하고 영원한 휴식에 대해 생각해보도록 합시다.”

18

그러자 용감한 기사가 말했다, “아 친애하는 영주님,
폐하의 따님께서 폐하께 잘 설명해 드리시겠지만,

저는 아직 편안함이나 휴식을 생각할 수 없습니다.
제가 무기를 걸고서 맹세하였던 그 믿음을 따라서
저는 지금 이 모험을 마치자마자 곧바로 떠나가서
저 위대하신 선녀여왕께로 되돌아가야만 합니다.
그리고 힘을 다해 육 년 동안 여왕님을 섬겨야 합니다,
그분을 괴롭히려는 저 교만한 이방의 왕에 대항하여.
하오니 그 시간이 이를 때까지는 용서를 구해야만 하겠습니다."

19
"힘들어도 해야만 하는 그 임무에 불행이 따르도다",
왕이 말했다, "내 행복한 평화에 대한 방해꾼이며,
나의 축복을 빼앗아가 버리는 철천지원수로구나.
하지만 내가 그 일을 반대하는 것도 정당하지 않소.
지금은 그대가 그러한 의무에서 벗어날 수도 없고
저지른 일은 할 수 없으니 — 맹세를 헛되게 할 수는 없소 —
머지않아 그러한 육 년의 기한은 다 차게 될 것이고
그때가 되면 그대는 이리로 다시 돌아오기 바라오,
그대 둘 사이에 언약되어 있는 결혼을 성취하기 위해서 말이오.

20
"내 편에서는 그대로 거행되기를 갈망하고 있다오,
내가 온 세상을 통해서 이미 공포했던 그 방식대로 —
즉 누구든지 가장 흉측하게 생긴 저 괴물을 죽이고
어렵고 힘든 전투를 치러 그를 무찌르기만 하면,
하나밖에 없는 나의 딸을 그의 아내로 맞을 것이고

또한 내 왕국의 분명한 상속자가 되리라는 것이오.
그리하여 이제 그러한 것들이 그대의 것이 되었소,
숭고한 기사도에 당연히 뒤따르게 되는 대가로서.
보시오, 이제 나는 딸과 나의 왕국을 둘 다 그대에게 넘겨주노니."

21

그리고 나서 그는 자신의 아리따운 딸을 불러냈다,
가장 아름다운 우나, 그가 유일하게 사랑하는 딸,
자신의 외동딸이며 하나밖에 없는 자신의 상속자를.
슬프지만 짐짓 쾌활함을 지닌 채 그녀가 나왔는데,
흡사 샛별이 불타는 듯한 머리채로 단장을 하고
밝아오는 낮이 가까이 다가오고 있다는 걸 알리고
오랫동안 희구하던 빛을 세상에 가져다주기 위하여
동편에서부터 자태를 드러내고 있는 것처럼 빛났다—
그녀는 그토록 아름답고 신선하게 자신의 모습을 드러내었다.

22

해맑은 오월의 꽃처럼 그렇게 아름답고 신선하게.
그녀는 자신의 구슬픈 장옷을 이미 벗어 버렸으며
과부처럼 구슬픈 베일도 치워 버렸기 때문이었는데,
그녀는 그것들로 천상의 아름다움을 감추고 있었다,
그녀가 힘들고 지루한 여행길에 올라 있는 동안에.
그리고 지금 그녀가 몸에 착용하고 있는 의상은
아무런 흠이나 장식도 없이 온통 백합처럼 희었고
비단과 은줄로 촘촘히 짜여진 것처럼 보였는데

그 어떤 비단이나 은줄도 겉으로 나타나 보이지는 않았다.

23
그녀의 미모에서 나오는 광채의 타는 듯한 밝음과
태양과 같은 얼굴이 발산하는 고귀한 빛에 대해서
말하는 것은 마치 물결을 거슬러보려는 것과 같다.
나의 낡아빠진 시구는 너무나도 거칠고 저속하여
천상과 같은 그녀의 모습을 도저히 칭송할 수 없다.
그도 그럴 것이, 그녀 자신의 사랑하는 기사조차도
비록 그녀가 매일 그와 함께 있었음에도 불구하고
그녀의 천상의 모습을 보고 매우 놀랐기 때문이다.
때로 그녀를 아름답게 여겼지만, 그리 예쁘게 차린 것은 못 보았다.

24
그처럼 아름답게 차리고 그녀가 몸소 나아와서
자신의 아버지께 겸손하게 경의를 표시하면서
낮게 절을 했는데, 그것이 그녀에게 잘 어울렸고
그녀의 훌륭함에 우아함을 더해주는 것이었다.
대단한 지혜와 엄숙한 위엄을 갖추고 있는 왕은
이렇게 말하기 시작했다… 하나 채 말하기도 전에
나는 듯한 속력으로, 또한 매우 중대한 일인 양,
혼비백산한 사람 같은 모습을 하고 뛰어들어 왔다,
어느 전령이, 자신에게 부과된 전달사항이 담긴 편지를 들고.

25
훤한 대청에 있던 사람들은 모두 다 예기치 못한
그러한 급박한 광경에 무척이나 놀라며 일어섰고
숨이 차도록 절박한 그 자의 상황을 궁금해하였다.
그러나 그는 자기 갈 길을 멈추지 않고 곧장 가서
왕 바로 앞에 가까이 다가가서야 말에서 내렸고
낮게 부복하면서, 대단히 큰 겸손을 표시했으며,
왕의 발이 딛고 서 있는 땅바닥에 입을 맞추었다.
그런 후에 가져온 문서를 그의 손에 전달했는데
왕은 그것을 펼쳐들고, 거기에 쓰인 대로 다음과 같이 읽었다:

26
"아름다운 에덴의 가장 막강한 왕이신 분께
이렇게 바치는 서글픈 글을 통해 인사드리옵니다,
서방의 모든 곳을 다스리는 위대한 제왕으로부터
버림받은 상속자이자 또한 불행하게 된 여인이.
그리고 최선을 위해 당신께 충언을 드리옵니다,
왕께서 성스러운 혼인의 언약을 통해서 따님을
잘 알지도 못하는 새로운 손님과 맺어주시기 전에.
왜냐하면 그 자는 이미 자신의 오른손을 들어서
또 하나의 사랑과 다른 땅을 받기로 언약을 했기 때문입니다.

27
"슬픈 처녀인, 아니 차라리 슬픈 과부가 된 저와
그 자는 오래 전에 결혼을 약속한 사이가 되었으며,

성스러운 언약을 주기도 했고 받기도 하였나이다—
못된 방랑기사는, 파렴치하며 거짓 맹세를 합니다!
보소서, 그가 대고 서약한 저 불타오르는 제단들과
그가 한 대담한 거짓맹세의 모욕을 받은 하늘들을.
과거에 그가 곧잘 더럽혔던 하늘들이기는 하지만
저는 정당한 판결을 위해서 그들에게로 달려가서
이 부끄러운 상처에 대해 복수해 달라고 그들에게 청하옵니다.

28

"하여 그는 내 것입니다, 자유롭든지 매여 있든지,
진실하든지 거짓되든지, 살았든지 죽었든지 간에.
멈추소서, 오 주권을 가진 제왕님께 바라옵나니,
그 자와 인척관계를 맺으려는 당신의 성급한 손을.
과부가 되었거나 불행해진 저의 약점을 이용하여
힘으로 저의 권리를 짓밟으려고 생각지는 마소서.
진리는 정당한 자신의 청원을 주장할 만큼 강하며
필요하다면 후원자들을 만날 것이기 때문입니다.
그럼 평안하시길 비오며,
대왕님의 친구도 적도 아닌, 피뎃사."

29

그가 이렇게 씁쓸함이 가득 찬 글을 다 읽고 나자
그 괴이한 소식 때문에 안색이 몹시 붉어졌으며
경악한 채로 그는 오랜 시간 가만히 앉아 있었다,
큰 생각에 잠긴 듯이, 아무에게도 말이 없는 채.

마침내 그는 이렇게 자신의 진중한 침묵을 깼다,
의심스런 눈빛을 그 기사에게 단단히 고정시키고.
"용맹스런 기사여, 그대는 단지 나 하나를 위하여
최근에 자신의 목숨과 명예를 거는 모험을 했으니
공개해야 할 것이 있으면 무엇이든지 내게 숨기지 말아주오.

30
"무슨 이유로 이렇게 피맺힌 서원과 막연한 협박이
여성의 조급한 마음에서부터 터져 나오는 것이오?
하늘들이라고? 제단들이라고? 어떤 분노의 열정이
비열한 사랑을 표시하는 어휘들로 여기에 쌓여서
내 깨끗한 양심을 가증된 언약에 묶는다는 것이오?
높으신 하나님께서 내가 무죄인 것을 증거하시리라.
하지만 기사님, 만일 그대 자신에게 잘못이 있거나
혹시 이전의 어떤 여인과 사랑에 빠진 적이 있다면
그것을 감추는 죄악을 저지르지 말고, 그것을 있는 대로 밝히시오."

31
그에게 레드크로스 기사는 다음과 같이 답변하였다:
"나의 군주, 나의 왕이시여, 이 일로 놀라지 마소서,
제가 사랑을 더럽히고 충성을 배신했노라고 하면서
어떤 여인이, 또한 무엇 때문에, 저를 공박하는지를
왕께서 신중하게 생각하여 잘 아시게 될 때까지는.
저에게는 불행이었습니다, 이곳으로 제가 최근에
여행을 하면서, 기이하고 힘들었던 곤경에 빠져서

제 갈 길을 벗어나 미처 모르고 방황하게 된 것이.
그것들에 대해 모두 말씀드리자면 하루가 모자랄 지경입니다.

32
"거기서 제가 찾은 게, 아니 오히려 저를 찾은 것이,
피뎃사라고 불리는 바로 이 악한 여인이었는데
피뎃사라는 그녀는 이 땅에서 가장 거짓된 여인,
가장 간악한 두엣사로서, 왕녀처럼 잘 차려입어서
나약한 사람들의 시선을 손쉽게 속아 넘겨 왔습니다.
그녀는 자신의 사악한 마법과 교활한 기교를 썼는데,
인간 세상의 것이라고 보기엔 너무나 악하고 강하여
미처 모르는 새 저를 자신의 간악한 의중에 사로잡고
제가 악에 대해 가장 방심할 때 저를 적에게 넘겨주었습니다."

33
그러자 저 착한 왕가의 처녀가 앞으로 나아왔다.
그리고 자신의 몸을 겸손히 땅바닥에 엎드리면서
진심 어린 표정으로 다음과 같이 왕에게 말했다.
"오 저를 용서하소서, 주권을 가지신 영주시여,
비밀스런 흉계를 밝히려 하오니, 저는 최근에
저 사악한 마녀가 꾸며낸 모든 것을 알았습니다.
바로 그녀, 오직 그녀 혼자였습니다, 처음부터
이 착한 기사님을 그처럼 엄청난 고난에 빠뜨려
매일 비참함 속에서 죽음이 그를 기다리도록 만든 장본인은.

34
"그리고 이제 그녀는 허황된 편지를 가지고 온
이 간교한 전령을 매수하여 서로 짠 것 같습니다,
우리들 두 사람이 맺은 언약을 파기하게 함으로써
또 다른 불행과 예기치 못한 해로움을 끼치려고.
그렇게 하기 위해서, 그녀는 순박하게 차려입은
이 가짜 시종의 교묘한 술책을 이용한 것입니다.
이 자가 누구인지 왕께서 드러내 밝혀 보신다면
그가 세상사람 중 가장 악한 아키마고라는 것을
아시게 될 것으로 짐작합니다. 캐보시면 꼭 밝혀질 것입니다.

35
왕은 그녀의 말에 마음이 크게 움직이게 되었다.
그리고는 갑자기 치밀어 오르는 분노에 사로잡혀
그 전령을 두들겨서 사로잡으라는 명령을 내렸다.
곧이어 그의 옥좌 곁에 대기하고 있던 호위병이
그 사악한 사기꾼을 붙잡아 꼼짝 못하게 결박했다.
그는 자신이 붙잡힌 것에 대하여 몹시 분개한 듯이,
흡사 잔혹한 개들에게 둘러싸인 결박된 곰처럼
그들과 대항해 보려는 듯 공연히 헛된 힘을 썼고
호위병들의 손아귀에서 벗어나려는 시늉을 하곤 하였다.

36
그러나 그들은 그를 가장 깊은 지하 감방에 처넣고
강철 사슬을 가지고 그의 두 손과 발을 묶었으며

계속해서 보초를 두어 철저하게 지키도록 하였다.
그런데 그 누가 생각했으랴, 간교한 계략을 써서
그 자가 참혹한 죽음이나 죽을 고통에서 벗어나리라고?
그런 일이 있은 후에 왕의 분노가 가라앉게 되자
그는 종전에 금했던 혼인의 약정을 다시 선포하고
사랑하는 자신의 딸을 기사와 결합하게 해주었다.
성스러운 의식들과 영원히 지켜지게 될 서약들을 치른 후에.

4~5 아키마고는 감옥에서 벗어나 제 2권에서 그리고 그 이후에도 계속해서 다시 등장하여 선녀여왕의 기사들을 괴롭힌다.

37

친히 자신의 두 손으로 성스러운 가약을 맺어주어
죽음 외엔 아무것도 영원히 갈라놓을 수 없게 했다.
그 자신의 손은 그런 일을 하기에 가장 적합했으니,
직접 신성한 성사의 촛불을 켜서 주변을 밝혔으며
또한 그 손으로 신령한 성수를 그곳에 널리 뿌렸다.
시종 하나가 풀섶의 횃불에 그 불을 옮겨 붙이고는
그 성스러운 등불을 비밀스러운 방 안에 숨겨두어
거기서 밤이고 낮이고 간에 절대로 꺼지지 않은 채
영원히 밝게 타오르게 하였다, 나쁜 운세가 닥칠까 두려워서.

38

그리고 나서 그들은 포도주를 모든 기둥에 뿌리고
그날을 축복하기 위해서 성대한 잔치를 베풀었다.
그들은 머나먼 지방에서 가지고 온 진귀한 향료와

거룩한 유향의 향기를 어디든지 가리지 않고 쳐서
굉장한 치장과 함께 온 집안에 향내가 진동하였다.
그리고 처음부터 끝까지 내내 감미로운 음악은
절묘한 기교를 써서 변화무쌍한 음계를 연주했다,
활기 없는 울적함을 아주 내쫓아 버리기 위해서였다.
그렇게 하는 동안에 누군가가 사랑과 기쁨의 노래를 불렀다.

39
그렇게 진행되고 있을 때, 어떤 천상의 음악소리가
온 궁성 전체에 즐겁게 울려 퍼지면서 들려왔는데
그것은 마치 수많은 천사들의 목소리와도 같았다,
높이에 따라 각각 세 등급의 세 단계로 나누어 서서
영원하고 무궁하신 주권자 앞에서 노래를 부르는.
하지만 그 천상의 기쁜 소리가 어디서 들려오는지
아무도 몰랐으며, 다만 각 사람들은 속으로 느꼈다,
그 소리에 자신들의 평상적 감각이 다 사라지고
자신들의 영혼이 어떤 진귀한 감동에 사로잡히게 되는 것을.

40
젊은이나 늙은이나 그날은 커다란 기쁨에 넘쳤으며
성대한 축제가 그 땅 어디에나 선포되었기 때문에
사람들의 넘치는 즐거움이란 말로 다할 수 없었다.
여기서는 사랑의 결합이 맺어지는 평상적 기쁨을
사소한 표시들을 통해서 이해하는 것으로 충분하겠다.
기사는 자기 자신을 세 배로 행복한 남자라고 여겼다,

자기 여인의 마음과 손을 둘 다 차지하고 있었기에.
그리고 언제나 자신의 눈이 그녀를 바라볼 때마다
가지가지의 기쁨으로 인해서 가슴이 녹아내리는 것만 같았다.

41
유쾌한 그녀의 태도와 감미로운 그녀와의 사귐을
모두 만끽하면서 그는 거기서 오랫동안 즐겼다.
어떤 심술궂은 시기심도, 또한 악독한 질투심도
그가 가진 소중한 즐거움을 망쳐놓을 수는 없었다.
하나 그러한 복된 기쁨의 바다에서 헤엄치면서도
그는 자신이 예전에 한 서약을 잊지 않고 있었다.
만일에 자기가 저 기괴한 짐승을 쳐부수게 되면
자신이 섬기는 선녀여왕에게로 되돌아가겠다는.
그는 곧 그것을 시행하였고, 뒤에 남은 우나는 슬피 울었다.

42
이제 그대의 돛을 내려라, 즐거운 항해자들이여,
우리는 이제 어느 조용한 항구에 이르게 되었으니.
여기서 우리는 손님들 중 몇 분을 내리게 해드리고
피곤에 지친 이 배의 무게를 조금 덜어주도록 하자.
이곳에서 배는 잠시 안전하게 머무를 수 있으리라,
닳아서 해진 여러 가지 장비와 도구들을 수선하고
물자를 공급받을 때까지. 그런 후에 다시 출항하여
이 배는 가야할 곳을 향하여 기나긴 항해에 오르리라.
배는 빠른 속도로 갈 수 있고, 예정된 목표에 잘 도달하리니.

"엘리자베스 시대의 가장 위대한 비극 시인(*non-dramatic poet*)" 에드먼드 스펜서(Edmund Spenser)의 작품세계는 투철한 기독교 신앙과 인간중심의 세계관으로 정의될 수 있을 것이다. 스펜서는 14세기 영문학을 대표하는 초서(Geoffrey Chaucer)에게서 모범적인 영시의 형태를 찾아 자신의 작품에 반영하고 있으며, 그러한 스펜서의 시에서 위대한 영시의 가능성을 보고 그것을 자신의 후기 대작에서 실현하고 있는 시인으로는 존 밀턴(John Milton)이 있다. 스펜서의 해박한 고전지식과 영어의 서사시적 가능성에 대한 인식—의도적인 고어의 사용이나, 음악적 웅장함을 강조한 표현—은 기독교적 인문주의(*Christian Humanism*)로 대변되는 인간중심의 세계관과 어우러져 오늘날까지 그를 영문학에서 가장 중요한 시인의 한 사람으로 자리매김하는 데 공헌하였다. 스펜서는 그의 대표작 《선녀여왕》(*The Faerie Queene*) 제1권에서 세속적이거나 반기독교적인 환경(또는 타락한 기독교적 환경)과 대적하면서 성스러움을 성취하는 레드크로스(Redcross) 기사의 이야기를 통해서 자신의 기독교적 인문주의를 형상화하였다.

기독교적 인문주의는 사실상 그 자체로서 모순적인 사상이다. 유일신 중심의 세계관을 가진 기독교 사상은 엄격히 말해서 모든 가치의 중심이 신의 섭리에 있다고 믿는 비타협적인 가치체계이다. 따라서 다른 종교나 인간중심의 사고를 이단이거나 세속화로 규정하고 배제한다. 한편 그리스 문명을 기원으로 하고 있는 헬레니즘은 인간을 가치의 척도로 보고 인간의 이상을 추구하는 사고체계를 가지고 있다. 이처럼 확연히 다른 두 세계관이 하나의 조화로운 사고체계를 이룰 수 있었던 것은 물론 중세 유럽을 지배했던 헤브라이즘 사상이 헬레니즘 문화를 수용하면서 종교적 진리체계와 미학적 문화체계를 각각 다른 것으로 인정하고 헬레니즘적 사고를 하위체계로 흡수하였기 때문이다.

그러나 14세기 이탈리아에서 출발한 르네상스는 그동안 하위체계로 인식되었던 인간중심의 사고를 부활시켰으며, 그리스 로마의 고전에 대한 탐구와 더불어 인간의 무한한 가능성에 대한 긍정적 인식을 불러일으켰다. 이는 자본주의의 발달과 함께 세속적인 재화의 축적이 교회를 포함한 모든 사회구성원의 관심거리가 된 때문이기도 하거니와, 안정적인 질서를 유지해 왔던 신 중심의 중세적 세계관이 더 이상 설득력을 가질 수 없었기 때문이기도 하였다. 16세기에 이르러 르네상스 휴머니즘은 영국을 포함한 유럽 전역의 지식인들 사이에서 새로운 가치체계로서 자리를 잡게 된다.

영국의 인문주의는 16세기 초반에 토마스 모어(Sir Thomas More), 에라스무스(Desiderius Erasmus), 콜렛(Dean John Colet) 등이 주도한 교육운동으로 꽃을 피우게 되는데, 이들은 신의 특별한 창조물인 인간이 신으로부터 부여받은 이성의 개발을 통하여 우주의 질서 안에서 위엄을 갖춘 존재가 될 수 있다고 믿고, 무지와 교만, 그리고 비뚤어진 의지를 배제하기 위한 노력의 중요성을 강조한다. 결국 르네상스 휴머니즘은 인간이 교육과 자기개발을 통하여 절대자인 신의 뜻을 자신 안에서 구현할 수 있다는 긍정적 인간관이라고 정의할 수 있겠다.

그러나 종교개혁이라는 신학적 대사건이 문예부흥이라는 문화적 사조와 만나면서, 그동안 자연스러운 조화를 이루었던 신 중심의 사고와 인문주의는 또 다시 새로운 균형을 찾아 갈등하게 된다. 언뜻 보면 가톨릭의 정체성과 권위를 타파하려 했던 프로테스탄트 정신과 중세의 종교적 도그마에서 벗어나려 했던 문예부흥의 정신은 기존의 가치와 갈등하는 새로운 사고로서 동반자적 위치를 가지는 것처럼 보인다. 그러나 프로테스탄트 정신의 핵심이 인간은 필연적으로 죄인이며 오직 믿음으로서만 구원을 이룰 수 있다는 사상임을 고려하면, 정작 프로테스탄트 정신과 인문주의가 얼마나 상호 배타적인지 알 수 있을 것이다. 과연 기독교와 인문주의의 대립과 갈등, 그리고 타협과 조화는 르네상스 영문학을 설명하는 데 있어서 가장 중요한 척도라 하겠다. 투철한 기독교도로서, 그리고 동시에 인문주의자로서 스펜서가 《선녀여왕》 제 1권에서 형상화한 모범적인 인간상이 이러한 갈등과 조화를 반영하고 있는 것은 지극히 당연한 일이다.

영국교회의 철저한 신봉자였던 스펜서는 《선녀여왕》을 통하여 가톨릭적이거나 이교도적인 정서를 공격하고 있으나, 작품의 궁극적인 목적은 반그리스도적인 세력과 싸우는 모범적인 기독교도의 모습, 즉 프로테스탄트 인문주의의 윤리적 행동규범이 무엇인가를 밝히는 데 있다고 말하고 있다. 따라서 작품은 '양육서'(*courtesy book*)적인 성격을 갖는다. 스펜서의 레드크로스는 중세의 대표적인 알레고리인 《만인》(*Everyman*)의 주인공과 닮아있다. 다시 말하면, 레드크로스가 주어진 과업을 성취하고 끝내 영국의 수호기사인 성 조지(St. George)가 되어

가는 과정은 《만인》에서 제시하는 기독교적 인생의 노정에 다름 아니다. 그러나 만인이 신의 뜻에 순응하여 선한 행실을 찾아가는 전통적인 크리스천의 모습에 역점을 두고 있다면, 레드크로스는 자유의지를 가진 인간으로서 신의 뜻을 거스르기도 하고, 그 때문에 갈등하는 과정을 통해서 신의 섭리를 깨달아가는 주체적인 인간의 모습을 가지고 있다. 그렇기 때문에 그는 단순한 알레고리적 인물이거나 성스러움(*holiness*)이라는 추상적 개념이라기보다는 오히려 프로타고니스트(*protagonist*)에 가깝다. 기독교적인 시각에서 보면 그는 타락한 세상을 살고 있는 크리스천의 전형이라고 할 수 있다.

시인 스스로가 밝히고 있듯이 스펜서는 아리스토텔레스(Aristotle)의 《니코마쿠스 윤리학》(*The Nicomachean Ethics*)을 이상적인 기독교적 행동규범에 적용하고 있다. 그가 가장 자주 언급하는 '덕목(*virtue*)'은 비록 아리스토텔레스의 윤리학이 규정하는 '도덕적 가치(*moral virtue*)'와 반드시 합치되는 것은 아니라 할지라도 고전적 윤리기반 위에 있는 것이 사실이다. 레드크로스가 대변하는 성스러움이 아리스토텔레스의 윤리학과 전혀 관련이 없어 보임에도 불구하고 그의 사고와 행동은—적어도 그가 '성스러움의 집'(*the House of Holiness*)에서 새롭게 변화되기 전까지는—고전적 윤리관의 척도로 판단될 수 있는 성질의 것이다. 하지만 레드크로스는 자신의 힘에 너무 의지하다가 시험에 실패하며, 끝내 진리(*Truth*)와 은총(*Grace*)의 도움으로 과업을 성취한다. 그리고 그의 모험에 믿음이 핵심적인 요소임을 부인할 수는 없다. 그가 실패의 위험에 처할 때마다 진리를 대변하는 우나(Una)가 계속해서 강조하는 것이 믿음이며 그가 자신이 수호해야 할 진리를 버리고 타락의 길로 들어서는 것도 바로 믿음의 부재 때문이다. 그러나 칸토

11의 대부분을 차지하는 용과의 전투에 대한 처절하고도 상세한 묘사를 염두에 둔다면 그의 성공이 오로지 은총에 의한 것, 즉 자신의 믿음을 증명하는 행위 여부에 관계없이 그가 우나의 부모와 성을 구할 수 있었다고 보기는 어려울 것이다.

레드크로스는 오르고글리오(Orgoglio)의 지하감옥에 사로잡힐 때까지 죄를 자꾸만 더하는 탕자(*prodigal son*)의 모습을 보임으로써 자신이 추구해야 하는 성스러움과 반대방향으로 나아간다. 그는 어쩔 수 없이 죄에 연루되어 있는 인간의 모습을 가지고 있다. 하지만 인간은 자신의 엄청난 죄에도 불구하고 은총과 믿음의 실천을 통해서 성스러움에 이를 수 있다는 것, 이것이 레드크로스를 통해서 스펜서가 제시하는 기독교적 인문주의의 실상이라 하겠다. 스펜서는 레드크로스를 모든 독자가 상상을 통해서 공유하는 친숙한 죄악에 빠져드는 대표적 인물로 설정하고 있으며, 이 때문에 시인의 대변자인 화자가 기사에 대하여 취하는 태도도 역시 동지적인 느낌을 가득 담고 있는 것이다.

레드크로스를 통해서 드러나는 스펜서의 기독교적 인문주의를 논할 때 반드시 고려해야 할 점이 또 하나 있다면 그것은 여성의 지위와 역할일 것이다. 교육과 문화 전반에 걸친 다양한 르네상스 인문주의 운동이 예외 없이 인간중심적 사고에 발판을 두고 있다는 것을 염두에 둔다면 문학작품에 나타난 여성의 모습을 통해서 작품에 접근하는 것도 의미 있는 일이다. 특히 여성의 본성이 작품에 어떻게 형상화되는지를 살펴봄으로써, 우리는 시인의 인간관에 대한 포괄적인 이해에 도달할 수 있다. 작품에서 여성은 끝까지 주변의 인물로 머물고 있는 특징을 갖는다. 우나와 두엣사(Duessa)를 포함한 모든 여성 인물들은 주인공인 레드크로스의 신앙적 자각과 도덕적 성취를 도와주거나 방해하는 역할로 한정되어 있으며, 선과 악이 처음부터 분명히 노정되어 있는 알레고리적 인물에 가깝다. 이처럼 성모와 창녀로 이분되는 스펜서의 남성중심적 사고는 엘리자베스 여왕 치하에서의 정치적 상황이나 작가의 종교적 성향에서도 그 원인을 찾을 수 있겠지만, 결국 스펜서의 인문주의적 사고가—당대의 다른 작가들의 경우와 마찬가지로—여성을 제외시키고 있다는 점이 가장 큰 원인일 것이다.

그렇다면 스펜서의 여성 인물들은 각각 어떤 존재이며, 작품 안에서 주인공과는 어떤 관계를 갖는가? 레드크로스는 영웅적인 자질을 가지고는 있지만 결코 영웅적이지 못한 미완성적인 인간—전투를 경험하지 않은 순진한 소년—의 모습으로 그려지고 있다. 작가가 설명하는 작품의 배경에서 그는 허우대만 멀쩡한 떠꺼머리 총각으로 등장한다. 또한 그는 어머니 부재의 환경을 가지고 있다. 남성적으로 묘사된 색슨 가문에서 태어난 그는 요정에 의해 납치되어 농부에 의해 조르고스(Georgos)라는 이름으로 양육되었다. 어머니 부재의 환경이라 함은 주인공에게 무엇인가 부족한 공허함이 있다는 것이며, 그가 온전한 인간으로 성장하기 위해서 어머니의 역할을 하는 존재를 필요로 한다는 뜻이다. 그에게 있어서 우나가 단순한 동반자의 역할을 넘어서 어머니의 역할을 충족하는 존재로 등장하는 것은 어찌 보면 당연한 것이다. 레드크로스는 모험을 감당하여 기사의 영예를 얻기 위해서 우나를 반드시 필요로 한다. 우나는 처음에 광대 같은 청년인 레드크로스가 마음에 들지 않았으며 그의 동행을 거절하였다. 그녀가 레드크로스를 받아들인 것은 그가 믿음의 전신갑주를 입고 난 후부터의 일이다. 신의 계시에 의하여 부여된 여성의 역할은 주인공을 동반하여 주어진 과업을 성취하도록 안내하는, 어머니적인 것이다. 배우자의 역할은 자유

의지가 없는 한 외부로부터 주어질 수 없는 것이고, 그렇기 때문에 레드크로스는 진정한 배우자를 얻기 위해서 시험과 타락의 과정을 거쳐야 한다.

우나는 어머니가 없는 레드크로스에게 배우자라기보다는 어머니의 역할을 하는 존재로 등장한다. 제 6 칸토에 등장하여 무모한 자신의 아들 새타이런(Satyrane)에게 신중함을 당부하는 티아미스(Thyamis)에게서 우리는 최소한 작품의 전반부에서 무모한 레드크로스를 보호하고 가르치는 우나의 모습을 어렵지 않게 찾을 수 있다. 오히려 현실적으로 작품 안에서 레드크로스의 배우자는 우나라기보다는, 바빌론의 창녀(*the whore of Babylon*)로 불리는 두엣사이다. 젊은 왕족의 처녀 우나와 실제로는 늙은 노파이나 젊고 예쁘게 보이는 두엣사의 대칭관계는 제 10 칸토에 등장하는 성스러움의 집에 등장하는 노부인 실리아(Caelia)와 제 4 칸토의 자만의 집주인인 젊고 교만한 루시페라(Lucifera)와 병치되어 스펜서의 여성에 대한 묘사가 남성중심적 이분법에 근거하고 있다는 증거가 된다.

도덕적, 종교적 관점에서 보면, 작품 안에 악의 실체가 구체적으로 형상화되고 있는 것처럼 보인다. 작품의 초반에 등장하는 에러(Error)는 레드크로스에게 쉽게 죽음을 당하지만, 그 이후 기사가 만나는 적들은 모두 에러의 또 다른 모습들이다. 그렇다면 결국 기사가 육체적인 전투를 통하여 에러를 무찌른 것은 결코 승리가 아니다. 아이러니컬하게도 레드크로스는 에러를 이겼다고 생각한 그 순간부터 에러에 빠져들게 되는 것이다. 알레고리적 의인화를 통해 스펜서가 묘사한 악의 실체 — 죄악, 자만, 허영, 절망, 위선 등 — 는 사실상 주인공의 마음 안에 자리잡고 있는 마음가짐에 다름 아니다. 순진한 청년이 세상에 나아가 타락과 그에 따른 절망을 경험하고 그것을 동반자의 도움으로, 혹은 신의 은총으로 극복한 후, 참회하고, 미래의 비전을 통해 교육을 받아 진정한 자신의 정체성을 찾는다는 점에서 레드크로스는 이후 밀턴(John Milton)의 《실낙원》(*Paradise Lost*)에 등장하는 아담(Adam)과 닮아 있다. 그렇다면 그가 겪는 타락은 자기연민과 방황의 시작이면서 동시에 교육을 통해서 절대자와 주변의 인물과의 관계 속에서 자신을 확인하는 데 반드시 필요한 긍정적 경험이라고 결론지을 수 있겠다.

작품이 서사시(*epic*)로서 기독교적 영웅의 위대한 과업을 서술하고 있다는 점을 감안하면, 작품의 종결부분은 또 하나의 의미 있는 문제를 제기한다. 마지막에 이르기까지 레드크로스는 자신의 칭호인 성스러움을 실현하지 못하고 있으며, 성스러움과 구원은 여전히 유보되어 있다. 그가 이루어낸 업적은 다만 위대함을 이루는 가능성일 뿐이다. 성스러움의 집에서 교육받고 정화된 후, 제 11 칸토에서 신의 은총과 자신의 용기로 용을 물리치고 우나의 부모를 구출하는 레드크로스는 서사시가 요구하는, 또는 로망스의 기사로서 자신에게 주어진 임무를 완수하는 것처럼 보이는 것이 사실이다. 하지만 그는 과연 자신의 존재이유인 성스러움을 성취하였는가? 그는 마지막 부분에서 우나의 아버지에게 자신의 경험을 이야기할 때 바로 그 다음에 알키마고의 편지에서 드러나는 두엣사와의 관계에 대한 이야기를 말하지 않았다. 그것이 의도적이었는지, 아니면 실수였는지는 분명치 않으나, 최소한 우나가 개입하여 알키마고의 정체를 밝히지 않았더라면 그는 진실을 모두 밝히지 않는 것에 대한 적절한 해명을 하기가 어려웠을 것이다.

그렇다면 기독교적 영웅으로서 레드크로스 기사가 이루어낸 것은 무엇인가? 한 사람의 크리스천으로서 그는 아직 성스러움을 이루기 위해서 싸워야 할 많은 싸움이 있다. 그가 작품에서 이룬 것은 성스러움을 이룰 수 있다는 가능성뿐이지만, 독자들은 그가 결국에는 성스러움을 성취할 것을 안다. 신의 섭리가 그를 안내하는 한, 그는 마침내 구원을 성취하게 될 것이다. 물론 그가 성스러움과 구원을 이루는 것이 온전히 신의 은총이나 섭리에 의한 것만은 아니다. 그는 세상에 존재하는 악의 세력에 대하여 자신이 얼마나 부족한 존재인지 배웠으며, 자신의 부족함을 어떻게 보완해야 하는지도 이해하고 있다. 그렇기 때문에 그는 우나와의 행복한 결혼생활을 뒤로하고 , 주어진 임무를 완수하기 위해 선녀여왕에게로 되돌아가는 것이다. 스펜서의 인간은 궁극적으로 르네상스 당시나 오늘날의 독자가 자신과 동일시할 수 있는 보편적 인간, 즉 구원의 가능성을 지니고 험난한 세상을 살아가야 하는 인간이며, 따라서 시인의 기독교적 인문주의가 제시하는 인간의 모습과 부족함, 그리고 위대함의 가능성은 우리에게 현실적 타당성을 가지고 다가오는 것이다.

에드먼드 스펜서(Edmund Spenser)

보통 “시인들의 시인”(*The poets' poet*)이라고 불리는 에드먼드 스펜서(Edmund Spenser)는 1552년 런던의 중산층 집안에서 태어났다. 1569년 오늘날 근로장학생 정도의 자격으로 캠브리지 대학에 진학했고 1576년에 석사학위를 받았다. 1579년에 《양치기 달력》(*The Shepheardes Calender*)을 출간하여 시인으로서 명성을 얻었고 다양한 시작법(*versification*)을 시도하여 시어로서 영어의 가능성을 높였다는 평을 듣는다. 1590년에는 《선녀여왕》(*The Faerie Queene*)의 처음 세 권을 출간하였는데, 나머지 세 권은 6년 후인 1596년에 출판되었다. 1599년에 사망하여 웨스트민스터 사원 시인들의 묘역에 안장되었다.

임성균

옮긴이 임성균은 서강대학교 영문과를 졸업하고 캐나다 사이몬프레이저대학(Simon Fraser University)에서 영문학 석사, 미국 루이지애나대학(University of Louisiana, Lafayette)에서 영문학 박사학위를 취득하였다. 청주대학교를 거쳐, 현재 숙명여자대학교 영문과 교수로 재직중이다. 주요 연구분야는 르네상스 영문학이며, 현재까지 30여 편의 논문과 10권의 저·역서를 발표하였다.

영국 소설의 위대한 전통

The Great Tradition: George Eliot Henry James Joseph Conrad

F. R. 리비스 (Frank Raymond Leavis) 지음
김영희 (한국과학기술원) 옮김

20세기 영국을 대표하는 비평가 F. R. 리비스(1895~1978)는 근대 기술문명에 대한 비판의식 위에서 문학적 사유의 창조적 성격을 규명하는 것을 평생의 화두로 삼았다. 문학과 비평에 대한 생각을 집약한 이 책에서 그는 영국소설의 '위대한 전통'이 제인 오스틴에서 시작하여 조지 엘리엇, 헨리 제임스, 조지프 콘래드를 거쳐 D. H. 로런스로 이어지는 5명의 작가에게 있다는 논쟁적 주장을 펼친다. 이 책의 뼈대는 엘리엇, 제임스, 콘래드에 대한 세 편의 작가론이며, 그 앞뒤로 권두 에세이와 디킨스의《어려운 시절》에 대한 작품론이 있다.

· 양장본 · 440면 · 25,000원

나남 nanam
Tel 031)955-4600
www.nanam.net